Proust et le rire

Marcel Proust Aujourd'hui

Revue Annuelle Bilingue / An Annual Bilingual Review

Redaction/Editors

Sjef Houppermans (*Leyde*)
Nell de Hullu-van Doeselaar (*Leyde*)
Manet van Montfrans (*Amsterdam*)
Annelies Schulte Nordholt (*Leyde*)
Sabine van Wesemael (*Amsterdam*)

Comité de lecture

Sophie Bertho (*Fribourg*)
Emily Eells (*Paris Nanterre*)
Luc Fraisse (*Strasbourg*)
Franc Schuerewegen (*Anvers*)

VOLUME 16

The titles published in this series are listed at *brill.com/mpa*

Proust et le rire

Sous la direction de

Sjef Houppermans
Manet van Montfrans
Annelies Schulte Nordholt
Sabine van Wesemael
Nell de Hullu-van Doeselaar

BRILL

RODOPI

LEIDEN | BOSTON

Marcel Proust Aujourd'hui est la Revue Annuelle Bilingue de la Société Néerlandaise Marcel Proust.
Pour tout renseignement concernant l'association consulter le site www.marcelproust.nl
Toute correspondance adressée à la rédaction doit être envoyée à :
Dr. S. Houppermans, Universiteit Leiden, Faculteit der Geesteswetenschappen, Opleiding Franse taal en cultuur, BP 9515, 2300 RA Leiden. Email : j.m.m.houppermans@hum.leidenuniv.nl

Library of Congress Cataloging-in-Publication Data
Names: Houppermans, Sjef, editor. | Montfrans, Manet van, editor. | Schulte
   Nordholt, Annelies, editor. | Wesemael, Sabine van, editor. | Hullu-van
   Doeselaar, Nell de, 1949- editor.
Title: Proust et le rire / Sjef Houppermans, Manet Van Montfrans, Annelies
   Schulte Nordholt, Sabine Van Wesemael, Nell de Hullu-van Doeselaar.
Description: Leiden ; Boston : Brill-Rodopi, 2020. | Series: Marcel Proust
   aujourdhui, 1571-5647 ; volume 16
Identifiers: LCCN 2020031910 (print) | LCCN 2020031911 (ebook) |
   ISBN 9789004439610 (paperback) | ISBN 9789004439627 (ebook)
Subjects: LCSH: Proust, Marcel, 1871-1922—Criticism and interpretation. |
   Laughter in literature.
Classification: LCC PQ2631.R63 Z82925 2020 (print) | LCC PQ2631.R63
   (ebook) | DDC 843/.912—dc23
LC record available at https://lccn.loc.gov/2020031910
LC ebook record available at https://lccn.loc.gov/2020031911

Typeface for the Latin, Greek, and Cyrillic scripts : "Brill". See and download : brill.com/brill-typeface.

ISSN 1571-5647
ISBN 978-90-04-43961-0 (paperback)
ISBN 978-90-04-43962-7 (e-book)

Copyright 2021 by Koninklijke Brill NV, Leiden, The Netherlands.
Koninklijke Brill NV incorporates the imprints Brill, Brill Hes & De Graaf, Brill Nijhoff, Brill Rodopi, Brill Sense, Hotei Publishing, mentis Verlag, Verlag Ferdinand Schöningh and Wilhelm Fink Verlag.
All rights reserved. No part of this publication may be reproduced, translated, stored in a retrieval system, or transmitted in any form or by any means, electronic, mechanical, photocopying, recording or otherwise, without prior written permission from the publisher. Requests for re-use and/or translations must be addressed to Koninklijke Brill NV via brill.com or copyright.com.

This book is printed on acid-free paper and produced in a sustainable manner.

Printed by Printforce, the Netherlands

Table des matières

Liste des auteurs   IX
Introduction   XIII

PARTIE 1
Études réunies par Franc Schuerewegen, Sabine van Wesemael et Sjef Houppermans

Marcel *in Wonderland*   3
    Alain Vaillant

L'Autodérision dans *A la recherche du temps perdu*   15
    Sabine van Wesemael

Les rieurs en chair et en os   28
    Sjef Houppermans

Comment ne pas rire vulgairement en se moquant des écrivains qu'on aime (ou qu'on n'aime pas) ? – sur les pastiches   40
    Paul Aron

Retrouver le rire d'Albertine   57
    Karen Haddad

Brèves notes sur l'humour proustien   69
    Franc Schuerewegen

L'ironie dans *À la recherche du temps perdu* : le système de la mention-écho   79
    Bérengère Moricheau-Airaud

Rire et folie chez Proust : le cas du baron de Charlus   97
    Anne-Aël Ropars

Des rieurs à la limite de la folie, de la volupté et de la mort : les intermittences du rire chez Proust   113
    Thanh-Vân Ton That

Intermezzo

22 variations sur un thème de Marcel Proust   129
    Ruud Verwaal

PARTIE 2
Mélanges

Le pouvoir et ses emblèmes : ordre totémique et ordre des castes dans la société selon Marcel Proust   133
    Didier Hurson

Critique génétique et astrophysique ; le hors-temps proustien et la physique depuis Einstein   150
    Philippe Willemart

Le paysage chez Proust et Gracq : poésie contre philosophie ?   167
    Dominique Defer

Veilleurs de toutes les nuits du monde   179
    Mathieu Jung

PARTIE 3
Comptes rendus

Yasué Kato, *L'Évolution de l'univers floral chez Proust. De* La Bible d'Amiens *à* La Recherche du temps perdu   197
    Nell de Hullu-van Doeselaar

Philippe Blay, Jean-Christophe Branger et Luc Fraisse, *Marcel Proust et Reynaldo Hahn. Une création à quatre mains*   200
    Manet van Montfrans

Marcel Proust, *Adaptation et dessin de Stéphane Heuet*   207
    Sjef Houppermans

Bulletin Marcel Proust, N° 67   211
    Nell de Hullu-van Doeselaar

Bulletin Marcel Proust, N° 68   214
    Nell de Hullu-van Doeselaar

Bulletin d'Informations Proustiennes, no. 48   217
    Manet van Montfrans

Liste des auteurs

Paul Aron
est directeur de recherches au FNRS (Belgique) et professeur à l'Université libre de Bruxelles. Il est l'auteur d'une *Histoire du pastiche* (Paris, PUF, 2008) et, avec Jacques Espagnon, du *Répertoire des pastiches et parodies littéraires de langue française aux XIXe et XXe siècles* (Paris, PUPS, 2009). paron@ulb.ac.be

Dominique Defer
est l'auteur d'une thèse de doctorat : *À la recherche du temps perdu : enchantement, désenchantement, connaissance.* Elle a publié en 2017, aux éditions Honoré Champion, un essai intitulé *À la recherche du temps perdu : une architecture initiatique,* en collaboration avec l'architecte Francis Coutant, et a rédigé plusieurs articles pour le *Bulletin de la Société des Amis de Marcel Proust.* Enseignante dans le secondaire, elle est rédactrice de contenus pédagogiques à destination des collégiens et lycéens. Coutantdefer@free.fr

Karen Haddad
ancienne élève de l'Ecole Normale Supérieure, agrégée de Lettres, elle est Professeur de Littérature comparée à l'Université de Paris Nanterre et directrice du Centre de recherche Littératures et Poétiques comparées. Elle travaille sur le roman et l'écriture de soi. Elle a publié notamment *L'Illusion qui nous frappe* (sur Proust et Dostoïevski, Champion, 1995), *L'Enfant qui a failli se taire* (Champion, 2004), *Proust, l'étranger* (avec Vincent Ferré, CRIN, 2010) et de nombreux articles sur la littérature européenne. Karen.Haddad@sfr.fr

Sjef Houppermans
est Professeur émérite de l'Université de Leyde. Il a publié des études notamment sur Proust, Roussel, Beckett, Robbe-Grillet, Ollier et Renaud Camus ainsi que le recueil *Lectures du désir* (Brill/Rodopi, 1997). Sa recherche combine la stylistique, la psychanalyse et la narratologie. J.M.M.Houppermans@hum.leidenuniv.nl

Didier Hurson
est Professeur émérite à l'Université Lyon III ; attaché au département des études germaniques ; il a été titulaire de la chaire d'Histoire des Idées ; ancien conseiller auprès du Medical Center Eppendorf Hambourg. Il est membre de l'Institut de Recherches en Philosophie de Lyon (IRPHIL) et de la Société d'Études Kantiennes en langue française. Thèse principale sur *L'idée de totalité*

dans l'œuvre de Goethe (*Les Mystères de Goethe*, 2003) et thèse complémentaire sur *Les relations entre le corps et l'esprit dans la pensée moderne* (*Psychanalyse et société chez Alexander Mitscherlich*, Sorbonne 2004). Un récent essai, *La physiologie du roman chez Proust*, est paru en 2019 (in *L'énigme de la mémoire*, CNRS éditions) ; voir également *La Critique de la faculté esthétique chez Proust*, in *Revue des études proustiennes* 10 (2019). didier.hurson@univ-lyon3.fr

Mathieu Jung
enseigne l'anglais et est chercheur attaché à l'Université de Strasbourg. Il a participé au numéro 16 de la *Revue d'études proustiennes*. Il a publié des articles consacrés à Joë Bousquet, James Joyce, Raymond Roussel, Giuseppe Tomasi di Lampedusa, Paul Verlaine, Arthur Rimbaud ainsi qu'à la poésie contemporaine. Son intérêt le pousse également vers la littérature de l'océan Indien. matthieujung@gmail.com

Manet van Montfrans
a enseigné l'histoire et la littérature françaises à l'Université d'Amsterdam. Elle a publié des études et essais notamment sur Perec, Proust, Bergounioux, Darrieussecq, Mauvignier, Michon, Modiano, Roubaud. Une sélection de ses essais a paru dans un recueil en néerlandais (2014). Publication récente : une monographie sur Perec, également en néerlandais, *Georges Perec, een gebruiksaanwijzing* (Georges Perec, mode d'emploi, 2019). Elle travaille actuellement sur la (ré)édition en néerlandais de l'œuvre (fiction et non-fiction) de Perec. m.vanmontfrans@outlook.com

Bérengère Moricheau-Airaud
est maîtresse de conférences en langue et littérature françaises. Spécialisée en linguistique de l'énonciation et en stylistique, elle est enseignante à l'Université de Pau et des Pays de l'Adour (UPPA) et membre du laboratoire ALTER (Arts/Langages : Transitions et Relations, EA 7504). Après une thèse sur la représentation du discours autre et ses rapports avec l'ironie dans *À la recherche du temps perdu*, elle consacre ses recherches aux discours rapportés, au comique, notamment dans l'écriture de Marcel Proust, et aussi dans des œuvres contemporaines (Ernaux, Echenoz). berengere.moricheau-airaud@univ-pau.fr

Anne-Aël Ropars
est agrégée de Lettres modernes. Elle prépare actuellement un Doctorat en Littérature Française – Poétique de Jean Giono par lui-même – dans le cadre d'un contrat doctoral à l'Université de Bretagne Occidentale. Son domaine

de recherche est principalement la littérature du XXe siècle, notamment les œuvres de Jean Giono et de Marcel Proust, sur lequel elle a soutenu son Master Recherche (*Approches de la folie chez Marcel Proust*, 2015, et *Les Vanités dans À la recherche du temps perdu*, 2016). Elle est membre du Centre d'Étude des Correspondances et Journaux Intimes de l'UBO. anne-ael.ropars@univ-brest.fr

Franc Schuerewegen
est professeur de littérature française à l'Université d'Anvers. Il est l'auteur de, notamment, *Introduction à la méthode postextuelle. L'exemple proustien* (Paris, Classiques Garnier, coll. « Théorie de la littérature », 2012) et *Le Vestiaire de Chateaubriand* (Paris, Hermann, coll. « Fictions pensantes », 2018). Franc Schuerewegen est également le fondateur et le coordinateur du réseau de recherches international « Lire en Europe Aujourd'hui » (*LEA !*). franc.schuerewegen@uantwerpen.be

Thanh-Vân Ton-That
est Professeure de littérature francophone et comparée à l'université Paris-Est Créteil, spécialiste de Proust et de son univers (Robert Montesquiou, Anna de Noailles), des écrivains de la Commune et de francophonie vietnamienne. Elle a publié une édition critique des *Pas effacés* de Robert de Montesquiou et l'œuvre poétique complète d'Anna de Noailles (éditions du Sandre, 2007, 2013), des traductions de Tchekhov (« Le Professeur de lettres », *Les Méfaits du tabac, La Mouette*) et du « Nez » de Gogol, et des essais : *Proust ou l'écriture prisonnière, Le Ravissement de Lol V. Stein : un roman de la folie amoureuse* (Éditions du temps, 2000, 2005), *Léon Cladel et l'écriture de la Commune* (L'Harmattan, 2007). thanh-van.ton-that@u-pec.fr

Alain Vaillant
est professeur de littérature française à l'Université Paris Nanterre. Il est spécialiste du romantisme, de poétique historique, d'histoire de la poésie et d'histoire des institutions littéraires au XIXe siècle (en particulier, de la presse et de l'édition) ; plus généralement, il est un théoricien de l'histoire littéraire. Ces dernières années, il a consacré une partie de ses recherches à l'anthropologie et à la culture du rire. Ses plus récents ouvrages sont : *Qu'est-ce que le romantisme ?*, CNRS éditions, 2016 ; *La Civilisation du rire*, CNRS éditions, 2016. Il a dirigé une douzaine d'ouvrages collectifs : tout dernièrement *Le Rire moderne* (avec Roselyne de Villeneuve, Presses universitaires de Paris Ouest, 2013), *La Poésie délivrée* (avec Stéphane Hirschi, Corinne Legoy, Serge Linarès et Alexandra Saemmer, Presses de Paris Nanterre, 2017). alaingp.vaillant@gmail.com

Ruud Verwaal

est professeur de français au lycée Pantarijn à Wageningen, Pays-Bas. Il a publié des textes, notamment oulipiens, dans *Opperlans* (Querido, 2002), et de la poésie dans plusieurs magazines littéraires néerlandais (parmi lesquels *De Tweede Ronde, Poëziepunt.gl, Hard Gras*, et *Extaze*). Son mémoire sur Rimbaud (Génie en traduction néerlandaise. Une analyse.) a été publié dans *Parade Sauvage*, revue d'études rimbaldiennes (1991). Il a gagné des prix aux festivals Winternachten à La Haye (2010), et Culturele Ronde à Wageningen (2019). ruudverwaal@gmail.com

Sabine van Wesemael

enseigne la littérature à l'Université d'Amsterdam. Elle est l'auteur d'une thèse sur la réception d'*A la recherche du temps perdu* aux Pays-Bas et de quelques études sur l'œuvre de Michel Houellebecq. s.m.e.vanWesemael@uva.nl

Philippe Willemart

de formation littéraire et psychanalytique, est Professeur en littérature française à l'Université de São Paulo. Fondateur de l'Association des Chercheurs en Critique Génétique (APCG) au Brésil en 1985 et membre de l'équipe proustienne de l'ITEM-CNRS, il est l'auteur de nombreux essais édités au Brésil. En langue française, il a publié chez Liber à Montréal, Rodopi à Amsterdam et ses derniers ouvrages chez L'Harmattan à Paris : *Les processus de création dans « A l'ombre des jeunes filles en fleurs » de Marcel Proust* (2019) et chez Peter Lang à Oxford : *L'Univers de la création littéraire* (2017), *L'écriture à l'ère de l'indétermination. Études sur la critique génétique, la psychanalyse et la littérature* (2019), *Les mécanismes de la création littéraire : lecture, écriture, génétique et psychanalyse* (2020) plmgwill@gmail.com Site : http://www.dlm.fflch.usp.br/frances/publicacoes/livros

Introduction

1   Proust et le Rire

Ce dossier présente les actes du Colloque international du même titre qui a eu lieu à l'Université d'Anvers le 24-5-2019[1].
    Ces actes sont ici complétés par quelques articles proposés par des auteurs invités.

> Mais d'habitude il se contentait de chercher à nous amuser en racontant chaque fois une histoire nouvelle qui venait de lui arriver avec des gens choisis parmi ceux que nous connaissions, avec le pharmacien de Combray, avec notre cuisinière, avec notre cocher. Certes ces récits faisaient rire ma grand'tante, mais sans qu'elle distinguât bien si c'était à cause du rôle ridicule que s'y donnait toujours Swann ou de l'esprit qu'il mettait à les conter : "On peut dire que vous êtes un vrai type, monsieur Swann !"

Cette citation du début de *Combray* constitue la première occurrence du verbe 'rire' dans la *Recherche*. On a souvent comparé Swann et le narrateur, voire Swann et Proust ; c'est pour leur art commun de raconter que la ressemblance s'impose de façon primordiale. Toutes sortes de procédés rhétoriques, de multiples collusions avec le destinataire, un discours nourri de plaisir et d'intentions caustiques, donnent à cette dimension une place de première importance. Ironie raffinée qui subtilise les perspectives, satire mordante ou subreptice, burlesque caricatural et grotesque scabreux, humour bonhomme ou raillerie polissonne, moquerie ou sarcasme, toutes les nuances du rire, du plus léger au gros calibre, se rencontrent tout au long de l'apprentissage de 'Marcel'.
    Evidemment, en suivant les chemins du rire, ce ne sont pas seulement les objets qui le provoquent et les agents qui le lancent, mais encore et surtout celles et ceux qui rient que retiendra une lecture amusée. Ainsi, pour rester du côté de Swann, les problèmes de Madame Verdurin, quand elle s'esclaffe, symbolisent tout un milieu, toute une idéologie, alors qu'en même temps un comique contagieux envahit la lecture.

---

[1] Barokzaal Lange Sint-Annastraat 7 Antwerpen. Le Département de français de l'Université d'Anvers et La Marcel Proust Vereniging ont subventionné l'événement. Qu'ils en soient chaleureusement remerciés.

En éminent spécialiste des questions concernant le rire, Alain Vaillant propose une perspective globale et pose que le rire dans la *Recherche* ne présente nullement un comique facile, mais qu'il est « fait de fantaisie imaginative et de véritable émotion ». Des références à Baudelaire et à Lewis Carroll étayent cette affirmation.

Sabine van Wesemael montre que la dimension affective du rire n'empêche pas qu'à de multiples endroits de l'œuvre se manifeste la tendance à l'autodérision. C'est surtout au regard du 'je' que cet aspect se révèle, mais si le narrateur se déprécie ainsi d'une certaine manière, ce n'est pas sans provoquer l'émotion du lecteur qui continue à 'sympathiser' avec lui. D'autre part l'ironie caustique peut rappeler des procédés qu'on trouve dans *Le Père Goriot* de Balzac ou encore dans *Madame Bovary* de Flaubert.

Sjef Houppermans, quant à lui, distingue trois grandes catégories qui caractérisent le rire. Ainsi la description des visages et des attitudes des personnages qui s'amusent montre la nature des individus là où les signes extérieurs entrent dans des relations diverses avec la dimension psychologique. Ensuite la manifestation de la joie ou bien les rires moqueurs peuvent indiquer une position sociale, marque d'un groupe ou d'un clan. Pourtant au-delà de ces caractérisations les descriptions proustiennes servent comme tous les ingrédients du récit à montrer l'essence du littéraire, l'omniprésence de la métaphorisation.

Paul Aron a consacré des études importantes à l'histoire et à la phénoménologie des pastiches. Ici, il étudie la formation de l'éthos de Proust imitateur à partir de sa fréquentation du lycée Condorcet d'où sont issus de nombreux pasticheurs. Il rappelle ensuite que l'écrivain n'était pas le seul à pratiquer le pastiche dans les années 1906-1908, et il compare sa pratique du genre à celle de Paul Reboux et de Charles Müller. En analysant les justifications que ces auteurs donnent de leur intérêt pour l'imitation, il fait comprendre les positionnements différents des auteurs en faveur d'un pastiche comique ou d'un pastiche sérieux. Ces éléments contextuels indiquent combien il importe de comprendre les pastiches proustiens dans un cadre plus large que celui auquel les commentateurs de l'écrivain ont habituellement recours.

Karen Haddad se demande si le rire est lié à la séduction dans la *Recherche*. Elle constate que si ce n'est pas le cas pour la plupart des personnages, Albertine fait exception à la règle. Mais l'interprétation du narrateur, qui voit dans le rire de la jeune fille le signe même de la sensualité, voire du lesbianisme, n'est-elle pas restreinte ou trompeuse ? Le narrateur n'est-il pas coupable d'avoir tué le rire d'Albertine ?

L'exercice que Franc Schuerewegen nous propose consiste en une sorte d'extrapolation, à partir d'une boutade attribuée à Albertine (l'été à Balbec est une vaste blague), où le régime de la blague est considéré comme représentatif du régime d'écriture dans la *Recherche*. Suivent alors quelques considérations sur la différence entre ironie et humour, où l'on essaie de définir le régime très spécifique, non axiologique de l'humour proustien.

La contribution de Bérengère Moricheau-Airaud veut démontrer que dans *À la recherche du temps perdu* l'ironie naît de la représentation de discours, particulièrement de systèmes de couplage de paroles rapportées qu'une contradiction met sous tension, selon le patron stylistique de la mention-écho. Le feuilletage énonciatif qui résulte de cette association en binôme fait jouer la discordance entre divers plans discursifs. La variété énonciative de ces configurations est accrue par la multiplicité des causes de divergence sémantique, ce qui constitue ces couplages en système globalisé de la mention-écho. Leurs effets ironiques s'inscrivent au cœur de l'œuvre tant ils cristallisent des tensions symboliques de ses enjeux socio-historiques, philosophiques et poétiques.

Anne-Aël Ropars se penche plus spécifiquement sur le cas de Charlus, personnage dont la complexité et la dualité tragi-comique profitent de l'ambiguïté même de son rire. Par là, Proust exerce son regard de clinicien nourri tant par la représentation traditionnelle de la folie que par les récents travaux des aliénistes sur la névrose. L'observation de ce symptôme qu'est le rire pathologique du baron instaure un jeu de miroir entre l'auteur et son personnage, éclairant ainsi un aspect du processus créatif à l'œuvre dans la *Recherche*.

Thanh-Vân Ton That cherche à prouver que parcourant toute la *Recherche*, le rire traverse les espaces, le temps et décloisonne la société. Tous les personnages rient, chacun à leur façon. Le rire rassemble et exclut en tant qu'indice dévoilant l'homosexualité ; il semble surtout caractériser la féminité, oscillant entre sensualité et cruauté.

Par le moyen d'un intermezzo proposant avec un clin d'œil rieur des variantes de la phrase princeps de la *Recherche*, Ruud Verwaal permet de passer légèrement la frontière du comique.

2   Mélanges

La deuxième partie de ce numéro de la revue offre à la lecture quatre analyses diverses mais aussi dans un sens complémentaires. Didier Hurson développe finement le propos intriguant du titre de son article « Le pouvoir et ses emblèmes : ordre totémique et ordre des castes dans la société selon Marcel Proust ». L'auteur de la *Recherche* semble, en dépit d'une sévérité égale, accorder un reste de dilection à l'un de ces deux fonctionnements de la pensée.

Philippe Willemart essaie de saisir les conséquences de la nouvelle vision de l'espace-temps inaugurée par Einstein dans l'étude du manuscrit ; dans un deuxième moment il propose de percevoir combien le narrateur de *A la recherche du temps perdu* prévoit sans le savoir une conception de l'espace où le temps est presque aboli, conception très proche de celle de l'astrophysicien Carlo Rovelli.

L'article de Dominique Defer propose une comparaison entre les œuvres de Julien Gracq et celles de Proust. La thématique du paysage, commune aux deux auteurs, met en évidence de nombreuses convergences. Mais là où Proust inclut le paysage dans sa quête globale de sens et sa théorie du souvenir, en fait un rouage de son système, Gracq en prône une approche plus sensitive et immédiate qui donne libre cours à son écriture poétique, sur fond d'attente et de départs toujours renouvelés.

Mathieu Jung, de sa part, présente Proust, Joyce, Kafka et Bousquet en tant que « veilleurs de toutes les nuits du monde ». Cette étude pose la question de l'écriture insomniaque, de ses effets de veille et de somnolence dans une sorte d'éternel matin, de nuit qui répugne à finir.

3 Comptes rendus

Dans la troisième partie du volume, on peut trouver nos comptes rendus des revues proustiennes sœurs et des livres suivants : *L'Évolution de l'univers floral chez Proust – De* La Bible d'Amiens *à* La Recherche du temps perdu, par Yasué Kato ; *Marcel Proust et Reynaldo Hahn. Une création à quatre mains*, par Philippe Blay, Jean-Christophe Branger et Luc Fraisse et Marcel Proust, Adaptation et dessin de Stéphane Heuet, *À la recherche du temps perdu, À l'ombre des jeunes filles en fleurs, Autour de Mme Swann 1-2*.

4 Qui rira le dernier

Pour revenir brièvement au plateau des francs rieurs et des jolies rieuses, écoutons Baudelaire qui proclame dans les *Curiosités esthétiques* que « le comique, la puissance du rire est dans le rieur, nullement dans l'objet du rire. » Et si l'on admet que c'est la langue richissime de Proust qui donne toutes ses couleurs à la *Recherche*, l'arc-en-ciel du rire sera pleinement la manifestation de sa joie à lui. Ce genre d'approche se reconnaît dans la relation complexe et subtile qu'a pu avoir Roland Barthes avec l'un de ses auteurs préférés. On annonce aux Éditions du Seuil dans la collection Fiction & Cie un *Marcel Proust* par Roland Barthes. Comme Tiphaine Samoyault le montre dans sa monumentale biographie de Barthes, Proust est le principal soutien littéraire en instance de deuil, mais aussi une constante source de joie. Il touche au désir de l'auteur des *Fragments d'un discours amoureux* : désir d'écrire (son roman), désir d'images, désir de désirer, désir de rire.

D'autre part on nous annonce que « l'acteur, scénariste et réalisateur Guillaume Gallienne a choisi, pour sa première série, d'adapter l'œuvre-fleuve de Marcel Proust, *À la recherche du temps perdu*. Trois saisons de 8 épisodes, affichant une durée de 52 minutes chacun, sont d'ores et déjà confirmées, assurent les coproducteurs Cinéfrance Studios, Federation Entertainment et la société Don't Be Shy. » *« Autant pour sortir l'œuvre de son musée que pour me l'approprier, j'ai décidé de situer La recherche ... dans les années 1970-80-90. Ces années-là précèdent l'accélération du temps, les téléphones avaient encore des fils, les aristocrates des domestiques et ma grand-mère vivait encore. Ces années-là, c'est notre monde d'hier, et si pour certains c'était encore l'après-guerre, il s'agit déjà pour nous de notre avant-guerre »*, affirme Guillaume Gallienne dans un communiqué[2]. Le lien avec le rire est sans doute indécidable pour le moment.

Terminons toutefois en citant une belle analyse de Luc Fraisse (qu'on devine lui-même tout en sourire) : « Le comique sans doute le plus constant, sous la plume de Proust, ressortit à ce que la classification traditionnelle appelle l'héroï-comique – le contraire du burlesque –, consistant à porter aux nues des détails insignifiants. Le romancier s'attache souvent à de minuscules circonstances pour les porter aux nues ; l'amplification lyrique est sa spécialité. Mais au-delà des catégories, ce qui compte le plus, c'est cette exceptionnelle vis comica, aurait-on dit à l'époque de Plaute ou de Térence, dont il est capable. On se tord souvent de rire en lisant Proust.[3] »

---

2 https://www.actualitte.com/article/culture-arts-lettres/guillaume-gallienne-avec-proust-a-la-recherche-du-temps-perdu/94047. Page consultée le premier mai 2020.

3 https://philitt.fr/2016/01/27/luc-fraisse-on-se-tord-souvent-de-rire-en-lisant-proust/ Page consultée le premier mai 2020.

PARTIE 1

Études réunies par Franc Schuerewegen,
Sabine van Wesemael et Sjef Houppermans

Marcel *in Wonderland*

Alain Vaillant

Résumé

Bien sûr, les traits d'ironie et les mots d'esprit abondent dans la *Recherche*. Pourtant, ils ne sont que la petite monnaie d'un rire bien plus précieux, auquel Proust lui-même accordait beaucoup plus d'importance : un rire fait de fantaisie imaginative et de véritable émotion, paradoxalement mis au service de l'entreprise d'introspection que mène le narrateur de la *Recherche*. Contre les conceptions ordinaires du comique (impliquant l'annulation de toute attente sérieuse), l'humour de Proust concrétise, avec une gravité paradoxale et à la dimension d'un œuvre majeure, la théorie baudelairienne du « comique absolu », illuminée de surcroît par une aptitude à l'émerveillement joyeux qui, elle, rappelle l'univers onirique de Lewis Carroll.

1 Un Rire Paradoxal

Beaucoup de choses, souvent très justes, ont déjà été dites et écrites sur le rire de Proust. C'est loin d'être toujours le cas. Chez les auteurs dont j'ai plus l'habitude de décrypter le comique (Balzac, Flaubert, Baudelaire), le rire est un élément perturbateur, qui semble mettre en danger la gravité de l'entreprise littéraire voire la respectabilité de l'œuvre. La critique universitaire a donc l'habitude, pour ces écrivains, soit d'ignorer franchement tous ces indices risibles, soit de les expliquer, ou plutôt de les justifier, par toutes sortes de motivations cachées. Cette perversité du rire moderne est parfaitement symbolisée par l'adresse liminaire de Baudelaire au lecteur des *Fleurs du Mal* : « Hypocrite lecteur, mon semblable, mon frère ! » (« Au lecteur », v. 40). Déclaration d'amour fraternel diabolique d'ironie : si le lecteur est le semblable de Baudelaire parce qu'il en partagerait l'hypocrisie, on voit bien que cette hypocrisie partagée ruine d'avance le rêve de fraternité. Le lecteur préfère donc oublier l'effet dévastateur de l'antiphrase ironique et prendre au sérieux la grave éloquence du poète : la panthéonisation de Baudelaire fut à ce prix.

Au contraire, le rire de Proust est sans malignité : il se donne à entendre et à interpréter, il est tourné vers le lecteur qu'il invite à la complicité. C'est un bon rire, de partage et d'intelligence, que les exégètes de la *Recherche* ont parfaitement perçu et compris. Pour une fois, il est donc prudent de commencer par un bilan des principales avancées de la critique, avant de les prolonger et, surtout, de les mettre en perspective en tenant compte de la tradition du rire, d'ordre théorique ou littéraire. Bien entendu, il existe une multitude de livres, de travaux ou d'articles qui, sous un angle ou un autre, ont croisé la question du comique ou de l'humour chez Proust. Mais trois ouvrages en particulier l'ont abordée frontalement, avec beaucoup de pertinence et de pondération critique : deux ouvrages déjà anciens, de 1952 (Lester Mansfield, *Le Comique de Marcel Proust*, Nizet) et 1955 (Roland André Donzé, *Le Comique dans l'œuvre de Marcel Proust*, Attinger) et une thèse plus récente de Patrick Brunel, publiée en 2000 (*Le Rire de Proust*, Champion). Voici donc les quatre enseignements majeurs qu'il est possible d'en retirer.

Le premier porte sur les marques d'ironie, les mots d'esprit, les traits satiriques, les formules malicieuses qui émaillent la *Recherche*, qu'ils soient attribuables à un des personnages ou au narrateur lui-même. Ils sont innombrables mais moins significatifs qu'on pourrait l'imaginer. Exactement comme au 18ème siècle, la société aristocratique ou même bourgeoise où évoluent Swann et le « je » de la *Recherche* partage un éthos collectif fondamentalement spirituel. Depuis près de deux siècles, un art subtil et délicat du persiflage est considéré comme le signe de reconnaissance et de ralliement de la haute culture française[1]. Non seulement le romancier est conduit naturellement à le représenter, puisqu'il domine aussi bien le monde de Swann que, sous des formes plus caricaturales, le salon des Verdurin, mais Proust lui-même, qui est un mondain parfaitement accompli et une intelligence très subtile, maîtrise, pour ainsi dire à son insu, tous les codes de l'ironie conversationnelle et il en retire le meilleur pour les commentaires spirituels qui, de manière plus ou moins explicite, ponctue les descriptions et les digressions de la *Recherche*. Cependant, Proust lui-même se méfie de sa propre disposition à l'ironie. Le mot d'esprit, lorsqu'il traduit ou favorise une intuition donnant accès à une compréhension supérieure des réalités psychologiques et sociales, peut être un instrument utile. Mais son usage pragmatique le plus habituel, qui permet de remporter une victoire symbolique sur un interlocuteur (ou, le cas échéant, sur le lecteur), est pour lui sans grand intérêt, voire condamnable. L'esprit de supériorité, auquel le philosophe Hobbes ramenait le rire en général, est ce qui intéresse le moins Proust. Comme le souligne Patrick Brunel, « le comique mondain n'est [...] porteur d'aucune gaieté : il relève du rire hostile ». Car, « [à] l'évidence, l'ironie occupe le degré le plus bas sur cette échelle [du comique]. Elle n'est, chez Proust, créditée d'aucune des vertus qui, d'ordinaire, lui sont reconnues. Elle n'est pas au service d'une juste cause, seulement de la satisfaction des personnages, de leur instinct de méchanceté, voire de cruauté » (Brunel 2000, 69-75).

---

[1] Sur la culture du persiflage au 19ème siècle, voir notamment Bourguinat 1998.

Autorisons-nous donc de cette condamnation pour faire par avance l'économie de toutes les manifestations d'ironie chez Proust, qui pourraient remplir sans peine une anthologie de bons mots (elle a d'ailleurs été faite et publiée en 2016, par Laure Hillerin, chez Flammarion, sous le titre *Proust pour rire*). Et passons à un second point, qui est au contraire la capacité paradoxale du rire proustien à favoriser l'émotion, l'émerveillement, la fantaisie joyeuse – en un mot, une positivité du rire qui est aux antipodes de la distanciation ironique – telle qu'elle est pratiquée, par exemple, par un Flaubert. Patrick Brunel parle à ce propos tantôt d'« esthétique ludique », tantôt d' « humour ». Parmi les catégories du risible, la notion d'humour est sans doute celle qui peut servir le plus commodément à caractériser le type de rire qui domine dans la *Recherche*. Quel que soit le mot retenu pour le désigner, Roland André Donzé y voit la clé du génie proustien, qu'il explique par un fragile équilibre maintenu entre le comique et ce qu'il nomme le « climat poétique » : « L'équilibre de ces deux éléments conduit à une sorte de grâce souriante, dont le charme rend moins gratuit l'ingéniosité du rapprochement. Comme les sentiments tendres atténuent dans l'humour la causticité du railleur, le sentiment du beau vient troubler alors la gaieté légère du comique pur. La fantaisie de l'auteur trouve ici, à égale distance de la tendre moquerie du moraliste et de la virtuosité enjouée de l'artiste, sa forme la plus fine et celle qui, sur les confins du sérieux et du rire, répond peut-être à ce qu'il y a de meilleur dans son talent » (Donzé 1955, 131). Passons sur les formules vagues de cette analyse : dans les années cinquante, la « critique impressionniste », selon le mot de Brunetière, est encore la norme. Elle n'en saisit pas moins un fait capital : le rire, chez Proust, est directement lié à son pouvoir d'émotion. Il constitue un contrepoint sur mode mineur qui rend le travail d'analyse plus digeste ; mais, surtout, il accompagne l'émerveillement diffus du narrateur à l'égard des subtilités qu'il entrevoit et fait entrevoir dans la nature humaine. Baudelaire déjà, dans son essai *De l'essence du rire*, avait noté que, sous sa forme la plus absolue, le rire s'éloignait de l'ironie pour se confondre avec la pure joie, comme le rire des enfants qui est « comme un épanouissement de fleur », « la joie de recevoir, la joie de respirer, la joie de s'ouvrir, la joie de contempler, de vivre, de grandir » (Baudelaire 1976, 534). C'est précisément en soulignant ce rapprochement avec l'enfance que Lester Mansfield analyse la scrutation joyeuse que Proust fait de toute chose, comparable à l'enfant « pour qui chaque nouveau visiteur, chaque visage étrange et inconnu, présente un problème qu'il faudra résoudre, non par la voie de l'induction, mais par le seul examen attentif des traits » (Mansfield 1952, 41).

D'où ce troisième enseignement : chez Proust, il n'y a aucune contradiction entre la tonalité humoristique et le sérieux du travail d'introspection. Non seulement le rire ne nuit pas à la gravité de l'entreprise, souvent empreinte d'une solennité presque intimidante, mais il en est la conséquence directe. C'est la thèse originale dont Lester Mansfield présente la version la plus développée. Selon lui, le pathétique ou le tragique découle de la succession des événements dans le temps rapide de la diégèse. Proust, en immobilisant le temps et en communiquant à son lecteur, par le rythme lent de ses analyses aux phrases interminables, la sensation de la durée – d'une durée virtuellement illimitée, interdisant toute dramatisation et introduisant au contraire dans ce que le critique appelle « le domaine du comique pur » qui, précise-t-il, « se réalise lorsque l'homme est observé de si près que son absurdité est éclatante ». Il s'ensuit que le comique proustien ne découle qu'accessoirement de l'intention de provoquer le rire : « ses sources sont bien plus profondes », qui « résident dans la construction même de l'œuvre et dans une certaine vision des hommes et des choses ». Dans le même esprit, Patrick Brunel explique le comique de Proust par son rejet de la pensée déductive et rationnelle : celui-ci l'amènerait à privilégier une démarche inductive, grâce à cette esthétique « minutieuse et pointilliste » du télescope qui lui permet de se situer en surplomb par rapport à la réalité mais qui le dote également d'une force d'ironisation proportionnelle à son pouvoir d'élucidation. Proust a gardé intacte sa capacité de s'étonner face au monde et, cette fois selon les mots de Lester Mansfield, c'est « cette attitude de pur étonnement qui caractérise le mieux le comique de Proust » (Mansfield 1952, 41).

Il serait facile d'objecter, contre cette idée d'un « comique pur » lié à la dimension durative de l'esthétique proustienne, qu'il existe un comique, tout aussi essentiel, de l'accélération temporelle (celui du burlesque et de la farce, notamment) et que, par ailleurs, tout arrêt du temps narratif n'est pas comique, loin de là. Peu importe ici, au regard de cette conclusion provisoire, qui est capitale : le comique proustien, dans ce qu'il a de plus profond, découle de la gravité émouvante du regard que le narrateur tourne vers le réel. Il s'ensuit la quatrième et dernière observation. Le rire est une réalité macrostructurale, à la fois beaucoup plus importante et plus diffuse que ne le laissent voir les phénomènes de surface (les procédés, les effets stylistiques, les figures comiques ou ironiques qu'il est facile de repérer et de décrire). De ce point de vue, on peut partager sans réserve la méfiance de Patrick Brunel à l'égard de « l'attitude taxinomique » et la « myopie critique » qui, selon lui, « pousse quasi inévitablement à ne prendre en considération que les épisodes et les traits ouvertement comiques, et à ainsi négliger la portée générale de l'œuvre » (Brunel 2000, 37) : c'est d'ailleurs vrai pour le comique chez tout écrivain en général.

Brunel en vient à récuser les théories du rire en général, pour en rester à l'approche intuitive qui est la sienne. Au contraire, mon objectif sera désormais de montrer en quoi la théorie du rire[2] permet de conforter et de préciser la conception du comique proustien que je viens de résumer, à condition de sortir de ses ornières habituelles. En effet, nous restons encore victimes, à cause de notre respect plus que bimillénaire pour la référence aristotélicienne, de la définition très restrictive qu'Aristote donne du comique, dans sa *Poétique* : « le comique tient à un défaut et à une laideur qui n'entraîne ni douleur ni dommage » (Aristote 1990, 91). Fondamentalement, le comique viserait à dénoncer les laideurs morales des hommes et, formellement, reposerait toujours, *in fine*, sur une esthétique de l'enlaidissement. La formule trop célèbre de Bergson, dans son opuscule sur le rire de 1905, « du mécanique plaqué sur du vivant » (Bergson 1989, 8), ne fait que reproduire, en la rigidifiant davantage encore, cette vision extraordinairement réductrice du comique. Il faut donc, préalablement à toute autre démarche, commencer par l'oublier.

2 Un rire à l'envers

De fait, une fois qu'on a échappé à l'emprise du couple Aristote-Bergson, il est facile de vérifier, comme il était prévisible, que le comique proustien est conforme aux mécanismes fondamentaux à la fois du rire en général et, plus spécifiquement, du rire littéraire.

Tout d'abord, qu'on parle de tradition satirique, d'esprit de supériorité ou, dans une optique freudienne, de rire tendancieux, on insiste le plus souvent sur la dimension agressive et critique du rire. Or, si le rire a presque toujours besoin d'une cible, sa fonction primordiale est de resserrer entre les rieurs les liens de communication et de connivence. Le rire est gage d'intelligence entre les hommes, même si cette complicité doit se faire au détriment d'une victime. Or, chez Proust, le rire unit plus qu'il n'oppose.

C'est évident au niveau de la fiction, dans les relations entre les personnages. L'étude systématique menée sur les manifestations du rire ou du sourire par le linguiste Étienne Brunet et poursuivie par Patrick Brunel a d'ores et déjà apporté un enseignement capital. Il existe, dans la *Recherche* comme partout ailleurs, deux registres du risible. Le premier, qui correspond à proprement parler à la sphère du rire, concerne le jeu social, la subtile escrime mondaine qui est faite d'ironie et de mots spirituellement moqueurs, qui permet de se mettre en valeur en société et d'obtenir des victoires symboliques devant un

---

2 Sur la théorie du rire en général, voir Vaillant 2016.

public choisi ou, dans des relations plus intimes, de se confronter à l'autre. Le deuxième, au contraire manifeste l'entente tacite entre deux personnes, que le simple sourire indique et qui ouvre alors chez Proust sur des réflexions d'ordre psychologique ou sentimental. Or Étienne Brunet nous apprend qu'on sourit dans la *Recherche* beaucoup plus qu'on ne rit (610 sourires pour 404 rires), confirmant par les chiffres une impression que chacun aura retiré de sa lecture des romans (Brunel 2000, 64).

Mais cette connivence, rieuse ou souriante, ne s'établit pas seulement entre les personnages ; elle est intensifiée grâce au dédoublement du *je*, à la fois narrateur et personnage. Le narrateur sourit *de* et *à* celui qu'il était, et ce retour tendrement humoristique sur soi est l'une des composantes les plus structurantes du rire proustien. Soit, par exemple, l'évocation des séances de lecture du *je* enfant, dans la guérite située sous le marronnier : « [...] ma pensée n'était-elle pas aussi comme une autre crèche au fond de laquelle je sentais que je restais enfoncé, même pour regarder ce qui se passait au dehors ? Quand je voyais un objet extérieur, la conscience que je le voyais restait entre moi et lui, le bordait d'un mince liséré spirituel qui m'empêchait de jamais toucher directement sa matière [..] » (R^2 I, 83). On aura noté la métaphore religieuse : la pensée de l'enfant lisant est pour lui comme la crèche du petit Jésus, et l'entoure d'un liséré de lumière spirituelle, comparable aux auréoles dorées de l'iconographie religieuse. L'image est drôle, bien sûr, mais elle intervient surtout dans une des évocations les plus émouvantes des lectures enfantines.

Enfin, cette connivence permet, tout au long de la *Recherche*, de resserrer les liens entre le narrateur (ou l'auteur) et les lecteurs, par tout un jeu d'allusions implicites dont le décryptage doit conforter une complicité humoristique de part et d'autre du texte. Le jeu commence dès l'incipit. « Longtemps, je me suis couché de bonne heure », écrit Proust, avant d'évoquer le plaisir éprouvé à rester dans un état incertain de somnolence, entre éveil et rêve. Or cet incipit est la reprise d'un autre incipit, celui de l'ouvrage le plus canonique de la philosophie française, les *Méditations* de Descartes. Le philosophe rationaliste, invoquant lui aussi le cas du dormeur rêvant, en tirait la conclusion qu'aucune certitude ne pouvait venir de nos perceptions du monde, et se tournait vers la seule assurance que lui apportait son raisonnement, le *cogito ergo sum* et la définition de l'homme comme *res cogitans*, substance pensante. Or c'est justement cette incertitude qui plaît à Proust, parce qu'elle déséquilibre la conscience, qu'elle l'oblige à se décentrer aux limites d'elle-même et à prendre contact avec ce qui lui échappe, qu'il s'agisse de l'inconscient ou du monde des perceptions sensorielles. Le lieu proustien par excellence est l'espace frontalier où le sujet, sans renoncer aux prérogatives de sa pensée, s'ouvre à ce qui n'est pas lui – espace, que le pédiatre Donald Winnicott appellerait « transitionnel[3] » et qui est analogue au liseré spirituel qui séparait le lecteur enfantin du jardin familial.

La reprise intertextuelle n'est donc pas seulement drôle ou parodique, mais elle donne ici accès, dès les premières lignes, au sens le plus profond de la *Recherche*. Plus généralement, la visée ultime de cet humour latent, grâce aux indices qu'il distille, est d'installer en creux la présence invisible du scripteur au cœur du texte, selon le processus de subjectivation qui est la deuxième constante de la dynamique du rire. La subjectivation désigne ce processus psychologique qui permet au sujet de se recentrer sur lui-même et de prendre la pleine conscience de lui-même dans ses rapports avec le monde. Or le rire déplace *ipso facto* l'attention vers le rieur, vers sa pure subjectivité que manifeste le procédé ironique ou l'allusion malicieuse, parce que ceux-ci instaurent un état d'étrangeté provisoire dont l'élucidation passe, nécessairement et exclusivement, par l'intention que le lecteur doit lors prêter à l'auteur. Dans cette perspective, les multiples traces de comique ou d'humour éparses dans le texte constituent le principal matériau nécessaire à ce travail de recréation de l'auteur auquel Proust lui-même invitait tout lecteur dans son *Contre Sainte-Beuve*.

Quant aux procédés qui permettent à l'auteur de formaliser et au lecteur de repérer l'intention comique, ce sont les deux mécanismes qui, toutes époques et tous arts confondus, constituent à eux seuls l'arsenal du rire : l'incongruité (la coprésence de deux éléments contrastant entre eux) et l'expansion (qu'on peut traduire aussi stylistiquement, en terme d'exagération, d'hyperbolisation ou d'amplification). Dans les deux exemples déjà évoqués, l'incongruité réside dans le rapprochement inattendu ici avec une crèche chrétienne, là avec le traité de Descartes, l'expansion dans les très longs commentaires explicatifs qu'il suscite chez le narrateur. Voici un troisième exemple, tiré du passage où le narrateur évoque ses promenades à Combray, du côté de chez Swann, le long de la haie d'aubépines qui, le long de la propriété de Swann, le sépare de la petite Gilberte. S'ensuit une très ample rêverie florale dont voici les premières lignes :

> La haie formait comme une suite de chapelles qui disparaissaient sous la jonchée de leurs fleurs amoncelées en reposoir ; au-dessous d'elles, le soleil posait à terre un quadrillage de clarté, comme s'il venait de traverser une verrière ; leur parfum s'étendait aussi onctueux, aussi délimité en sa forme que si j'eusse été devant l'autel de la Vierge, et les fleurs, aussi parées, tenaient chacune d'un air distrait son étincelant bouquet

---

3   Voir notamment Winnicott 2010.

> d'étamines, fines et rayonnantes nervures de style flamboyant comme celles qui à l'église ajouraient la rampe du jubé ou les meneaux du vitrail et qui s'épanouissaient en blanche chair de fleur de fraisier.
>
> R^2 I, 136

L'incongruité est bien entendu ici la comparaison entre la haie et une suite de chapelles, qui métamorphose du même coup Gilberte en une improbable Vierge Marie et prépare le lecteur aux diverses extases érotiques, euphoriques ou mortifiantes, dont rendra compte le narrateur au cours de la *Recherche*.

Cependant, l'incongruité comique, en principe, obéit à une logique descendante. Ce qui paraissait sérieux se change en blague et se dégonfle brusquement, comme un ballon de baudruche (d'où l'explosion du rire). Kant, qui fut le premier à décrire ce passage instantané du tout au (presque) rien, a parlé suggestivement « de la manière dont la tension d'une attente se trouve soudain réduite à néant » (Kant 1995, 320), le philosophe anglais Spencer d'une « discordance descendante » (Spencer 1877, 311), dans une formule qui conjoint les notions d'incongruité et d'anéantissement, Freud de la brusque décharge d'énergie psychique (Freud 1988). Or on assiste chez Proust un phénomène contraire. L'incongruité humoristique (par exemple, la comparaison ente la haie d'aubépines et une suite de chapelles), une fois qu'elle a produit son effet comique, s'efface au profit d'une longue évocation mystico-onirique. C'est en quelque sorte un rire à l'envers, où se substitue au phénomène physique de décompression nerveuse qu'implique le rire une phase expansive de l'imagination. Cette inversion explique l'étrange impression de gravité, voire de solennité, que procurent des développements métaphoriques qui, dans un autre contexte, prêterait à rire. L'humour s'est effacé, ou plutôt s'est transfiguré en merveilleux – source d'émotions intimes que le narrateur entend communiquer aux lecteurs. C'est cette métamorphose comique qu'il reste maintenant à définir, et qu'il est possible de qualifier de « comique absolu » proustien.

3 Le « comique absolu » proustien

L'expression de « comique absolu » est baudelairienne. En effet, les deux formes antithétiques du rire dont je viens d'esquisser les caractéristiques ont été repérées et décrites par Baudelaire dès 1855, dans son essai majeur *De l'essence du rire*, qui constitue, rappelons-le, le seul ouvrage qu'un écrivain français ait explicitement et exclusivement consacré au comique. Baudelaire y oppose deux sortes de rires. Celle qu'il nomme le « comique significatif » ou, de façon plus dédaigneuse, le « comique ordinaire », est le rire de la satire et de la pointe ironique, qu'il associe aux noms de Molière et de Voltaire, et où il voit, à son grand regret, une spécialité de la France, « pays de pensée et de démonstration claires » (Baudelaire 1976, 537). C'est un rire de supériorité qui, se contentant d'imiter le réel pour s'en moquer, selon la tradition aristotélicienne, n'exige aucune faculté créatrice et rejoint cette ironie facile et mondaine pour laquelle Proust n'avait pas plus d'estime. Au contraire, le « comique absolu » permet à l'homme de prouver sa supériorité, non pas sur les autres hommes, mais sur le réel, puisqu'il combine le fantastique et la fantaisie, la puissance du rêve et la force du rire, pour aboutir à des productions imaginatives qui relève de ce que Baudelaire nomme également le « surnaturalisme » et où l'homme peut se rapprocher, autant qu'il lui est possible, de l'émerveillement joyeux de l'enfant – selon ce principe, énoncé dans Le Peintre de la vie moderne, que « le génie n'est que l'*enfance retrouvée* à volonté » (Baudelaire 1976, 690).

Baudelaire a théorisé le « comique absolu » mais il était bien trop pénétré de haine contre le monde et de mépris à l'égard de toutes les médiocrités pour ne pas sacrifier à ce « comique ordinaire » qu'il prétendait refuser. En revanche, un de ses contemporains d'outre-Manche le réalise pleinement, sans doute parce que la meilleure part de lui-même était restée dans une enfance perpétuelle, Lewis Carroll, dont, en 1865, les *Alice's Adventures in Wonderland* inaugure une suite romanesque qui s'achève, en 1893, avec *Sylvie et Bruno*. Le roman de Lewis Carroll repose sur le même équilibre fragile entre le rire et l'onirisme ému. Et, comme la *Recherche*, il repose sur la même confusion entre le rêve et la réalité. À une grande différence près : Alice, contrairement au narrateur proustien, s'endort et rêve vraiment, perdant pour de bon la conscience du réel. Dans les toutes dernières pages du roman, elle se réveille auprès de sa grande sœur, qui la ramène à la réalité puis se met elle-même à son tour à songer, cette fois sans rien perdre de sa lucidité, à ce « vieux rêve du pays des merveilles » dont, une fois devenue adulte, « elle partagerait les petits chagrins et les joies naïves, en se souvenant de sa propre enfance et des heureuses journées d'été » (Carroll 1990, 187). Le narrateur proustien, qui rejoue sa vie sans jamais cesser de l'analyser, occupe la position à la fois d'Alice et de sa grande sœur, en vertu du dédoublement humoristique que met en scène la *Recherche*. Mais il sait bien, lui, que le rêve ne se confond pas avec l'éveil et qu'il n'est pas possible de retourner en enfance. Cette recréation du passé, c'est de la littérature qu'il l'attend, mais d'une littérature inspirée par le rire. La scène célèbre de la petite madeleine sert précisément à allégoriser, de manière subtilement humoristique, cette résurrection miraculeuse, offrant le parfait emblème de cette forme renouvelée de « comique absolu ».

L'histoire est bien connue : le narrateur se rend chez sa mère, qui lui offre une tasse de thé et une petite madeleine ; il porte distraitement à sa bouche une cuillerée de thé où trempe un morceau de madeleine. Ce geste insignifiant éveille un vague souvenir, vague mais profondément enraciné en lui. Commence alors le travail de réminiscence. Les choses restent obscures : il goûte une deuxième fois, et une fois encore. Sans succès ; au contraire, l'émotion s'estompe. Il essaie alors de retrouver en lui, de recréer en lui la sensation délicieuse de la première cuillerée. « Dix fois », précise le texte. « Et tout d'un coup ce souvenir m'est apparu » : c'est un souvenir d'enfance, qui ramène magiquement à l'univers de Combray, tout entier sorti de la tasse de thé comme un génie d'une lampe orientale (l'image est récurrente chez Proust) « comme dans ce jeu où les Japonais s'amusent à tremper dans un bol de porcelaine rempli d'eau de petits morceaux de papier jusque-là indistincts qui, à peine y sont-ils plongés s'étirent, se contournent, se colorent, se différencient, deviennent des fleurs, des maisons, des personnages consistants et reconnaissables » (R^2 I, 47). Le roman peut donc réellement commencer.

Tout a été dit sur cette expérience, sauf une chose essentielle, qui vient ironiquement en contrepoint du caractère psychologique et presque scientifique de la scène. Le souvenir réveillé par le morceau de madeleine imbibé de thé est « celui du petit morceau de madeleine que le dimanche matin à Combray (parce que ce jour-là je ne sortais pas avant l'heure de la messe), quand j'allais lui dire bonjour dans sa chambre, ma tante Léonie m'offrait après l'avoir trempé dans son infusion de thé ou de tilleul » (R^2 I, 46). Le détail n'est absolument pas anodin. La tante Léonie, âgée et souffrante, ne va plus à l'église. L'enfant, avant d'aller à la messe, lui rend visite ; et, comme il est alors interdit de manger avant l'eucharistie et qu'il a le ventre vide, on lui permet seulement de goûter un morceau de madeleine dans la tasse de sa tante : en somme, de partager, avec sa tante, une première eucharistie, intime et familiale. La tante Léonie trempe le gâteau dans sa tasse, et le présente à l'enfant. Le geste est précis, et parfaitement connu du rituel catholique : c'est l'*intinction*, l'acte du prêtre qui consiste à tremper l'hostie dans le calice rempli de vin, à réunir symboliquement le corps et le sang du Christ.

On vérifie une nouvelle fois, l'importance et l'emplacement stratégique des références au mythe christique, qui cristallise l'utopie littéraire d'une synthèse, non pas entre le corps et l'âme, mais d'une part entre la raison et l'imagination, d'autre part entre le passé et le présent. Dans l'épisode de la petite madeleine, le geste rituel ne symbolise pas seulement la synthèse, au moment de la réminiscence, du travail conscient de remémoration et de la mémoire involontaire. L'eucharistie opère la réunion, non seulement de deux substances, mais de deux temporalités (le temps de Jésus et celui du prêtre officiant). Car on ne doit pas imaginer que, au moment où le narrateur retrouve la mémoire de son enfance en goûtant la petite madeleine, le passé prenne la place du présent, revive comme s'il était présent. L'émotion éprouvée par le goûteur ne vaut que s'il est conscient de son présent en même temps que le passé reprend forme, que si le passé est miraculeusement ressenti, grâce au travail de la conscience, comme absolument vivant *et* absolument passé, sans ces confusions et ces mélanges entre le passé et le présent où ils se banalisent réciproquement :

> Oui, si le souvenir, grâce à l'oubli, n'a pu contracter aucun lien, aucun chaînon entre lui et la minute présente, s'il est resté à sa place, à sa date, s'il a gardé ses distances, son isolement dans le creux d'une vallée ou à la pointe d'un sommet, il nous fait tout à coup respirer un air nouveau, précisément parce que c'est un air qu'on a respiré autrefois, cet air plus pur que les poètes ont vainement essayé de faire régner dans le Paradis et qui ne pourrait donner cette sensation profonde de renouvellement que s'il avait été respiré déjà, car les vrais paradis sont les paradis qu'on a perdus.
>
> R^2 IV, 449

Mais la référence chrétienne, malicieusement dissimulée dans l'arrière-plan connotatif du texte, ici comme pour la guérite transformée en crèche ou Gilberte en Vierge Marie, vaut surtout comme indice humoristique. Elle ne sert évidemment pas à envoyer un message d'ordre religieux, mais pas davantage à se moquer du rituel, qui ferait verser le roman du côté du « comique ordinaire ». L'allusion christique, aussi malicieuse soit-elle, comporte une leçon très sérieuse, qu'on peut formuler ainsi : le pouvoir de recréation que le roman confère à l'écrivain relève du miracle – non pas du miracle surnaturel que théorise la théologie, mais d'un miracle tout de même effectif, qui est celui de la littérature – à condition qu'il garde la conscience lucide de sa nature onirique. Descartes refusait de prendre en considération les états de demi-conscience, parce qu'il craignait l'action maléfique d'un « malin génie ». Proust, lui, croit au bon génie de la littérature, à condition que ce dernier ait le sens de l'humour et le goût de rire, qui n'interdisent nullement de rêver. Bien au contraire.

Bibliographie

Aristote, *Poétique*, Michel Magnien (trad.), Paris, Livre de Poche, 1990.
Charles Baudelaire, *De l'essence du rire*, dans *Œuvres complètes*, Claude Pichois (éd.), t. 2, Paris, Gallimard, « Bibliothèque de la Pléiade », 1976, 525-543.
Henri Bergson, *Le Rire*, Paris, PUF, « Quadrige », 1989 [1900].
Élisabeth Bourguinat, *Le Siècle du persiflage (1734-1789)*, Paris, Presses universitaires de France, 1998.

Patrick Brunel, *Le Rire de Proust*, Paris, Champion, 2000.

Étienne Brunet, *Le Vocabulaire de Proust*, Paris, Champion, 1983.

Lewis Carroll, *Alice au pays des merveilles*, dans *Œuvres*, Jean Gattégno (éd. et trad.), Paris, Gallimard, « Bibliothèque de la Pléiade », 1990.

Romand André Donzé, *Le Comique dans l'œuvre de Marcel Proust*, Paris, Attinger, 1955.

Sigmund Freud, *Le Mot d'esprit et sa relation à l'inconscient*, Denis Messier (trad.), Paris, Gallimard, 1988 [1905].

Emanuel Kant, *Critique de la faculté de juger* (1790), Alain Renaut (trad.), Paris, Aubier, 1995 (cité d'après le volume de la collection GF-Flammarion).

Lester Mansfield, *Le Comique de Proust*, Paris, Nizet, 1952.

Herbert Spencer, « La physiologie du rire », dans *Essais de morale, de science et d'esthétique*, t. I, *Essais sur le progrès*, Paris, Germer Baillière et cie, 1877.

Alain Vaillant, *La Civilisation du rire*, Paris, CNRS éditions, 2016.

Donald Winnicott, *Les Objets transitionnels*, Paris, Payot, 2010.

L'Autodérision dans *A la recherche du temps perdu*

Sabine van Wesemael

Résumé

Proust et son héros-narrateur ont le sens de l'humour. Pourtant, ils frappent d'ironie non seulement les autres, les dames de la haute société par exemple, mais ils rient aussi d'eux-mêmes. Ils font sans cesse preuve d'autodérision. Ainsi, le héros-narrateur nous est-il à de multiples reprises présenté comme un piètre amoureux et comme un petit bourgeois qui a du mal à s'adapter aux mœurs et habitudes du monde aristocratique. On distille également de fortes doses d'autodérision dans les passages où Proust se réfère, souvent implicitement, aux grands classiques tels que *Le Père Goriot* de Balzac et *Madame Bovary* de Gustave Flaubert. Tout comme le père Goriot, le héros-narrateur est un martyr de l'amour et avec Emma Bovary il partage un fort goût pour le trivial. Proust semble vouloir ainsi relativiser sa réputation d'auteur érudit et difficile.

« Hé bien ! Il paraît qu'elle fait de la musique avec son amie, Mlle Vinteuil » (R² I, 145), dit en riant aux larmes le curé de Combray à propos des deux jeunes lesbiennes qui, étant tellement hors-norme, sont la fable du petit village. Cette expression « faire de la musique » avec ses connotations érotiques est une blague récurrente dans la *Recherche*, un leitmotiv humoristique subtil qui teste en quelque sorte le sens de l'humour de ses lecteurs. L'expression qu'il faut donc souvent prendre au second degré est, tout comme la fameuse petite phrase de la sonate de Vinteuil jouée par Odette et Albertine, utilisée dans différents contextes dans lesquels la vie érotique des personnages est évoquée, mais cette fois-ci avec une pointe d'humour. A Balbec, il n'y a pas seulement le rire tentateur d'Albertine qui sonne, mais aussi celui peut-être encore plus insolent du baron de Charlus qui fait des avances sexuelles indirectes : « Je désirerais entendre ce soir un peu de musique, dit-il à Morel sans aucune entrée en matière, je donne 500 francs pour la soirée […] » (R² II, 255). Désireux de passer la soirée avec le héros-narrateur, Charlus lui propose : « On restera ici si ça vous plaît, on ira en canot si vous aimez mieux, on fera de la musique, je n'ai aucune préférence » (R² II, 451). Et son appréciation du jeu de violon de Morel n'est pas moins ambiguë : « Quand on joue du violon comme lui ! » (R² II, 357). Quel contraste avec le héros-narrateur qui, grand amateur de la musique certes, ne sait aux yeux du baron jouer d'aucun instrument :

Mais alors ses trois amis sont comme lui ? [des homosexuels]. – Mais pas du tout, s'écria-t-il en se bouchant les oreilles comme si, en jouant d'un instrument, j'avais fait une fausse note. Voilà maintenant qu'il est à l'autre extrémité. Alors on n'a plus le droit d'avoir des amis ? Ah ! La jeunesse, ça confond tout. Il faudra refaire votre éducation, mon enfant.

R^2 III, 811

Le baron de Charlus n'est d'ailleurs pas le seul à suggérer ainsi une incompatibilité sexuelle insurmontable entre lui et le héros-narrateur ; Albertine s'exprime dans les mêmes termes pour attester qu'elle se rend compte qu'elle ne saurait, elle non plus, satisfaire ses besoins sensuels : « Je ne suis pas fâchée de vous montrer que votre petite Albertine pourra vous être utile pour ces choses de musique, où vous dites, du reste avec raison, que je n'entends rien » (R^2 III, 499). Voici un premier exemple de cette autodérision qui revient constamment dans la *Recherche* et qui, dans le cas échéant, se laisse résumer ainsi : avec qui, notre héros-narrateur pourra-t-il faire de la musique ? La blague est d'ailleurs également reprise par Mme Verdurin qui, désireuse de toucher droit au cœur le baron de Charlus qui a gâté sa soirée, incite Morel à rompre avec son amant parce que celui-ci ne peut plus se permettre des concerts privés :

Du reste, même matériellement il ne peut vous servir à rien, il est entièrement ruiné depuis qu'il est la proie de gens qui le font chanter et qui ne pourront même pas tirer de lui les frais de leur musique, vous encore moins les frais de la vôtre, car tout est hypothéqué, hôtel, château [...].

R^2 II, 611

Une autre blague récurrente qui ne sera également goûtée que par les fidèles lecteurs de la *Recherche* concerne la scène de la madeleine qui n'ouvre pas seulement à une réalité extratemporelle, une réalité essentielle, mais le thé mêlé de miettes de gâteau consacre également la découverte de la sensualité purement physique. A de multiples reprises dans le roman, cette scène sacrée est profanée de façon humoristique en remplaçant la maman dévouée par une mauvaise mère telle que la Duchesse de Guermantes qui refuse de répondre aux besoins affectifs de Marcel qui sont ceux d'un enfant qui désire être consolé. Le plus bel exemple d'un tel détournement parodique est la scène suivante où la Duchesse de Guermantes chez Mme de Villeparisis s'adresse au héros-narrateur d'un ton volontairement banal et moqueur qui contraste au plus haut point avec celui doux et tendre de sa propre mère :

> Vous ne voulez pas que je vous donne une tasse de thé ou un peu de tarte, elle est très bonne, me dit Mme de Guermantes, désireuse d'avoir été aussi aimable que possible. Je fais les honneurs de cette maison comme si c'était la mienne, ajouta-t-elle sur un ton ironique qui donnait quelque chose d'un peu guttural à sa voix, comme si elle avait étouffé un rire rauque. [...] Elle se leva sans me dire adieu.
> R^2 II, 560

Notre héros-narrateur et la Duchesse de Guermantes ne feront pas non plus de la musique ensemble. Assoiffé d'amour et de tendresse, le jeune Marcel boit le thé que lui a préparé Gilberte : « J'en buvais indéfiniment, alors qu'une seule tasse m'empêchait de dormir pour vingt-quatre heures » (R^2 I, 497). Et comment interpréter cette pensée du héros-narrateur qui, cherchant refuge, entre dans la maison de passe de Jupien : « Il était probable que je pourrais trouver à boire ici [...] » (R^2 IV, 389). C'est chez Jupien qu'il espère satisfaire sa faim et sa soif physiques. L'auteur ridiculise donc à de maintes reprises le caractère sacré attribué par son héros-narrateur à l'expérience de la mémoire involontaire.

Ces deux exemples de blagues récurrentes montrent que l'auteur et son héros-narrateur aiment se moquer d'eux-mêmes. Ils ne s'épargnent pas eux-mêmes. Marcel a le sens de l'humour, c'est certain, il frappe sans cesse d'ironie les autres, et plus particulièrement les gens de la haute société. Mme Verdurin, « [...] déesse du Wagnérisme et de la migraine [...] » (R^2 III, 753), « avait soif de chic, mais ne s'en faisait pas la même idée que les gens du monde » (R^2 I, 238) et Mme de Cambremer qui « [...] avait deux singulières habitudes qui tenaient à la fois à son amour exalté pour les arts (surtout pour la musique) et à son insuffisance dentaire » (R^2 III, 203) se réfère aux ailes de géants d'une mouette, se trompant sur l'oiseau qui hante le fameux poème de Baudelaire *L'Albatros*. Elle est totalement ignorante en matière d'art : « [...] enfin la marquise essuya avec son mouchoir brodé la bave d'écume dont le souvenir de Chopin venait de tremper ses moustaches » (R^2 III, 213). Le héros-narrateur ne ménage pas non plus Swann qui, amoureux d'Odette, délaisse son étude sur Vermeer, estimant que la vraie vie est au fond dans le milieu charmant du petit clan présidé par une « grande âme » Mme Verdurin (R^2 I, 244). Il ridiculise ainsi la réaction de Swann face au projet d'Odette de passer quelques jours en compagnie de Forcheville et les Verdurin à Compiègne : « [...] il se plongeait dans le plus enivrant des romans d'amour, l'indicateur des chemins de fer, qui lui apprenait les moyens de la rejoindre [...]. Il passait ses journées sur une carte de la forêt de Compiègne comme si ç'avait été la carte du Tendre [...] » (R^2 I, 290).

Or, cette comédie mondaine n'est au fond qu'artifice. Le héros-narrateur dénonce sans cesse l'aspect moliéresque de la vie mondaine. Celle de Mme de Villeparisis et de Mme de Luxembourg est un véritable vaudeville. Mme Verdurin qui se demande si elle pourrait inviter ensemble le prince de Guermantes et le baron de Charlus, pourrait très bien figurer dans une comédie de Molière. Et, lors de la soirée chez la Princesse de Guermantes, le comportement du baron de Charlus et de M. de Sidonia évoque pour le héros-narrateur une farce absurde qu'ils jouent ensemble :

> Ayant jugé tout de suite que le mal était sans remède, comme dit un célèbre sonnet, ils avaient pris la détermination, non de se taire, mais de parler chacun sans s'occuper de ce que dirait l'autre. Cela avait réalisé ce bruit confus, produit dans les comédies de Molière par plusieurs personnes qui disent ensemble des choses différentes.
> R^2 III, 39

Le héros-narrateur est donc sévère, ou même méchant, envers les gens de la haute société et il insiste de façon générale sur le caractère souvent théâtral de la vie qu'il estime factice. Il se place également au-dessus de sa tante Léonie qui comme dans un véritable « spectacle au lit » veut faire jouer des pièces par Françoise et Eulalie. À ses yeux, la scène de Montjouvain n'est rien d'autre qu'un mélodrame qui pourrait figurer sur le répertoire des théâtres de boulevard. Odette qui trompe M. de Guermantes est une mauvaise actrice qui ne sait pas jouer ses rôles. Et le héros-narrateur est choqué par le baron de Charlus qui compose sans cesse des farces assez plaisantes, mais tant vicieuses, comme celle où il incite Bloch à frapper sa mère à coups redoublés. Autre détournement parodique, cette fois-ci du drame du coucher puisque dans le cas échéant la mère est profanée, et donc en même temps confirmation du fait que le baron de Charlus et le héros-narrateur ne feront jamais de musique ensemble. Celui-ci se rend compte d'ailleurs que comparé au baron qui est un virtuose incontesté en matière de configuration théâtrale de la vie, il n'est lui-même qu'un pauvre scénariste puisque, dans sa relation avec Albertine, il invente sans cesse des comédies amoureuses et des comédies de rupture qui sont de piètre qualité :

> [...] de la femme qui allait être éprise de moi, me donner la réplique dans la comédie amoureuse que j'avais tout écrite dans ma tête depuis mon enfance et que toute jeune fille aimable me semblait avoir la même envie de jouer, pourvu qu'elle eût aussi un peu le physique de l'emploi. De cette pièce, quelle que fût la nouvelle "étoile" que j'appelais à créer ou

à reprendre le rôle, le scénario, les péripéties, le texte même gardait une forme *ne varietur*.

R² II, 244

Proust est conscient du fait qu'il a créé un héros-narrateur qui aime rabâcher toujours les mêmes histoires et dans ce genre de passages il se moque du caractère parfois trop redondant de son roman qui le rend un peu fastidieux par moments. C'est encore un exemple d'autocritique.

Contrairement à Swann et au baron de Charlus qui sont aussi artistes, le héros-narrateur finit par ne plus voir les ridicules et les plaisanteries des gens de la haute société en beau. Ce n'est que papotage, causerie superficielle. Lorsque dans *le Temps retrouvé* le héros-narrateur songe au roman qu'il voudrait écrire il dit ceci à ce propos :

> Plus que tout j'écarterais ces paroles que les lèvres plutôt que l'esprit choisissent, ces paroles pleines d'humour, comme on en dit dans la conversation, et qu'après une longue conversation avec les autres on continue à s'adresser facticement à soi-même et qui nous remplissent l'esprit de mensonges, ces paroles toutes physiques qu'accompagne chez l'écrivain qui s'abaisse à les transcrire le petit sourire, la petite grimace qui altère à tout moment, par exemple, la phrase parlée d'un Sainte-Beuve [...].
>
> R² IV, 476

Il prend ses distances par rapport à tous ceux qui n'ont rien de mieux à faire que de jaser toute la journée les uns sur les autres. La vraie joie, le vrai plaisir se révèle dans l'expérience de mémoire involontaire et dans la création artistique et c'est dans la poursuite de ce bonheur céleste que notre héros-narrateur assume la vocation d'écrivain. La Madeleine et le septuor sont sources d'une profonde félicité qui n'a rien à voir avec le plaisir superficiel procuré par la comédie humaine.

Néanmoins, ce n'est qu'une partie de la vérité. Proust suggère en même temps que ce mépris que son héros-narrateur manifeste à l'égard des platitudes et des niaiseries de la haute société, est motivé par son incapacité même à se conformer aux codes de la vie mondaine. Les ambitions sociales de son héros-narrateur sont sans cesse ridiculisées. Ainsi il est à de multiples reprises ciblé par des remarques sarcastiques de la Duchesse de Guermantes qui comme tous les Guermantes est très spirituelle. Lorsque Saint-Loup lui dit que Marcel aime beaucoup la voir, elle adopte une attitude décontractée, pleine de laisser-aller : « Ah ! mais c'est très aimable, dit Mme de Guermantes d'un ton volontairement banal, comme si je lui eusse apporté son manteau. Je suis très flattée » (R² II, 551). Et elle rit aux larmes lorsque le héros-narrateur lui dit qu'en portant une robe toute rouge elle avait « l'air d'une espèce de grande fleur du sang [...] » (R² III, 547). Elle lui répond d'un air moqueur : « Je ne savais pas que j'avais l'air d'un rubis en flammes ou d'une fleur de sang ». Mme de Guermantes, qui aime elle-même discourir sur les choses inconvenantes qui se passent la nuit dans son petit bout du jardin, refuse d'entrer dans la galerie des jeunes filles en fleurs que le héros-narrateur collectionne. Proust se moque ici de son propre alter-ego pour qui la sexualité passe toujours par la botanique. Le bourdon Charlus apporte son pollen à l'orchidée rare Jupien, mais le héros-narrateur ne plantera jamais sa graine en la duchesse de Guermantes.

Jusqu'à la fin le héros-narrateur reste un inadapté dans le milieu du beau monde parisien. Il accumule maladresse sur maladresse et est la risée de plus d'un. Françoise se moque de lui lorsque, désireux d'entrer dans le monde de la famille Swann, il salue leur vieux maître d'hôtel. Monsieur de Norpois n'est pas moins étonné par la réaction excessive du petit Marcel qui lui demande d'user de son influence pour le mettre en contact avec Mme Swann : « [...] si vous faisiez cela, si vous parliez de moi à Mme Swann, ce ne serait pas assez de toute ma vie pour vous témoigner ma gratitude, et cette vie vous appartiendrait ! » (R² I, 472). Son père trouve extrêmement ridicule qu'en parlant de Noël il ne dit plus que Christmas comme Odette Swann, et qu'à table il passe son temps à se tirer le nez et à se frotter les yeux afin de ressembler à Swann. À table avec Bergotte il ignore ce qu'il doit faire avec le caviar. Plus tard dans le roman lorsqu'il fréquente les salons aristocratiques il commet également bavure sur bavure. Il arrive à des fêtes portant des snow-boots et un veston au lieu d'un smoking. Lorsqu'il questionne Mme Sherbatoff sur la *Revue des deux mondes*, celle-ci finit par lui dire qu'il lui donne la migraine et ainsi de suite. Le héros-narrateur n'est pas à sa place dans la haute société. Issu d'un milieu bourgeois, il doit, selon les grands de ce monde, rester dans sa caste. Gilberte lui dit que ses parents ne le gobent pas, Norpois est convaincu que le peuple ne s'intéressera pas à ses « snobinettes » (R² II, 457) et les Guermantes le tolèrent dans leurs salons mais seulement parce que noblesse oblige : « 'Je crois que la princesse de Parme a été *très contente* de dîner avec vous'. Je connaissais la formule. Le duc avait traversé tout le salon pour la prononcer devant moi, d'un air obligeant et pénétré, comme s'il me remettait un diplôme ou m'offrait des petits fours » (R² II, 833). Soulignons également une scène loquace où le baron de Charlus explique à Jupien toute la distance qui le sépare du héros-narrateur :

> Pour revenir aux jeunes gens qui ne sont pas du peuple, reprit le baron, en ce moment j'ai la tête tournée par un étrange petit bonhomme, un intelligent petit bourgeois, qui montre à mon égard une incivilité prodigieuse.

> Il n'a aucunement la notion du prodigieux personnage que je suis et du microscopique vibrion qu'il figure. Après tout qu'importe, ce petit âne peut braire autant qu'il lui plaît devant ma robe auguste d'évêque
>
> R² III, 14

Aux yeux de plus d'un, le héros-narrateur en fin de compte ignore les mœurs de la bonne société, le petit bourgeois qu'il est n'en sait rien de ces diverses étiquettes parisiennes. Il finit d'ailleurs par comprendre lui-même qu'il n'appartiendra jamais à leur monde : « Du moins mon départ allait permettre aux invités, une fois que le profane ne serait plus là, de se constituer enfin en comité secret ». (R² II, 832).

L'auteur et son délégué, le héros-narrateur, montrent donc sans cesse combien sont ridicules leurs aspirations mondaines. Ils font preuve d'autodérision et dénoncent leurs tares. Mais, le héros-narrateur se moque également de sa propre candeur en matière d'amour (« En réalité, je n'avais rien imaginé de sensuel, ni même de sentimental, sous les offres du baron » (R² III, 40)), de son hypersensibilité (« [...] je m'étais si souvent, le soir, rendu ridicule en envoyant demander à maman de monter dans ma chambre me dire bonsoir, pendant qu'elle prenait le café avec lui [Swann] » (R² I, 401)), il ridiculise son idéalisation de la femme qui aveugle son esprit (« La Joconde se serait trouvée là qu'elle ne m'eût pas fait plus de plaisir qu'une robe de chambre de Mme Swann, ou ses flacons de sels » (R² I, 518)), il raille son amour obsessionnel à sens unique qui amplifie et distord tout et inspire la peur plutôt que la passion :

> [...] comme jadis dans le chemin de Méséglise, la force de mon désir [pour la Duchesse de Guermantes] m'arrêtait ; il me semblait qu'une femme allait surgir pour le satisfaire ; si dans l'obscurité je sentais tout d'un coup passer une robe, la violence même du plaisir que j'éprouvais m'empêchait de croire que ce frôlement fût fortuit et j'essayais d'enfermer dans mes bras une passante effrayée.
>
> R² II, 396

« Une passante effrayée » : Andrée lui explique qu'Albertine avait peur de lui et même les demoiselles du téléphone sont toujours irritées. En tant qu'amant il est aussi décevant qu'en tant que dandy mondain. À ses propres yeux, il n'est qu'un piètre amoureux piqué par une jalousie excessive : « Et cette apparente entente entre elles n'était pas le seul indice qu'Albertine avait dû mettre son amie [Andrée] au courant de notre entretien et lui demander d'avoir la gentillesse de calmer mes absurdes soupçons » (R² III, 236). Jalousie qui n'est d'ailleurs pas seulement une malédiction mais aussi source de plaisir comme il l'explique à Gilberte lors du bal des têtes : « [...] je me donnais l'excuse d'être attiré par un certain égoïsme esthétique vers les belles femmes qui pouvaient me causer de la souffrance [...] » (R^2 IV, 567). Le héros-narrateur se présente à nous comme un amant qui pervertit sans cesse ses sentiments, qui, au lieu de passer à l'acte, de jouer de son instrument, préfère épier les uns et les autres, mais aux yeux du baron de Charlus, ce voyeurisme, ces perversions sexuelles ne sont que jeu d'enfant :

> Alors l'un [un prostitué dans la maison de passe de Jupien], de l'air de confesser quelque chose de satanique, aventurait : 'Dites donc, baron, vous n'allez pas me croire, mais quand j'étais gosse, je regardais par le trou de la serrure mes parents s'embrasser. C'est vicieux, pas ?' [...] Et M. de Charlus était à la fois désespéré et exaspéré par cet effort factice vers la perversité qui n'aboutissait qu'à révéler tant de sottise et tant d'innocence.
>
> R^2 IV, 406

Dans ce passage l'auteur confie que son héros-narrateur est un amant, maladroit et légèrement à côté de l'essentiel. Il plaît au baron, mais au lit, ce n'est pas possible.

L'auteur et le héros-narrateur ne tournent pas seulement l'autre en dérision, mais se moquent gentiment d'eux-mêmes, ils se montrent volontairement sous leur mauvais profil, en exhibant leurs défauts et faiblesses. C'est salutaire, cela relativise un peu le mythe du génie créateur que le héros-narrateur construit, cela l'empêche de gonfler d'orgueil, et en même temps, c'est une preuve de clairvoyance sur soi-même. Ainsi, à travers les pages de la *Recherche* le héros-narrateur nous révèle tous ses points faibles, mais se tournant sans cesse en dérision en grossissant ses défauts, il finit peut-être justement par apparaître très attachant.

1   Les renvois autocritiques aux grands classiques

Or, ce sens de l'autodérision se révèle également de façon implicite dans des références intertextuelles non-explicitées. Dans *La Recherche* les renvois explicites à d'autres œuvres littéraires sont nombreux ; le narrateur se réfère tantôt à *L'Odyssée* d'Homère ou aux tragédies de Racine, tantôt aux *Mille et une Nuits* ou aux poèmes de Baudelaire. Tout comme sa grand'mère il puise dans sa mémoire des classiques. Or, il y a deux grands classiques qui ne sont pas mentionnés explicitement, mais qui résonnent dans la *Recherche* et ce sont

Le Père Goriot de Balzac et *Madame Bovary* de Flaubert. Le roman proustien peut très bien se lire comme un détournement parodique de ces deux récits. Le goût prononcé pour l'autodérision du héros-narrateur aboutit finalement à ce qu'il se délecte avec des héros peu admirables – des anti-héros parfois ridicules comme le père Goriot – qui le représentent parfaitement à ses yeux. Ces allusions supposent une connivence entre l'auteur et le lecteur, une complicité qui se fonde sur des connotations et un arrière-plan, non-dit dans le texte, destiné à provoquer le rire ou le sourire. Le héros-narrateur dresse ainsi parfois des autoportraits sans en avoir l'air, en un jeu que le seul diligent lecteur est à même de mettre au jour.

Ainsi, lire la *Recherche* à la lumière de l'histoire du père Goriot, de Rastignac et de Vautrin permet d'en goûter la dimension humoristique. Bien sûr on a déjà souvent fait le rapprochement entre Vautrin et le baron de Charlus. Les deux incarnent l'anarchie, la liberté et l'expérience. Ce sont des pères initiateurs. Ils veulent transmettre un savoir et une sagesse et ainsi déniaiser leurs protégés. Le pacte infernal qu'ils leur proposent est d'un immoralisme total. Le baron de Charlus connaît *La Comédie humaine* par cœur, il donne une édition rare au jeune Victurnien, et il confond sans cesse sa situation avec celle qui est décrite par Balzac. C'est par des détails frappants que Proust rapproche les deux caractères. Ainsi, pour Vautrin et le baron de Charlus le regard constitue un moyen privilégié d'investigation des êtres : « [...] tant, malgré son air bonhomme, il imprimait de crainte par un certain regard profond et plein de résolution. » (21), écrit Balzac à propos de Vautrin et Proust reprend presque à la lettre cette description du physique de Vautrin en insistant sans cesse sur le regard que le baron de Charlus jette sur de jeunes hommes soulignant ainsi son pouvoir scrutateur, sa pénétration et sa perspicacité. Il devinera aisément le héros-narrateur. Tout comme Vautrin, Il tente de séduire son jeune protégé, l'invite à profiter de sa protection paternelle :

> Actuellement, continua M. de Charlus, en allant dans le monde, vous ne feriez que nuire à votre situation, déformer votre intelligence et votre caractère [...]. Ayez des maîtresses si votre famille n'y voit pas d'inconvénient, cela ne me regarde pas et même je ne peux que vous y encourager, jeune polisson, jeune polisson qui allez avoir bientôt besoin de vous faire raser, me dit-il en me touchant le menton.
>
> R² II, 591

Vautrin se livre lui aussi sans cesse à des conseils paternels et prend également plaisir à refroidir les enthousiasmes de Rastignac : « Vautrin regarda Rastignac d'un air paternel et méprisant, comme s'il eût dit, « Marmot ! » dont je ne ferais qu'une bouchée ». De même que le baron de Charlus, il considère comme banal le désir de parvenir de son protégé qui enfin de compte résiste à ses séductions perverses. Proust fait ainsi encore preuve d'une disposition à l'autocritique : l'ambition a son prix, le désir de conquérir le monde aussi.

Mais, à mon avis, Proust joue également avec l'idée que son héros-narrateur ressemble parfaitement au Père Goriot. *Le Père Goriot* raconte le triste destin d'un père de famille qui s'est ruiné pour ses filles. Il éprouve un amour sans limites pour elles. Il y a effectivement quelque chose de malsain dans l'amour de Goriot pour ses filles. Pour elles, il se livre à tous les excès. Il caresse Delphine, se couche à ses pieds pour les lui baiser, la serre dans ses bras avec emportement, bref fait « Il fallait donc se sacrifier. Il s'est sacrifié, parce qu'il était père : il s'est banni de lui-même » (94). Il nie l'évidence : « [...] je suis heureux père » (140). Afin de voir ses filles et d'entendre parler d'elles, il accepte les démarches les plus humiliantes. Ainsi, pour le bonheur de Delphine, il se fait entremetteur, indiquant à Eugène où il peut la voir, lui procurant une garçonnière qui facilitera leur liaison. Or, souvent le Père Goriot se rend aux Champs-Élysées pour admirer de loin ses deux filles. Rastignac est horrifié lorsqu'il est forcé d'admettre que cet amour maladif et maladroit n'est pas payé de retour. Goriot apprend à Rastignac à ne pas être la victime de ses sentiments, une leçon que la mère du héros-narrateur transmet également à son fils qui au Bois, aux Champs-Élysées, « Jardin élyséen de la femme » (R I, 418) et dans la cour des Guermantes se promène également dans l'espoir de voir passer cette fois-ci Gilberte, Odette ou la Duchesse de Guermantes :

> Ne continue pas tes sorties pour rencontrer Mme de Guermantes, tu es la fable de la maison. D'ailleurs, vois comme ta grand'mère est souffrante, tu as vraiment des choses plus sérieuses que de te poster sur le chemin d'une femme qui se moque de toi [...].
> R^2 II, 668

Et effectivement, la duchesse le trouve insolent, mal élevé et passablement énervant : « Il lui arrivait, dans ses promenades matinales, de recevoir le salut de bien des sots et qu'elle jugeait tels » (R^2 II,442). Ici encore l'autodérision est un terrain fertile pour déclencher les rires. Le héros-narrateur porte, lui aussi, une affection sans mesure aux femmes. En le rapprochant implicitement du Père Goriot, Proust le situe dans la famille des grands obsédés. Notre héros-narrateur est également un martyr de l'amour.

Proust s'inspire donc manifestement du *Père Goriot*, mais de petits détails nous mettent également sur la voie de *Madame Bovary*. Lorsqu'Emma fait une promenade à cheval avec son amant Rodolphe dans les environs d'Yonville, un épais brouillard recouvre tout le paysage. Plus tard dans le roman, sa bonne Félicité reprend cette image du brouillard pour attester le dérèglement de l'esprit d'Emma : elle n'est pas saine d'esprit. Or, notre héros-narrateur lorsqu'il imagine un dîner intime avec Mme de Stermaria à l'île des Cygnes souhaite voir s'élever de l'île une brume légère qui les enveloppera entièrement, autrement dit, il est aussi un cerveau dérangé. On pourra effectivement très bien maintenir qu'il est atteint du virus Bovary. Tout comme Emma il a des réactions sentimentales extrêmes, il fait preuve d'un sentimentalisme exacerbé. Emma Bovary, souffrant de l'écart entre ses fantaisies et la morne réalité de sa vie dans la province profonde, voudrait « vivre à Paris ou mourir ». Le petit Marcel désire, lui, pleurer toute la nuit dans les bras de sa maman ou mourir. S'auto-analysant après sa rupture avec Gilberte il se dit : « C'était à un long et cruel suicide du moi qui en moi-même aimait Gilberte, que je m'acharnais avec continuité [...] » (R^2 I, 600). Les autres s'ennuient des affections exigeantes d'Emma et de notre héros-narrateur. Rodolphe, Léon, Gilberte, Albertine et la mère et la grand'mère sont effrayés par la ferveur que leur portent tantôt Emma tantôt le héros-narrateur proustien. Nul amant, nulle femme ne pourra leur donner la satisfaction de l'esprit romanesque. Le concert n'aura pas lieu.

Or, le bovarysme se traduit non seulement par des ambitions vaines et démesurées, mais aussi par une fuite dans l'imaginaire et le romanesque. Le héros-narrateur, tout comme Emma, a tendance à embellir le monde par le désir et le rêve, à se construire une réalité parallèle, illusoire. Incapable de s'accommoder d'une existence qui brime l'idéal, il cherche avant tout à contenter le désir imaginatif et s'écrit également sans cesse de petits romans dans lesquels il fabule une autre réalité. Or, comme dans *Madame Bovary* ce sont parfois des romans à l'eau de rose dans lesquels le héros-narrateur se réfugie pour tromper l'ennui. Il aspire à une vie pleine de passions dignes des romans sentimentaux. Ainsi, jeune garçon à Combray, le héros-narrateur s'imagine pêcher la truite avec la Duchesse de Guermantes et il rêve d'une vie heureuse avec la grande fille qui offre du café à des voyageurs éveillés dans le train pour Balbec. Il imagine une lettre de Gilberte qui lui écrit qu'elle n'a jamais cessé de l'aimer. Confronté à une réalité décevante, le héros-narrateur cherche lui aussi à éviter l'ennui, la banalité et la médiocrité de la vie : « En face de la médiocre et touchante Albertine à qui j'avais parlé, je voyais la mystérieuse Albertine en face de la mer » (R^2 II, 230). Or, de même que Flaubert, Proust se moque des penchants de son héros-narrateur pour les histoires romanesques, pour les rêves de jeunes filles, pour les romans sentimentaux. Il ne manque pas d'autodérision quand il écrit :

> [...] Le plus grand bonheur que j'eusse pu demander à Dieu eût été de faire fondre sur elle [sur la Duchesse de Guermantes] toutes les calamités, et que ruinée, déconsidérée, dépouillée de tous les privilèges qui me séparaient d'elle, n'ayant plus de maison où habiter ni de gens qui consentissent à la saluer, elle vint me demander asile. [...] je préférais parler tout haut, penser d'une manière mouvementée, extérieure, qui n'était qu'un discours et une gesticulation inutiles, tout un roman purement d'aventures, stérile et sans vérité, où la duchesse, tombée dans la misère, venait m'implorer, moi qui étais devenu par suite de circonstances inverses riche et puissant.
>
> R^2 II, 36

« tout un roman purement d'aventures stérile et sans vérité », dit le héros-narrateur. Dans de tels passages, Proust ridiculise non seulement les penchants de son alter ego pour les histoires romanesques, mais il frappe en même temps d'ironie tous ces lecteurs qui ont tendance à le sacraliser. *A la Recherche du temps perdu* n'est pas seulement un haut lieu d'érudition puisque les motifs de 'romance' y occupent aussi une grande place, avec tout l'invraisemblance qui en résulte : lorsque le baron de Charlus et le héros-narrateur se réconcilient après s'être disputés, des musiciens jouent le troisième mouvement de la sixième symphonie de Beethoven dans l'appartement voisin, « Frohe und dankbare Gefühle nach dem Sturm », et quand il envisage la mort d'Albertine et se met à pleurer, il entend à l'étage au-dessus des airs de *Manon* joués par une voisine, airs dont les paroles s'appliquent parfaitement à Albertine et à lui. Effectivement, il n'y aucun fait qui ne soit fictif dans ce roman et le trivial n'est pas, selon Proust, indigne de figurer dans un texte littéraire.

Mais comme le baron de Charlus qui s'invente une comédie moliéresque sur Bloch qui frappe sa mère à coups répétés, et de sa tante Léonie qui, pour rendre sa vie plus intéressante, y introduit des péripéties imaginaires qui relèvent plutôt du cauchemar (elle rêve qu'Octave est ressuscité et qu'il veut lui faire faire une promenade tous les jours), le héros-narrateur ne compose pas seulement des romans à l'eau de rose comme Emma. Ses fictions révèlent aussi ses tendances perverses plus ou moins refoulées. Ainsi, il s'invente une fiction sur Albertine qui se livre aux cousines de Bloch et il s'imagine qu'une fois libre, elle use mal de cette liberté en se prostituant aux unes et aux autres. Il rêve que « [...] M. Charlus avait cent dix ans et venait de donner une paire de claques à sa propre mère, Mme Verdurin, parce qu'elle avait acheté cinq milliards un bouquet de violettes [...] » (R^2 III, 375). ces fictions sur Bloch et Charlus qui profanent la figure maternelle montrent qu'inconsciemment notre héros-narrateur n'est pas uniquement le fils aimant tel qu'il apparaît dans le drame du coucher.

La *Recherche* oscille donc également sans cesse entre la terne réalité et les fastes de l'imagination, mais contrairement à Emma, le héros-narrateur est victime consentante des illusions qu'il s'est forgées : « Cependant, la fée [la Duchesse de Guermantes] dépérit si nous nous approchons de la personne réelle à laquelle correspond son nom. [...] la fée peut renaître si nous nous éloignons de la personne [...] » (R^2 II, 311). Chez Proust, l'imagination prime également sur la volonté, mais elle est aussi le moteur de la créativité artistique et c'est pourquoi notre héros-narrateur ne se suicidera pas comme Emma. Un bon auteur doit pouvoir croire qu'il est lui-même un quatuor ou la rivalité de François Ier et de Charles Quint.

Les mini-romans que le héros-narrateur s'invente au cours du roman sont, de même que le texte concret sur les clochers de Martinville, des exercices d'écriture et des exemples d'autoréflexion critique. Ils prouvent que ses faiblesses, son névrosisme, sa paresse, sa sentimentalité excessive, son inconstance, ses étouffements, son insincérité, bref, son mauvais profil seront également matière de son roman futur et que l'autodérision ne s'apparente donc pas à du masochisme, mais, heureusement, c'est pour rire et c'est pour nous montrer qu'il est conscient de la complexité de tout être humain, du fait qu'il est « tour à tour les êtres contradictoires, le méchant, le sensible, le délicat, le mufle, le désintéressé, l'ambitieux [...] » (R^2 IV, 221). Proust est donc doté d'une autodérision féroce et souvent très drôle et sans cesse il incite ses lecteurs à relativiser sa réputation d'auteur érudit, difficile et très sérieux.

Bibliografie

Balzac, *Le père Goriot*, Librairie Générale Française (Le Livre de Poche), 1983.
M. Proust, *A la recherche du temps perdu*, Gallimard (Pléiade), Paris, 1987.

Les rieurs en chair et en os

Sjef Houppermans

Résumé

Pour caractériser le rire dans la *Recherche* nous distinguerons trois catégories majeures avec toutes sortes de combinaisons et de variantes. D'abord la description des visages et des attitudes des personnages qui s'amusent sert à caractériser les individus là où les signes extérieurs entrent dans des relations diverses avec la dimension psychologique et les secrets de l'être. Ensuite la manifestation de la joie ou bien les esclaffements moqueurs peuvent indiquer une position sociale, marque d'un groupe ou d'un clan. Pourtant au-delà de ces caractérisations les descriptions proustiennes servent comme tous les ingrédients du récit à montrer l'essence du littéraire, l'omniprésence de la métaphorisation.

1   Introduction

Les portraits, peintures ou photos, de Marcel Proust nous le montrent le plus souvent avec un sourire d'époque, à l'ombre de la moustache, alors qu'il prend la pose de l'affabilité bien huilée, soutenant ce regard qui est déjà ailleurs.

FIGURE 1
Image : AFP/ANP

FIGURE 2   Image AFP/ANP

Un rire plus prononcé se devine sur la fameuse photographie de l'orchestre improvisé qui se prend au jeu des instruments d'occasion. C'est comme une grimace exprimant le goût de la mascarade, le plaisir du jeu théâtral.

Pourtant les contemporains témoignent que Proust aimait rire mais qu'il y avait une alternance parfois abrupte de moments de gaîté et d'instants pessimistes. Le fou rire des jeunes années accompagnant les frasques des collégiens et des étudiants aboutira plus tard au « rire joyeusement narquois » que mentionne Anna de Noailles. Un autre familier de l'auteur, Henri Bardac, fait une remarque qui reflète une observation du genre que Proust emploie volontiers : « Je vis briller cette flamme joyeuse qui traversait son regard quand Proust s'amusait de quelque chose »[1].

Dans ce qui suit je vais surtout me concentrer sur la physionomie des personnages dans la *Recherche* telle que l'auteur la décrit aux moments où ils rient suivant les observations du narrateur. Je me propose de distinguer trois catégories majeures sans vouloir être exhaustif et en tenant compte du fait que les différentes occurrences présentent toutes sortes de combinaisons et de variantes. D'abord la description des visages et des attitudes des personnages qui s'amusent est une manière de caractériser les individus là où les signes extérieurs entrent dans des relations diverses avec la dimension psychologique, les intentions ouvertes ou cachées, les secrets de l'être. Ensuite la manifestation de la joie ou bien les explosions d'hilarité et les esclaffements moqueurs peuvent indiquer une position sociale, marque d'un groupe ou d'un clan, symptôme

---

1   Henri Bardac, "Marcel Proust devin" in *Hommage à Marcel Proust*, numéro 112 de la NRF, p. 105.

de classe ou sceau d'une race. Pourtant au-delà de ces caractérisations les descriptions proustiennes servent comme tous les ingrédients du récit à montrer l'essence du littéraire, l'omniprésence de la métaphorisation, le dynamisme de la rhétorique. Les rires sont aussi des montages textuels, des exercices stylistiques, de la même façon que l'exhibition de la joie, du plaisir ou de la moquerie se fabrique toujours -même et surtout en mode naturel- selon des procédés culturels et idéologiques.

2 Rire et sourire

Disons d'emblée que sourire et rire n'ont pas le même rôle mais qu'ils se croisent régulièrement et alternent allégrement. Proust dans son emploi des deux verbes suit et exploite généralement le dictionnaire. *Le Robert* donne ainsi comme définition globale pour rire (en mettant l'accent sur l'aspect physique) :

> *Exprimer par des mouvements particuliers du visage (dépendant de certains muscles, dont le zygomatique), accompagnés d'expirations saccadées plus ou moins bruyantes, une impression de gaieté, provoquée par quelque chose de plaisant, de comique ou qui paraît tel.*

Le côté mécanique, clownesque, automatique du rire se détache nettement de cet essai définitoire.

Et pour sourire on trouve :

> *Prendre une expression rieuse ou ironique par un léger mouvement de la bouche et des yeux.*

Sourire est rire léger, la version *light*.

Le rire et le sourire se distinguent suivant le *Bescherelle* surtout par la présence de l'éclat pour le premier[2]. Le rire est exhibitionniste, extraverti, spectaculaire ; le sourire est intime, privé, souvent énigmatique.

---

[2] Proust a pu consulter le *Bescherelle* à ses heures et aimer le parfois curieux mélange qu'on y trouve de rigueur scientifique et d'apports des sources les plus diverses. Ainsi on trouve dans l'édition de 1856 entre autres une entrée au sujet de l'iconologie du rire : « Le Rire est représenté par un jeune homme vêtu gracieusement, qui rit en regardant un masque laid et grimacier ; il tient l'inscription *Amara risus temporat*. Le rire tempère les amertumes de la vie. Les plumes dont sa tête est ornée font allusion à la légèreté ou à l'aliénation de l'esprit. » Le fou rire s'apparente d'ailleurs au désir affolé (voir mon article « Désirs affolés » in *Littérature et médecine. Le cas de Proust* (dir. M. Naturel), Hermann, 2018).

Remarquons qu'il y a certains gestes qui créent un entre-deux comme celui de la duchesse de Guermantes qui plus d'une fois met sa main devant sa bouche. L'impulsion spontanée est alors bridée par un réflexe social.

Pour les Guermantes il est clair que souvent l'intention personnelle et les mœurs sociaux s'interpénètrent. On peut quand même apercevoir une sorte de gradation quand des traits individuels se révèlent dépendre de facteurs concernant le groupe. Prenant le cas de la duchesse on lit que pour sourire Madame de Guermantes « pinça le coin de ses lèvres comme si elle avait mordu sa voilette » (II, 507). Il est précisé que c'est la reine de Suède qui est l'objet de ce geste amusé, mais c'est la suite qui indique ce qui inspire cet amusement. Elle a traité cette reine de 'grenouille' et quand on le lui rappelle « Mme de Guermantes fit entendre une espèce de bruit rauque qui signifiait qu'elle ricanait par acquit de conscience » (ibidem). Se manifeste ainsi sous le voile des scrupules la nature sauvage, la dimension instinctive de la noble personne. Et Proust profite avec Oriane de cette occasion pour échafauder une variante ludique de « la grenouille qui veut se faire aussi grosse que le bœuf ». La face positive du rire s'exprime souvent par le regard comme quand pour la Duchesse est mentionné « le scintillement des yeux ». Lorsqu'elle est encore princesse des Laumes elle dispose déjà de toute une technique : « éclatant d'un rire qui lui était particulier et qui était destiné à la fois à montrer aux autres qu'elle se moquait de quelqu'un et aussi à se faire paraître plus jolie en concentrant les traits de son visage autour de sa bouche animée et de son regard brillant » (I, 327). Jamais deux sans trois : le mépris prime mais la soif de beauté insiste.

Pour montrer un exemple où tout est entraîné par la verve littéraire prenons la scène de la baignoire quand la duchesse va au spectacle et sera spectacle elle-même. Le narrateur en profite car « elle fit pleuvoir sur moi l'averse étincelante et céleste de son sourire » (II, 358). Cette averse se joint à toute la cascade de métaphores qui pleut sur la salle de l'Opéra. Pareil au rire joyeux cette fête de figures ne demande qu'à se perpétuer. Basin, le mari, cherche de sa façon à se servir du sourire comme façade, pose que Proust se hâte de situer dans un cadre historique approprié : il exhibe « un sourire permanent de bon roi d'Yvetot légèrement pompette[3] » (II, 521).

Parfois un seul adjectif définit le comportement et le caractère d'un personnage, ainsi « le malicieux sourire » de Cottard qui masque sa naïveté (I, 197) ou les « roulements militaires du rire » du grand-duc Wladimir (III, 57). Monsieur de Cambremer (Cancan) se détermine par la donnée qu'il regarde avec son nez. Voici l'interaction avec le rire : « comme le marquis était louche – ce qui

---

3 La chanson de Béranger a popularisé l'image d'un bon vivant sans ambitions. Voir : https://fr.wikisource.org/wiki/Œuvres_complètes_de_Béranger/Le_Roi_d'Yvetot.

donne une intention d'esprit à la gaîté même des imbéciles – l'effet de ce rire était de ramener un peu de pupille sur le blanc sans cela complet de l'œil » et Proust ne résiste pas à la tentation d'une jolie métaphore qui sauve en un sens la face du « rouge Normand » : « Ainsi une éclaircie met un peu de bleu dans un ciel ouaté de nuages » (III, 368). A l'opposé de ces rires dissimulateurs on notera la spontanéité de Françoise dont on lit : « parvenue à ce point de son récit, elle essuyait des larmes d'hilarité[4] » (I, 110).

Il se peut aussi que l'appréciation du rire trahit plutôt la subjectivité de l'observateur, ainsi quand Mme Verdurin s'exclame : « As-tu remarqué comme Swann a ri d'un rire niais ? » (I, 261) De la part de Swann se dégage évidemment une autre signification de pareils signes ; devant les propos de Mme Verdurin il « se contenta de rire d'un air qui signifiait qu'il ne pouvait même pas prendre au sérieux une pareille extravagance » (I, 255).

3 Du côté de « la patronne »

Pour le registre du rire le cas de Mme Verdurin est d'ailleurs particulièrement intéressant. Dans *Un amour de Swann* c'est son rire qui stigmatise la personne et qui est symptomatique pour le 'petit clan' et son contexte social. Le portrait devient caricature tout comme l'humour se mue en drôlerie, voire en bouffonnerie avec par exemple le directeur de l'hôtel de Balbec, le lift, Bloch ou encore Legrandin. La patronne de sa part avait l'habitude de « s'esclaffer ». Ce verbe implique surtout que le rire est fort bruyant : la patronne veut que ses émotions n'échappent à personne.

Ce qui finit par la faire 'éclater' littéralement, elle « à qui – tant elle avait l'habitude de prendre au propre les expressions figurées des émotions qu'elle éprouvait – le docteur Cottard (un jeune débutant à cette époque) dut un jour remettre sa mâchoire qu'elle avait décrochée pour avoir trop ri » (I, 186). Cet accident va fortement influencer son comportement par la suite. Elle trône au salon sur un haut siège suédois.

> De ce poste élevé elle participait avec entrain à la conversation des fidèles et s'égayait de leurs « fumisteries », mais depuis l'accident qui était arrivé à sa mâchoire, elle avait renoncé à prendre la peine de pouffer effectivement et se livrait à la place à une mimique conventionnelle qui signifiait, sans fatigue ni risques pour elle, qu'elle riait aux larmes. Au moindre mot

---

[4] 'Hilarité' accentue le côté brusque du rire ce qui se combine bien avec les sautes d'humeur de Françoise.

> que lâchait un habitué [...] elle poussait un petit cri, fermait entièrement ses yeux d'oiseau qu'une taie commençait à voiler, et brusquement, comme si elle n'eût eu que le temps de cacher un spectacle indécent ou de parer à un accès mortel, plongeant sa figure dans ses mains qui la recouvraient et n'en laissaient plus rien voir, elle avait l'air de s'efforcer de réprimer, d'anéantir un rire qui, si elle s'y fût abandonnée, l'eût conduite à l'évanouissement. Telle, étourdie par la gaieté des fidèles, ivre de camaraderie, de médisance et d'assentiment, Mme Verdurin, juchée sur son perchoir, pareille à un oiseau dont on eût trempé le colifichet dans un vin chaud, sanglotait d'amabilité.
>
> I, 202

On s'aperçoit que là encore la dimension métaphorique ne fait pas défaut tout au long de la description de la taie au colifichet. Plus tard elle 'devient' même un insecte, un éphémère, quand elle plante sa tête dans l'aisselle de la Princesse Sherbatoff pour (dis)simuler son incoercible hilarité. Elle « y enfonçait ses ongles, et cachait pendant quelques instants sa tête comme un enfant qui joue à cache-cache. Dissimulée par cet écran protecteur, elle était censée rire aux larmes et pouvait aussi bien ne penser à rien du tout que les gens qui, pendant qu'ils font une prière un peu longue, ont la sage précaution d'ensevelir leur visage dans leurs mains ». (III, 345, 346)

On voit que les métaphores s'enchaînent comme se succèdent les métamorphoses de Mme Verdurin : terminant en princesse elle aura une carrière des plus exemplaires. Mais pour le moment elle constitue surtout un couple parfaitement complémentaire avec son mari, y compris dans le domaine du rire. Voici quelques précisions sur le rôle que tient l'époux :

> Quant à M. Verdurin, il ne marchanda pas sa gaieté[5], car il avait trouvé depuis peu pour la signifier un symbole autre que celui dont usait sa femme, mais aussi simple et aussi clair. A peine avait-il commencé à faire le mouvement de tête et d'épaules de quelqu'un qui s'esclaffe qu'aussitôt il se mettait à tousser comme si, en riant trop fort, il avait avalé la fumée de sa pipe. Et la gardant toujours au coin de sa bouche, il prolongeait indéfiniment le simulacre de suffocation et d'hilarité. Ainsi lui et Mme Verdurin, qui en face, écoutant le peintre qui lui racontait une histoire, fermait les yeux avant de précipiter son visage dans ses mains, avaient l'air de deux masques de théâtre qui figuraient différemment la gaîté.
>
> I, 258

---

[5] Ecrit ainsi dans l'édition Pléiade de 1954.

La comédie humaine et sociale présente des envolées de farce tout en nourrissant le jeu littéraire.

4 Du côté de Charlus

La figure la plus théâtrale de la *Recherche*, dans un amalgame infiniment varié d'aspects shakespeariens et de traits boulevardiers, est sans doute le baron de Charlus. Il incarne, dans la complexité de sa personnalité, la noblesse la plus distinguée, voire excessive, et verse concurremment dans l'encanaillement le plus fruste. Il représente ainsi le grotesque, tout en conservant la morgue de l'aristocrate raffiné. Palamède et Mémé petite gueule se concurrencent sans cesse. En conversation avec M. Verdurin qui veut flatter le 'titré', Charlus tente de percer les propos ambigus de son hôte.

> Et il eut un petit rire qui lui était spécial – un rire qui lui venait probablement de quelque grand-mère bavaroise ou lorraine, qui le tenait elle-même, tout identique, d'une aïeule, de sorte qu'il sonnait ainsi, inchangé, depuis pas mal de siècles dans de vieilles petites cours de l'Europe, et qu'on goûtait sa qualité précieuse comme celle de certains instruments anciens devenus rarissimes. Il y a des moments où pour peindre complètement quelqu'un il faudrait que l'imitation phonétique se joignît à la description, et celle du personnage que faisait M. de Charlus risque d'être incomplète par le manque de ce petit rire si fin, si léger, comme certaines suites de Bach ne sont jamais rendues exactement parce que les orchestres manquent de ces « petites trompettes » au son si particulier, pour lesquelles l'auteur a écrit telle ou telle partie.
>   III, 332

Et si le sourire « dédaigneux » de M. Verdurin ici est tout de suite et pertinemment qualifié comme signe de dépit rancuneux, le petit rire de Charlus garde toute son ineffable spécificité esthétique ce que souligne la comparaison avec l'art exemplaire de Bach. Et si les signes de sa gaieté risquent aussi de trahir sa nature d' « inverti », là encore la mise en scène en fera un spectacle original. Dans le passage qui suit le sourire se verra bien accompagner d'une sorte d' « imitation phonétique » (madame Verdurin vient d'offrir de l'orangeade) :

> Alors M. de Charlus, avec un sourire gracieux, sur un ton cristallin qu'il avait rarement et avec mille moues de la bouche et déhanchements de la taille, répondit : « Non j'ai préféré la voisine, c'est de la fraisette, je crois,

c'est délicieux ». Il est singulier qu'un certain ordre d'actes secrets ait pour conséquence extérieure une manière de parler ou de gesticuler qui les révèle [...] en entendant M. de Charlus dire de cette voix aiguë et avec ce sourire et ces gestes de bras : « Non, j'ai préféré sa voisine, la fraisette » on pouvait dire : « Tiens, il aime le sexe fort » [...] Sans se le dire précisément on sent que c'est une douce et souriante dame qui vous répond et qui paraît maniérée parce qu'elle se donne pour un homme et qu'on n'est pas habitué à voir les hommes faire tant de manières.

III, 356, 357

C'est -ette précédé de frais qui donne le ton. Charlus s'identifie avec cette douceur fraîche. Or la fraisette, c'est une liqueur de fraises ou plutôt c'est le nom d'une marque[6].

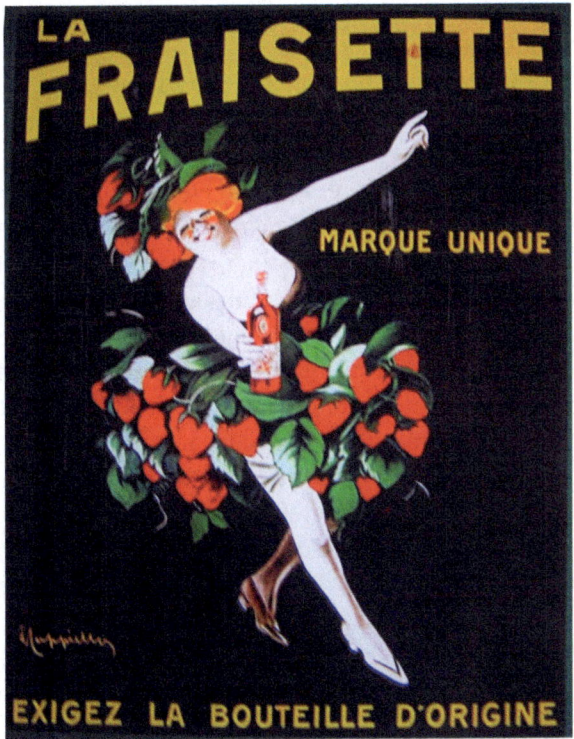

FIGURE 3   Poster Leonetto Cappiello (1909)

---

6   D'autre part la fraisette, c'est selon Littré la « petite fraise que les hommes portaient autrefois au lieu de manchettes quand ils étaient en grand deuil ». Sous la fraîche invitation rôde ainsi la camarde.

Unique, d'origine, sans rivale ... C'est Charlus tout craché. Alors que le spiritueux peut vous faire un pied de nez bien sûr.

Quelques pages plus loin, Charlus montre une autre variante de son jeu de zygomatique : « 'Mais comment je ne le [le duc de Guermantes] connaîtrais pas ?' répondit M. de Charlus, dont un sourire fit onduler la bouche. Ce sourire était ironique ; mais comme le baron craignait de laisser voir une dent en or, il le brisa sous un reflux de ses lèvres, de sorte que la sinuosité qui en résulta fut celle d'un sourire de bienveillance ». (III, 358) C'est le genre de contorsions qui définissent le personnage, ou toutefois un volet important de celui-ci, signe également d'une classe sociale qui se débat dans ses contradictions[7] et exercice ludique d'un auteur qui se pastiche volontiers.

5 À la première personne

Pourtant dans un premier moment il y a d'autres 'je' qui donnent le ton, des sujets intradiégétiques qui fonctionnent comme personnage et/ou comme instance de narration. Qu'en est-il de l'humour de ce couple et de sa manifestation ?

Si le garçon peut avoir des accès de fou rire, le jeune adulte parle plutôt d'ironie et d'amusement en observant les frasques et manies de son entourage : « mes yeux pétillaient d'ironie » (III, 252). Pourtant le fou rire le reprend devant le spectacle burlesque qu'offre M. d'Argencourt métamorphosé lors du bal de têtes : « A peine, en se rappelant certains sourires d'Argencourt qui jadis tempéraient parfois un instant sa hauteur pouvait-on trouver dans l'Argencourt vrai celui que j'avais vu si souvent, pouvait-on comprendre que la possibilité de ce sourire de vieux marchand d'habits ramolli existât dans le gentleman correct d'autrefois » (IV, 501). Marcel accentue en disant « J'eus un fou rire devant ce sublime gaga », sa propre jeunesse tant souhaitée[8]. Il aime plaisanter avec Saint Loup et surtout admire la libre joie des jeunes filles qu'il voudrait bien partager avec elles. Leur fou rire est la marque de leur insouciante ouverture au monde.

Et surtout, les jeunes filles, inapprochables en tant que telles, obligent instantanément à la métaphorisation. Ainsi « parfois l'une faisait tomber sa voisine, et alors un fou rire, qui semblait la seule manifestation de leur vie personnelle, les agitait toutes à la fois, effaçant, confondant ces visages indécis

---

7 Voir René Girard, *Mensonge romantique et vérité romanesque*, Paris, Grasset, 1977.
8 Dans le même ordre d'idées, le lecteur se rappelle que Marcel jubile quand on signale ses cheveux restés noirs.

et grimaçants dans la gelée d'une seule grappe scintillatrice et tremblante ». (II, 180) L'image centrale de tout ce paragraphe est le polypier, image passablement inquiétante qui suggère l'attirance mortelle des filles, la succion terrifiante du « pâle madrépore ». (181) Et de par ce dernier terme qui clôt le paragraphe, c'est bel et bien et combien follement la mère qui se glisse dans ce tourbillon symbiotique. Ou encore cette autre image très concrète : « Plus tard ces jeunes filles perdraient cet accent de conviction enthousiaste qui donnait du charme aux choses les plus simples, soit qu'Albertine sur un ton d'autorité débitât des calembours que les plus jeunes écoutaient avec admiration jusqu'à ce que le fou rire se saisît d'elles avec la violence irrésistible d'un éternuement [...] » (II, 262). Ici le fou rire s'assemble à une décharge inconsciente qui initie sans doute à une féminité autrement charmante, ensorcelante, perfide. Un peu plus haut ce fut encore l'ère des jeux qui régnait avec en tête entre autres le fameux 'à qui rira le premier' (II, 258), série dominée par le jeu du furet et ses ruses[9]. Par la suite en recevant un petit « souvenir », « la joie remplissait avec une violence si soudaine leur visage translucide en un instant devenu rouge que leur bouche n'avait pas la force de la retenir et pour la laisser passer, éclatait de rire » (II, 258). Là encore les jeunes filles sont des forces de la nature, des corps que domine le trio du besoin, de l'envie et du désir, successivement et à la fois.

6   Du côté d'Albertine

Si, peu à peu, Albertine se détache du groupe, c'est entre autres par son rire qui donne un charme irrésistible à sa physionomie. La cycliste brune « aux yeux brillants, rieurs, aux grosses joues mates » accompagne ce rire d'un dandinement provocateur et de termes d'argot « voyous » qui réveillent sans doute chez le jeune Marcel des désirs secrets (II, 151). Les « regards obliques et rieurs » d'Albertine reviennent un peu plus loin et sont suivis d'une longue réflexion sur la force des regards. Toute sa vie s'y reflète, ce qui y luit « c'est elle, avec ses désirs, ses sympathies, ses répulsions, son obscure et incessante volonté. » (II, 152) Et le narrateur ajoute « Je savais que je ne posséderais pas cette jeune cycliste si je ne possédais aussi ce qu'il y avait dans ses yeux ». (*ibid.*) Et le rire tout en faisant partie intégrale de ces regards dès la première rencontre, introduit d'emblée l'ambivalence et l'insaisissabilité qui propulsent le désir et nourrissent la jalousie.

Ceci implique que les instants de doute et d'incertitude peuvent alterner avec une vraie intimité que ponctue le rire. Intimité qui paradoxalement

---

9   Voir Sjef Houppermans, *Proust constructiviste*, Amsterdam, Rodopi, 2007.

s'intensifie lors du sommeil d'Albertine ce qui suscite l'observation suivante : « On aurait dit que sa tête charmante, quand elle dormait, n'était pleine que de gaieté, de tendresse et de rire ». (III, 889) Quand il la secoue « Aussitôt elle s'arrêtait de dormir, mais sans même l'intervalle d'un instant éclatait de rire, me disait en nouant ses bras autour de mon cou : 'J'étais justement en train de me demander si tu ne viendrais pas', et elle riait tendrement de plus belle », rire dont il est précisé que « en l'éveillant j'avais seulement, comme quand on ouvre un fruit, fait fuser le jus jaillissant qui désaltère ». (*ibid.*) Et cette image transforme la jeune femme en fontaine de jouvence.

L'autre versant de ce rire ne cesse pourtant de miner les assises du bonheur. Ainsi quand Albertine lance une comparaison architecturale en parlant de sa dégustation des glaces et en pastichant involontairement son compagnon. Celui-ci réagit : « Je trouvais que c'était un peu trop bien dit, mais elle sentait que je trouvais que c'était bien dit et elle continua en s'arrêtant un instant quand sa comparaison était réussie pour rire de son beau rire qui m'était si cruel parce qu'il était si voluptueux ». (III, 636) Elle poursuit sur sa lancée pour en arriver à une nouvelle fusée de gaieté que le 'je' préfère analyser entre parenthèses pour en dégager toute la triplicité : « (et ici le rire profond éclata, soit de satisfaction de si bien parler, soit par moquerie d'elle-même de s'exprimer par images si suivies, soit, hélas ! par volupté physique de sentir en elle quelque chose de si bon, de si frais, qui lui causait l'équivalent d'une jouissance). »

7 Métaphores

On a vu que souvent les métaphores procurent une qualité esthétique marquée aux différentes formes du rire, ainsi quand s'entend le « rire écumant et joyeux » d'Oriane de Guermantes dont les yeux sont alors « étincelants, enflammés d'un ensoleillement radieux de gaieté » (I, 334) comme un « prisme » à décomposer (II, 353), ou que le rire trompetant de Bloch retentit « diaboliquement » (II, 132), alors que Cambremer dont le rire est finement décortiqué en s'arrêtant de faire le « bossu » semble « implorer du ciel, sous son monocle, les palmes du martyre ». (III, 368) Mais on a vu que les métaphores dans les cas de Charlus et d'Albertine par exemple, tout en constituant l'aboutissement d'un enchevêtrement de données personnelles, sociales et littérales, arrivent à un niveau supérieur de révélation de leur vérité, même si celle-ci demeure provisoire, dynamique et fugitive. Beckett, dans *Watt*, fait passer par la revue les différents types de rire et finalement c'est le 'mirthless laughter', le rire sans joie, dont il écrit « It is the laugh of laughs, the risus purus, the laugh laughing at the laugh, the beholding, the saluting of the highest joke, in a word the laugh that laughs – silence please – at that which is unhappy. »

Cette instance de sublimation se profile vers la fin de la *Recherche* quand l'oubli a effacé l'image d'Albertine et que le cortège des têtes fait ricaner le narrateur. Ce n'est probablement pas un hasard si dans ce cas-là il s'agit d'un « de mes anciens camarades » qui restera anonyme (IV, 522). Le narrateur énumère les situations différentes pendant lesquelles la vie a changé l'expression de ses yeux « bleus, toujours riants ». Ainsi « l'expression de gaieté, d'abandon, d'innocence s'était-elle changée en une expression de ruse et de dissimulation ». (IV, 323) Et c'est là que le miracle se produit, pareil ou presque à la scène de la madeleine ou plus près, à cet endroit de la *Recherche*, à celle des dalles de la cour ou à celle des retrouvailles de *François le Champi*. Beckett y réfère dans son *Proust* exemplaire de 1929, quand il fait l'inventaire des moments qui défient le Temps.

Voici ce qu'on lit par la suite : « Décidément, il me semblait que c'était quelqu'un d'autre, quand tout d'un coup j'entendis, à une chose que je disais, son rire, son fou rire d'autrefois, celui qui allait avec la perpétuelle mobilité gaie du regard. » L'expression 'à une chose' neutralise, purifie encore un peu plus le cadre. Et c'est alors que la métaphore musicale peut parfaire cette construction tout en insistant sur l'anonymat, la généralité des participants : « Des mélomanes trouvent qu'orchestrée par X ... la musique de Z ... devient absolument différente. Ce sont des nuances que le vulgaire ne saisit pas. Mais un fou rire étouffé d'enfant sous un œil en pointe comme un crayon bleu bien taillé quoique un peu de travers, c'est plus qu'une différence d'orchestration ». (IV, 323) Et selon moi ce crayon bleu ouvre la porte à l'écriture, celle de la future *Recherche*. C'est l'avènement du *risus purus* de ce camarade innommable, qui dépasse les moments du rire creux, intellectuel et du rire amer, éthique, pour arriver au rire dianoétique[10], discursif, qui entend le rire dans son essence.

---

10 Ce sont les termes de Beckett dans *Watt*. La relation avec la notion de l'humour semble pertinente. Voir ici même l'article de Franc Schuerewegen ainsi que les lectures de cet auteur dans *Introduction à la méthode postextuelle – l'exemple proustien*, Classiques Garnier, 2012.

Comment ne pas rire vulgairement en se moquant des écrivains qu'on aime (ou qu'on n'aime pas) ? – sur les pastiches

Paul Aron

Résumé

L'article étudie la formation de l'éthos de Proust imitateur à partir de sa fréquentation du lycée Condorcet d'où sont issus de nombreux pasticheurs. Il rappelle ensuite que l'écrivain n'était pas le seul à pratiquer le pastiche dans les années 1906-1908, et il compare sa pratique du genre à celle de Paul Reboux et de Charles Müller. En analysant les justifications que ces auteurs donnent de leur intérêt pour l'imitation, il fait comprendre les positionnements différents des auteurs en faveur d'un pastiche comique ou d'un pastiche sérieux. Ces éléments contextuels indiquent combien il importe de comprendre les pastiches proustiens dans un cadre plus large que celui auquel les commentateurs de l'écrivain ont habituellement recours.

Souvent étudiés et bien connus, les pastiches de Proust ont fait l'objet de nombreux travaux de qualité. Ceux-ci demeurent toutefois principalement inscrits dans une perspective qui est soit celle du commentaire de texte, soit celle de la compréhension intellectuelle ou biographique de l'auteur. Or, comme souvent dans l'histoire du rire, on ne peut saisir la portée et les enjeux des pratiques qu'en les mettant en relation avec des faits collectifs. Le rire est souvent lié à l'existence d'une communauté, et son effet est autant d'exclure ceux qui ne rient pas des mêmes choses que de souder la communauté de ceux qui partagent ses références et ses valeurs.

C'est le cas également du pastiche. Dans mon *Histoire du pastiche*, j'ai tenté de montrer que le terme comportait deux grandes acceptions, l'une que l'on peut qualifier de pédagogique, parce qu'il manifeste une compétence à reproduire un modèle, et l'autre, ironique ou satirique, parce qu'il permet de faire rire de ce modèle. Il fait donc partie de ces formes de moquerie qui unit les membres d'une communauté fermée et leur permet de tourner en dérision l'autorité propre à leur milieu. Il se manifeste avec force dans le monde de l'éducation où la relation entre maître et apprenants est centrale. L'apprentissage ecclésiastique, les ateliers de peintres, les universités sont autant de lieux de production de pastiches qui tournent en dérision les compétences propres à ces formations, tout en affirmant paradoxalement leur maîtrise. C'est dans les même lieux qu'est née la nécessité de nommer précisément la cible de cette moquerie. La manière, ou le moule, ou le style sont autant de noms donnés à un savoir-faire perçu comme spécifique. L'idée que l'imitation d'une manière est à la fois nécessaire et temporaire, qu'un artiste emprunte à un autre avant de devenir lui-même, est ici essentielle.

Ce bref rappel historique fait comprendre que la moquerie d'un écrivain par un autre ne peut s'étudier en se focalisant seulement sur leur relation. Il importe en effet de situer les pastiches dans le contexte de leur production, et celui-ci est d'abord scolaire, et ensuite littéraire. Pour une autre part, et c'est non moins important, il s'agit de considérer le discours que les écrivains (et donc aussi les commentateurs) tiennent à leur sujet comme un choix paradigmatique et non comme un discours de vérité. Ma contribution comporte donc trois parties, la première s'attache à la formation de l'éthos de l'écrivain, la seconde aux possibilités offertes par le champ littéraire contemporain, la troisième enfin aux justifications discursives des pastiches. J'essaierai aussi de montrer que ces trois dimensions interagissent fortement et donnent à voir un Proust pasticheur assez différent de celui que les spécialistes de l'auteur ont fait connaître[1].

1 L'imitation pastichante au cœur de la formation scolaire des élites

Je ne reviens pas ici sur la diffusion du pastiche comme technique d'apprentissage au XIXe siècle ; elle est bien connue. Les élèves de Condorcet participaient naturellement à ce processus, même si leurs enseignants ont laissé peu de traces des exercices concrets qu'ils imposaient. Mais dans leur milieu privilégié, souvent polyglotte et sans doute non dépourvu d'humour, l'exercice de l'imitation pastichante était sans doute renforcé aussi par le phénomène psychologique que l'on observe dans toutes les communautés pédagogiques fermées : à la fois une prise de distance à l'égard des codes enseignés et le développement d'un humour de complicité entre pairs. Condorcet est un milieu d'exception, au moins en ses classes supérieures qui, par leur homogénéité sociale et leur séparation avec le monde « normal », engendre aisément des comportements de clercs, comme le fait, au niveau supérieur, le milieu des

---

1 Le présent texte réarticule trois études que j'ai eu l'occasion de publier sur le sujet : Aron (2006 ; 2012 ; 2017).

Normaliens. On ne s'étonnera donc pas de voir les élèves appliquer la compétence imitative qu'ils y ont acquise à des objets non prévus dans le programme scolaire.

1.1   *Les chasseurs de chevelures*

On peut identifier plusieurs groupes de pasticheurs impénitents issus de Condorcet. Le premier se compose de jeunes gens nés vers 1865-1870.

Après des études au lycée Condorcet, puis à la faculté de droit de Paris, Thadée Natanson (1868-1951) fonde en 1889 *La Revue blanche* avec ses frères Alexandre (1867-1936) et Louis-Alfred (1873-1932). Le premier secrétariat de rédaction en est assuré par Lucien Muhlfeld (1870-1902), également ancien élève de Condorcet. La revue ne se borne pas à concurrencer le *Mercure de France* et à défendre le symbolisme dans les lettres ou les nabis dans les arts. Elle accueille également le *Chasseur de chevelures, moniteur du possible*. Ce titre avait été celui d'un journal humoristique créé en 1892 par Tristan Bernard et entièrement rédigé par lui pendant trois numéros. On le retrouve l'année suivante, sous la forme d'un supplément de la *Revue Blanche* – animé par Tristan Bernard et Pierre Veber, auquel participe aussi activement Romain Coolus (ps. de René Max Weill, 1868-1952), qui a suivi les cours du lycée de Rennes avant de rejoindre Condorcet. Ce supplément durera lui-même le temps de dix-sept parutions entre 1893 et 1894.

Tristan Bernard (1866-1947) est entré à Condorcet à 14 ans, soit en 1880 ; il fait ensuite des études de droit et partagera son temps entre les affaires, le théâtre de boulevard et diverses passions délassantes, comme le vélo et les mots croisés. C'est lors de ses études qu'il se lie d'amitié avec Pierre Veber (1869-1942), journaliste satirique, dramaturge et auteur de contes et de romans humoristiques. Leur complicité n'est pas seulement littéraire, mais aussi familiale, puisque Veber épouse Marguerite Bernard (1874-1929), la sœur de Tristan. Celle-ci disait d'ailleurs qu'elle avait fait un « mariage d'humour » (Renard, 1965 : 316). Son frère aîné, Jean Veber (1864-1928), a aussi fait ses études secondaires au lycée Condorcet avant de poursuivre sa formation de peintre et de dessinateur aux Beaux-Arts. Leur sœur Louise (?-1909) profite également de l'endogamie condorcettienne pour se marier avec le critique et journaliste René Doumic (1860-1937), ancien de Condorcet et professeur de rhétorique au collège Stanislas.

Pierre Veber et Tristan Bernard sont les auteurs des « Lectures poétiques » du *Chasseur de chevelures*. Ils signent aussi *Vous m'en direz tant !* (1894), qui reprend nombre de ces textes amusants. Un pastiche hilarant de Maurice Maeterlinck me semble caractériser leur manière. Intitulé « Une primeur : les enfants arriérés », il s'agit d'une pièce dont les rôles principaux sont attribués aux principaux critiques et hommes de théâtre du moment (Hector Pessard, Léon Kerst, Gilbert Martin, Francisque Sarcey, Pierre Veber, Fernand Vandérem, Alfred Capus, Henry Fouquier)[2]. Maîtrisant à la fois nombre de stylèmes maeterlinckiens (les répétitions, les expressions exclamatives, les interrogations, le style doxique) et les enjeux de la presse parisienne contemporaine, ce pastiche est typique du double réseau dans lequel s'insèrent Bernard et ses amis : un réseau à la fois littéraire et médiatico-mondain.

Les frères Véber publient *Les Véber's, Les Véber's, Les Véber's* (1895), qui reprend un choix de leurs chroniques du *Gil Blas*. L'ouvrage contient notamment une préface successivement demandée à Émile Zola, Alexandre Dumas, François Coppée, Paul Bourget, Marcel Prévost et Jules Claretie ; « Les visites de M. Lemaître », pastiche d'un article du futur académicien ; un chapitre de *Lourdes*, pastiche du roman de Zola ; « Le voyage du jeune Francisque en Grèce », charge contre Sarcey, parodiant à la fois ses critiques dramatiques et le livre de l'abbé Barthélemy ; « Le baiser du pendu, ou le Filleul posthume », parodie de roman d'aventure et un remarquable pastiche du « Journal des Goncourt ». Il est par ailleurs probable qu'il faille attribuer aux deux frères les pastiches publiés dans *La Vie parisienne* sous la signature de Veb.

Tristan Bernard et Pierre Veber se présentent comme des humoristes, des « auteurs gais ». Mais ils justifient aussi leur activité d'imitateurs en expliquant l'intérêt d'un pastiche bien mené :

> On a justement remarqué que les plagiaires sont les meilleurs critiques, pour ce qu'à leur insu, en leurs imitations, ils insistent sur les défauts, aussi bien caractéristiques, de leurs modèles. Nous pensons qu'il y aurait lieu d'utiliser le plagiat comme jugement des écrivains contemporains. Nous donnons ci-dessous un de ces premiers « Essais de critique expérimentale ».
> BERNARD et VEBER, 1894 b : 526

Cette justification de l'usage littéraire ou mondain de l'exercice du pastiche sera identiquement reprise par Proust.

1.2 *Proust potache*

Proust est presque de la même génération que ce premier groupe. Il entre en cinquième au Lycée Condorcet, le 2 octobre 1882 après un séjour au cours Pape-Carpentier. Élève inconstant pour des raisons de santé, il a pourtant vécu intensivement ses années de lycée. Outre la formation scolaire proprement

---

2 Réédité dans : Bernard et Veber, 1894.

dite, complétée par des cours particuliers de philosophie, il y a bénéficié d'un entourage amical et complice qui s'est maintenu pendant de longues années. On connaît parfaitement la plupart de ses condisciples et leurs familles, dont certains traits ont servi à tracer ceux des personnages de la *Recherche*. Ainsi Jacques Baignères dont la mère et la tante tiennent des salons connus et possèdent un manoir à Trouville-sur-Mer qui servira de modèle pour la villa de La Raspelière. Ainsi également Jacques Bizet, le fils du compositeur, Léon Brunschvicg, les frères Lucien et Léon Daudet, Daniel Halévy, Raoul Versini, Horace Finaly ou David David-Weill. Plusieurs ont participé aux revues où Proust a publié ses premiers textes et partagé son goût pour l'ironie imitative. Léon Daudet écrit des textes polémiques dans le style de Rabelais (*Les Dits et Pronostications d'Alcofribas Deuxième pour le bel an M.CM. XXII*, 1922) ; une part de l'œuvre de Robert de Flers, ami de lycée et tout au long de la vie de Proust, relève de la parodie de genre (par exemple : la pièce *Le Roi* [1908] écrite en collaboration avec Caillavet et Emmanuel Arène) ; Robert Dreyfus ne s'est pas borné à rédiger de précieux souvenirs sur son ami (1926), il est aussi l'auteur d'une *Petite histoire de la revue de fin d'année* (1909) qui montre son intérêt pour les genres théâtraux parodiques ; dans la revue *Le Banquet*, un texte intitulé « Les pastiches sentimentaux » est signé Perdican (du nom d'un personnage de Musset, dans *On ne badine pas avec l'amour*) : c'est le pseudonyme de Horace Finaly, autre condisciple issu d'une riche famille de financiers[3] ; enfin le poète Fernand Gregh, qui est un peu plus jeune, participe avec sa femme Harlette à la revue *Les Lettres* d'où sont sortis les *À la manière de* de Reboux et Müller, sur lesquels je reviendrai. Nombre de lettres échangées par Proust avec ses amis comportent aussi des pastiches.

Il n'est pas aisé de faire le partage entre l'esprit d'un milieu raffiné et cultivé et la formation scolaire commune de ces jeunes gens. Mais il me semble que les liens constants entre une certaine mondanité et l'école forme précisément une part de leur socialisation spécifique. Cela est très visible dans le cas de Proust.

André Ferré a étudié les principaux professeurs de Proust. Outre son professeur de philosophie Alphonse Darlu, qui est le plus connu et en hommage à qui a été baptisée la revue *Le Banquet*, il s'agit de Victor Cucheval-Clarigny, professeur de français et latin en rhétorique, et Maxime Gaucher (1828-1888), en classe de rhétorique (Ferré, 1954 : 182-192). Ce dernier est tout particulièrement intéressant parce qu'il a marqué de son influence plusieurs générations de lycéens. Il était entré en 1860 à Condorcet (alors lycée Bonaparte) et avait

---

3   Voir : https://assohistoirebnpparibas2016.files.wordpress.com/2016/03/bulletin-annuel-2013-2014.pdf.

obtenu la classe de rhétorique en 1864. Proust suit ses cours à l'automne 1887, quelques mois avant sa mort. L'homme contrastait avec ses collègues plus traditionnels. Il était le critique attitré de *La Revue politique et littéraire : revue des cours littéraires*, dite *La Revue bleue*. Il y publiait des chroniques dramatiques et littéraires ironiques et talentueuses, et possédait de ce fait une parfaite connaissance de l'actualité culturelle. Ces chroniques alimentaient son enseignement. Comme en témoignait Paul Desjardins : « [...] les personnages [des ouvrages dont Gaucher rendait compte] lui fournissaient des personnifications hardies, marionnettes dont il se servait pour juger les contemporains, et auxquelles il prête des dialogues et une mimique très vifs, le tout formant une sorte de parodie des ouvrages qui équivaut bien, en somme, à une critique. » (Desjardins, 1888 : 582). Pour autant, Gaucher était le contraire d'un moderniste. S'il pratiquait un peu d'histoire littéraire, c'était *a minima* et en privilégiant les auteurs consacrés ; il se méfiait de la pédagogie comme des réformes, de la pensée systématique autant que des théories. Il incarnait, pourrait-on dire, une tradition rhétorique transfigurée par l'élargissement du canon littéraire à l'actualité.

L'appréciation de Gaucher a compté dans la carrière de Proust :

> Je me souviens des dissertations de Marcel, riches d'impressions et d'images, déjà très « proustiennes », avec leurs phrases chargées d'incidentes et de parenthèses, qui exaspéraient M. Cucheval et intéressaient tant M. Gaucher. Je vois encore et j'entends Marcel lisant à haute voix ses copies, et l'excellent, le charmant M. Gaucher commentant, louant, critiquant, puis tout à coup pris de fou rire devant ces audaces de style qui au fond le ravissaient. Ce fut la joie de ses derniers jours d'avoir découvert parmi ses élèves un écrivain-né[4].

On doit à Gaucher une part du jugement de Proust sur Racine (Wise, 2001/2002). Mais on sait aussi que Proust s'était attiré les foudres de Cucheval parce qu'il aurait incité ses condisciples à écrire dans un style décadent. Or Gaucher a précisément consacré une chronique au journal d'Anatole Baju dans *La Revue Bleue* à l'automne 1887 (p. 376), et celle-ci a été reçue, malgré son ironie, comme une des premières consécrations de la légitimité de ce mouvement[5].

---

4   Note de Pierre Lavallée ca 1950, condisciple de Proust dans la classe de Gaucher (Proust, 1970-1993 : vol. 4 : 3).

5   La chronique de Gaucher a été reprise dans l'anthologie de ses critiques (Gaucher, 1890). Voir aussi *Le Décadent*, 1er janvier 1888 : « Le Décadent n'oubliera pas la bienveillance dont le directeur de la Revue bleue lui a témoignée un des premiers en invitant M. Maxime Gaucher à la discussion des théories de l'école décadente. »

On a bien ici le sentiment d'approcher au plus près l'influence d'un maître. Au jeune Proust, Gaucher a sans doute moins apporté le goût des lettres, déjà bien acquis dans son milieu social, que le plaisir d'une critique imitative, rendant compte sans méchanceté, mais avec toute la causticité d'un brillant causeur mondain, de l'actualité littéraire et théâtrale.

Jules Lemaître succède à Gaucher comme chroniqueur de *La Revue politique et littéraire*. Ici encore, il s'agit d'une personnalité qui a contribué à légitimer la critique imitative. Normalien, professeur de lettres, critique, bientôt académicien (il est élu en 1895), Lemaître a rédigé des œuvres personnelles mais aussi des pastiches. Il les reprend dans les volumes critiques des *Contemporains* qui scandent sa carrière littéraire. C'est le premier auteur doté d'une grande réputation, bien éloigné des errements de la bohème (il fait partie des fondateurs de la Ligue pour la patrie française en 1899), à pratiquer publiquement le pastiche comme un divertissement de bon aloi. Pendant les années Condorcet de Proust, il publie notamment dans *Le Figaro* des « Pronostics » littéraires qui annoncent, sur le ton de la causerie mondaine, les œuvres à paraître. Il en donne des extraits qui sont autant de pastiches des auteurs cités. Ainsi, en 1887, il prévoit que Zola publiera *La Terre*, qu'il résume plaisamment, et dont il rédige l'*incipit*. Or le tout premier projet littéraire de Proust destiné à la publication est une imitation des « Pronostics pour l'année 1887 ». Il l'envoie à son ami Robert Dreyfus pour paraître dans *La Revue lilas* dans le courant de l'année 1888, avant même la publication de son modèle en volume. Paraissent ensuite « Violante ou la Mondanité », dans la revue *Le Banquet* (7, février, p. 201-208), puis, dans *La Revue blanche*, « Mondanité de Bouvard et Pécuchet », pastiche de Gustave Flaubert et, brièvement, de Maurice Maeterlinck.

Dans les mêmes années, Anatole France exerce également une grande influence sur Proust (Dupuy, 2018 : 531 et suiv.). On lui doit des « Nouveaux dialogues des morts. Une gageure », dialogue dans lequel interviennent Ménippe, Saint-Evremond, Barbey d'Aurevilly et un petit-cousin de M. Nisard (*Le Temps*, 16 mars 1890). Il rédige surtout une « Apologie pour le plagiat » (*Le Temps*, 4 janvier 1891, repris dans *La Vie littéraire*, quatrième série) dans laquelle il fait l'éloge de l'absence d'originalité :

> Nous attribuons follement des vertus créatrices que les plus beaux génies n'eurent jamais ; car ce qu'ils ont ajouté d'eux-mêmes au trésor commun, bien qu'infiniment précieux, est peu de chose au prix de ce qu'ils ont reçu des hommes. L'individualisme développé au point où nous le voyons est un mal dangereux. On songe, malgré soi, à ces temps où l'art n'était pas personnel, où l'artiste sans nom n'avait que le souci de bien faire, où

chacun travaillait à l'immense cathédrale, sans autre désir que d'élever harmonieusement vers le ciel la pensée unanime du siècle.

France 1928 : t. XVII : 539

L'image de cette cathédrale faite de textes lus et appréciés, transformant l'effort collectif en réalisation individuelle, ne pouvait qu'attirer la sympathie du créateur de Bergotte.

2 La concurrence des pasticheurs

Deux contemporains de Proust l'ont précédé dans la publication de recueils de pastiches, et leur rivalité avec lui me semble patente, quoique méconnue par la critique. Charles Müller (1877-1914), né à Elbeuf en Normandie, était journaliste. Il a laissé le souvenir de ses talents d'imitateur au lycée de Rouen, puis il a travaillé pour *Fantasio* et le *Journal*[6]. Il sera tué en 1914 sur la Marne. Paul Reboux (pseudonyme de Paul-Henri Amillet, 1877-1963), fils de Caroline Reboux, modiste d'origine belge devenue directrice d'une grande maison de couture à Paris, a grandi dans un milieu mondain de la rive droite. Reçu bachelier de justesse, il bénéficie de l'enseignement de précepteurs divers (dont le peu conformiste abbé Charbonnel). Il est familier des salons parisiens, comme ceux où s'élabore l'Action française. Il fréquente aussi les cabarets littéraires, notamment *Le Chat noir*. Chroniqueur et journaliste, il travaille également pour le *Journal* où il rencontre Müller, et il se lie avec des auteurs comme Catulle Mendès et Ernest La Jeunesse.

Le premier recueil de poèmes de Reboux paraît chez Lemerre en 1897 ; le second, *Les Iris noirs*, recueille un succès d'estime l'année suivante. Il publie ensuite *Poëmes d'amitié* (1898) et *Missel d'amitié* (1900), trois romans (*Josette*, 1903 ; *La Maison de danse*, 1904 ; *Le Phare*, 1907) ainsi qu'un recueil de critiques littéraires : *Vient de paraître* (1906) que nourrissent ses critiques du *Journal*. On notera que, dans une certaine mesure, Reboux réalise précisément le parallèle souhaité par Proust : il pastiche et critique en même temps des auteurs comme Anna de Noailles ou Charles-Louis Philippe. Quant au troisième larron des célèbres *À la manière de ...* de Reboux et Müller, Fernand Gregh, il s'est contenté de faire connaître la part critique de ses réflexions, dans : *Étude sur Victor*

---

6 Voir la brochure d'hommage : *A la mémoire de Charles Müller*. Elle comporte des Souvenirs et témoignages, un discours inédit et, p. 42-46 « Charlemagne Franc-joueur (Discours de Saint-Charlemagne) » et un éloge du football en alexandrins à la manière de la Chanson de Roland et de Hugo qui sont des œuvres de jeunesse.

Hugo, suivie de Pages sur Verlaine, l'humanisme, Schumann, Massenet, Claude Debussy, Maurice Maeterlinck, etc. (Paris, E. Fasquelle, 1905).

La revue *Les Lettres*, fondée en mars 1906 par Fernand Gregh, à laquelle Reboux et Müller participent d'emblée, n'était pas dépourvue d'ambition. Financée pour partie par Caroline Reboux et pour partie par Gregh, elle ambitionnait de rivaliser avec le *Mercure de France*. Elle se manifeste par un grand banquet le 15 juin 1907 au cours duquel Anatole France, Georg Brandès, Reboux et Gregh prononcent des toasts. Peu après la parution de leur premier recueil de pastiches, dont le succès est immédiat, les rédacteurs de la revue tentent de transformer leur essai en s'imposant dans le monde littéraire. Ils fondent « Les 45 », une réunion du même nombre d'hommes de lettres et d'artistes n'ayant pas dépassé 45 ans. Un comité d'initiative, composé d'Abel Bonnard, Henri Barbusse, Francis de Croisset, Émile Fabre, Pierre Mortier, Fernand Nozière rassemble des artistes peintres (Caro-Delvaille, Lévy-Dhurmer...), des romanciers (René Boylesve, Marcel Boulenger, Charles-Henry Hirsch, Paul Acker, Fernand Vandérem...), des auteurs dramatiques (Henri Bernstein, Tristan Bernard, Edmond Sée, Romain Coolus, G.-A. de Caillavet, Robert de Flers, Henri Bataille, Pierre Veber, Miguel Zamacoïs, Jacques Richepin), des journalistes (Pierre Mille, Albert Sarraut, Albert Flament, Paul-Bocour, Franc-Nohain...), des poètes comme Abel Bonnard, Fernand Rivoire, Henri de Régnier, Pierre Louÿs, des savants enfin et des musiciens comme Reynaldo Hahn et Paul Dukas (*Le Figaro*, 8 mai 1908, p. 1). Cette réunion d'auteurs souvent recrutés parmi les collaborateurs des *Lettres* indique que l'ambition de Reboux et Gregh se bornait à rassembler une sorte d'Académie générationnelle, ce qui est à la fois très ambitieux et peu efficace sur le plan littéraire. Elle suggère également un *habitus* commun à plusieurs des 45 : parmi eux, outre Reboux et Gregh, René Boylesve, Marcel Boulenger, Tristan Bernard, Pierre Veber, Miguel Zamacoïs, Franc-Nohain, Pierre Louÿs, Pierre Mille et Henri de Régnier ont écrit et publié des pastiches[7]... Proust, soulignons-le, n'en était pas, tout au deuil de sa mère et faute sans doute de notoriété littéraire, malgré la publication de *Sésame et les Lys* en mai 1906.

Après avoir publié leurs pastiches par eux-mêmes en décembre 1907 (la couverture porte 1908), pour dédommager leurs abonnés de la disparition des *Lettres*, Reboux et Müller se mettent en quête d'un éditeur professionnel. Comme Proust, ils essuient d'abord les refus des éditeurs traditionnels, peu

---

7   Ils se séparaient toutefois nettement sur le plan politique : Gregh avait inauguré en 1906 le « dîner des Quinze-Vingt » qui réunissait des dreyfusards ; ami de Léon Blum et de Gustave Lanson, il se séparait sur ce plan de Reboux. Peut-être est-ce une des raisons de leur refus de collaborer plus avant. Il ne parle pas non plus des « 45 » dans ses *Mémoires*.

enclins à faire confiance à ce genre peu consacré. En 1910, Reboux remet alors l'affaire dans les mains du jeune Bernard Grasset qui fait passer des annonces dans la grande presse et parle du livre comme du « plus grand succès de librairie de l'année ». Il affirme même que vingt mille exemplaires en ont été vendus. Les chiffres exacts importent peu : il est certain que le succès fut au rendez-vous. Le pastiche de Maeterlinck, « Idrofile et Filigrane », est même adapté pour la scène, avec une musique de Marcel Fournier parodiant Debussy, au Théâtre de verdure de l'Oasis, dirigé par Paul Poiret au Théâtre des arts, en juin 1913[8]. L'audience du recueil croîtra encore pendant la Grande Guerre. Les deux premières séries du livre furent envoyées dans les colis destinés aux soldats et aux officiers du Front pour les divertir. Des dizaines de milliers d'exemplaires furent ainsi diffusées. Après la guerre, Reboux écrivit encore trois autres séries, qui ont été souvent rééditées.

La concurrence entre Proust et Reboux dans le champ littéraire et mondain était d'autant plus vive que les deux hommes se connaissaient bien et qu'ils fréquentaient pour une part les mêmes milieux. Proust n'a pu manquer de lire les comptes rendus favorables suscités par *Les Iris noirs* paru chez Lemerre en 1898 ; il lui écrit d'ailleurs une lettre amicale et complice vers la mi-mai 1898 (Proust, 1970-1993, II : 232-33). Reboux était l'ami de Fernand Gregh, qui avait été à Condorcet l'animateur de la revue *Le Banquet* où Proust publia ses premiers essais littéraires.

Après leurs études, Proust est resté lié à Fernand Gregh. Celui-ci lui envoyait très probablement ses travaux littéraires, et la revue *Les Lettres* qu'il dirigeait avec Paul Reboux. C'est dans cette revue que Gregh publia les pastiches parus sous le nom de Sosie ; il a raconté dans ses souvenirs que l'expression « À la manière de ... » lui était venue en pensant au « À la manière de Paul Verlaine » de Paul Verlaine (Gregh, 1951 : 80). Il était aussi l'auteur des pastiches de Heredia et de Henry Bataille et avec son épouse, Harlette, de Delarue-Mardrus et de Noailles, rédigés en une nuit après avoir bu quelques bouteilles d'un « Pommard incomparable ». Gregh ne voulut pas signer les textes lorsqu'ils parurent en recueil en décembre de la même année parce qu'il avait des ambitions académiques ; Gregh lui-même a dit qu'il les sentait indignes de sa « dignité lyrique ». Toujours est-il que Proust ne devait pas ignorer grand-chose de la « cuisine » des *Lettres* et des pastiches qui y étaient concoctés.

Par ailleurs, Proust savait que son ami et correspondant Reynaldo Hahn, qui avait orné *Les Plaisirs et les Jours* de compositions de son cru, écrivait la musique du *Prométhée triomphant*, poème de Reboux, qui fut créé aux Concert Lamoureux les 1er et 8 mars 1908. Les vers inspirés de Corneille qu'il envoie

---

8   Il y sera repris en 1921 (cr dans *Comoedia*, 14 juin 1921).

à Hahn le 16 novembre 1906 expriment, sur le mode allusif, une rivalité qui n'est pas très éloignée de la jalousie amoureuse. Il regrette de n'être pas l'auteur du livret :

> Mais non, Reboux l'emporte et la faveur du Buncht
> L'intronise en un rang qui n'était dû qu'à Guncht
> PROUST, 1956 : 108[9]

Buncht était le nom familier que Proust donne souvent au musicien, tandis qu'il se désigne parfois lui-même sous celui de Guncht. Comble de provocation, un des pastiches de Reboux paraît dans *Le Figaro* le 26 janvier 1908 (« Discours sur la société future » de Jaurès). Même la presse ne peut éviter de comparer les deux pasticheurs. Dans *Le Gaulois*, le 30 mars 1908, un autre ami de Proust, Lucien Chantal (pseudonyme de Lucien Daudet), note que « les pastiches se portent beaucoup cette année » et il met en parallèle le « petit livre [qui] a fait fureur » de Reboux et la « démoniaque et spirituelle férocité » de Proust. Deux auteurs au moins sont communs aux pasticheurs : Anna de Noailles et Maurice Maeterlinck, Proust compte écrire sur un troisième, Paul Adam, et dans la seconde édition des *A la manière de* ..., en 1910, Reboux et Müller imitent Henri de Régnier et les Goncourt, deux auteurs traités dans *L'Affaire Lemoine*. On comprend mieux dès lors que Proust a songé dès 1908 à réunir ses pastiches en un volume (Gregh, 1958). On comprend aussi qu'il refuse de prendre directement contact avec Reboux, même pour obliger un ami, car, dit-il, « je suis avec Reboux en rivalité de pastiches » (Lettre à Max Daireau, juillet 1910, Proust, 1970-1993, X : 126[10]). C'est – revanche délicate – chez Grasset

---

9   Ils collaboreront aussi à la réalisation d'un livre de : *La Création du monde revue et corrigée selon l'esprit du siècle* par René Peter. Exégèse de Paul Reboux et Charles Müller. Préface en musique de Reynaldo Hahn, Devambez 1912. Il est aussi possible que des querelles propres au milieu homosexuel aient joué un rôle. Je ne sache pas qu'on ait étudié Reboux de ce point de vue ; il est néanmoins l'auteur de *Sens Interdits : Sodome – Gomorrhe*, Éditions Raoul Solar, Monaco, 1951, un ouvrage léger et ironique mais qui plaide en faveur de la liberté sexuelle.

10 On pourrait sans doute encore approfondir le lien entre Proust et Reboux. Ainsi on ne peut manquer d'être surpris par le peu de place que prennent les chapeaux dans la description des costumes féminins. Proust n'hésite pas à citer un couturier (Fortuny), il s'abstient sur les modistes. Or Caroline Reboux, un des trois principales modistes de son temps, a une clientèle que le romancier ne peut ignorer. Ainsi la Princesse Marthe Bibesco rédige-t-elle en 1939 un petit texte de promotion de ses chapeaux (*La mode et la tradition*, Paris, Caroline Reboux, [1939]). Détail, certes hypothétique, mais peut-être significatif.

qu'il fera paraître en 1913 le premier volume de la *Recherche*, l'année même où paraît la seconde série d'*À la manière de* ...

À travers un même éthos de pasticheurs, Proust et Reboux occupent néanmoins des positions différentes dans le champ littéraire. Le premier, comme Fernand Gregh, est dreyfusard, le second est violemment hostile au Capitaine. Mais c'est surtout dans leur activité même d'écrivains que s'accusent les différences. Les réponses qu'ils donnent à la « crise du symbolisme » divergent, même si, dans les années 1908-1910 ils semblent également hésiter sur des choix de formes et de genres. Du point de vue de certains contemporains, ils semblent tous les deux pratiquer des pastiches peu parodiques, qui témoignent de leur bon goût et de leur culture. Ainsi Marcel Ballot les classe-t-il dans le même groupe dans un article du *Figaro* du 27 juin 1910 (Proust, 1970-1993 : 122).

3 Beaux pastiches et vulgaires parodies

Le lecteur des pastiches de Proust et de Reboux, dans les années 1906-1908, peut en effet rapprocher ces auteurs. Ils ont en commun d'identifier avec précision une série de stylèmes et de produire des textes courts, efficaces, et souvent drôles pour qui connaît quelque peu les cibles.

Toutefois l'argumentaire des pasticheurs évolue au fil de leur carrière littéraire et de leurs choix futurs. Sans jamais renier son goût pour l'imitation, même un peu potache, Proust passe à un rythme supérieur en rédigeant *La Recherche* tandis que Müller meurt au Front et que Reboux s'engage dans l'infanterie malgré son statut de soutien de famille. En 1915, il sera versé comme adjudant dans l'administration, et démobilisé seulement en mars 1919, en mauvaise santé (on lui reconnaît une instabilité cardiaque)[11]. Tout l'oppose désormais à Proust, autant le succès rencontré par ses pastiches pendant la guerre, la mentalité de l'ancien combattant, et sans doute aussi le destin forcé d'une carrière désormais bornée au statut d'auteur léger et mondain.

Le discours tenu par les deux hommes sur le statut du pastiche diffère en conséquence, ainsi que celui de la postérité.

Reboux et Müller mettent l'accent sur l'autonomie de leur texte à l'égard du modèle initial. La charge comique y est recherchée, et elle permet à un lecteur relativement peu au fait des subtilités stylistiques d'apprécier les jeux de mots

---

11   Le dossier militaire de Reboux est à présent en ligne dans la base des archives de Paris (Amillet, Paul Henri, Matricule 3572).

ou l'esprit gaulois des auteurs. Aucune recherche d'identification n'est d'ailleurs exigée puisque l'on renseigne le lecteur sur le nom, voire sur l'œuvre pastichée. Il faut par ailleurs considérer la signification des notes scolaires ou érudites qui accompagnent le Racine ou le Mallarmé, l'enquête « Que pensez-vous de l'automobile ? » ou la présence d'un discours politique (Jaurès) : il s'agit chaque fois d'éléments a priori non littéraires, qui renvoient au cadre institutionnel de la littérature – l'école, les enquêtes chères aux revues, voire le café du Commerce – et s'adressent donc à un public plus large que le premier cercle des pairs. Ainsi constitués, les À la manière de ... réalisent un nouvel objet littéraire : une série de pastiches réunis en livres, dotés d'une certaine autonomie humoristique et adressés à un lectorat étendu.

La plupart des pastiches de Reboux et Müller obéissent au principe de composition que les auteurs ont eux-mêmes expliqué. Il faut que l'écrivain choisi soit connu du grand public ; qu'il soit imitable, donc que son écriture montre des « caractéristiques franches, des tics, des spécialités » et que ces tics soient connus du public. Les pasticheurs prennent ensuite un « texte bouffon ou jugé tel de l'écrivain » qu'ils vont imiter, ils lisent ses autres ouvrages en répertoriant les fautes, les erreurs, les obsessions de l'auteur, et ils développent le thème principal en semant « çà et là le poivre rouge de mots grossiers » dans un esprit de bonne humeur divertissante. « Substance, condiment et manipulation, voilà la recette » (Masson, 1949 : 14). Cette cuisine est, on le voit, tout entière orientée par la réception immédiate. Le choix des auteurs cibles et le registre de la caricature sont moins hasardeux qu'on peut le penser. Politiquement et littérairement, Reboux se situe sur la rive droite et il est fier de l'être. Il y a chez lui une méfiance à l'égard de la littérature moderne. Les pastiches illustrent les positions critiques de Vient de paraître : dénonciation de « l'accès de délire » de Stéphane Mallarmé, de « l'allure ataxique » introduite par les Goncourt, refus de ceux qui « ont le souci de renouveler le style et la langue ». S'il admire Fernand Gregh ou Paul Bilhaud, et, curieusement, Raymond Roussel dont il est un des premiers critiques (mais sa mère est voisine, et sans doute fournisseuse, de la mère de Roussel), il condamne les « balbutiements », les « rêvasseries inintelligibles » de Verlaine. Des pastiches de Proust, il dira qu'ils sont intelligents mais ratés car trop longs et pas assez autonomes. Il n'apprécie d'ailleurs pas l'écrivain Proust ; il juge ses livres « sédatifs » : « Ce fut une des plus précieuses intelligences de l'époque. il la symbolise. Il s'est démodé avec elle. » (Reboux, 1956 : 88)

Reboux proclame son goût de la simplicité, de la clarté, la soumission volontaire aux jugements du public, bref, le parti pris du « bon sens » contre toute forme d'avant-gardisme. Ses préférences stylistiques sont claires et il les exprimera en commentant un recueil de Georges-Armand Masson :

> Le pastiche est une forme de la critique littéraire, et non la moins efficace [...] Il nous fait comprendre, en se moquant des prétentieux et des voyous, qu'on n'écrit pas seulement pour soi, par jeu, pour exprimer les émotions qu'on a eues. On doit écrire pour se faire comprendre, pour communiquer aux autres ce que l'on a ressenti. [...] Puissiez-vous contribuer à ramener dans les lettres françaises un peu de cette grâce, de ce charme, de cette ampleur harmonieuse qui ont fait rayonner à travers le monde la gloire et le génie d'un pays où sont nés *Candide, Manon Lescaut, Adolphe, Dominique, Madame Bovary.*
>
> MASSON, 1949

Écrites au lendemain de la Seconde Guerre mondiale, au moment où « nous avons mis en prison les plus brillants de nos écrivains » (il s'agit de Brasillach et consorts), ces lignes révèlent la dimension normative du pastiche. Elles sont l'aveu d'un « bon sens » traditionnel, à l'aune duquel toutes les audaces littéraires devraient être jugées. Ultime retour de la lutte de la formation rhétorique contre l'évolution de l'enseignement littéraire, l'art poétique le plus classique (« ce qui se conçoit bien s'énonce clairement ») guide les traits de l'ironiste.

Les justifications de Proust sont plus diverses. Dans les nombreuses lettres qu'il envoie à ses amis, Proust s'est souvent expliqué sur son goût du pastiche. Il donne généralement deux raisons d'en écrire. Il y voit d'abord une manière privilégiée de connaître le style d'un écrivain. L'imitation met en lumière les défauts et les qualités d'une langue, et chaque écrivain doit « faire sa langue comme chaque violoniste est obligé de faire son *son* » écrit-il en janvier 1908 à Madame Straus (Milly : 18). Il est, à cet égard, parfaitement en accord avec Albalat et la tradition rhétorique : le pastiche assouplit le style et permet à un écrivain de devenir soi-même « au lieu de faire sournoisement du Michelet ou du Goncourt en signant (ici les noms de tels ou tels de nos contemporains les plus aimables), d'en faire ouvertement sous forme de pastiches, pour redescendre à ne plus être que Marcel Proust quand j'écris mes romans » (Lettre de 1919 à Fernandez, cité par Milly : 37). Il ajoute un second argument. Le pastiche peut aussi déboucher sur une critique constructive. Proust explique à Ramon Fernandez que ses pastiches auraient dû paraître « avec des études critiques parallèles sur les mêmes écrivains, les études annonçant d'une façon analytique ce que les pastiches figuraient instinctivement (et vice-versa), sans donner la priorité ni à l'intelligence qui explique, ni à l'instinct qui reproduit » (*Le Divan*, octobre-décembre 1948, p. 433, cité par Milly : 20). C'est alors renouer avec la tradition bien établie des « pastiches critiques ». On peut effectivement considérer, comme le fait Milly, que Proust a dispersé cette ambition critique dans le *Contre Sainte-Beuve*, dans les *Nouveaux Mélanges*, voire dans la *Recherche*. Mais il est de fait que l'on n'a pas conservé les écrits critiques parallèles aux pastiches et datant de la même époque, ce qui rend peu crédible le dispositif décrit par Proust *a posteriori*.

Le discours de Proust ne fait pas référence au comique, encore moins à la parodie, alors que toute son œuvre témoigne d'un sens de l'humour et de la caricature jamais pris en défaut. Mais l'originalité principale de sa position tient au fait que le pastiche est reversé dans l'œuvre de fiction, dont elle devient un des principes de la composition. On sait en effet que l'écrivain se lance dans le projet de *La recherche* « vers 1906 » comme il l'écrit à Rosny aîné, à la suite d'une phase d'incertitudes dont il est sorti « avant la fin de 1907 » (Lettre à Rosny Aîné, *CDP*, XVIII, p. 546, citée par Duchêne, 1994 : 573-574). Son « Carnet 1908 » mêle ainsi pastiches, critiques et construction de ce qui sera le vecteur principal de l'œuvre nouvelle : le narrateur actif, témoin et modulateur des voix de l'auteur et du corps social. De nombreux travaux ont mis en lumière la façon dont le narrateur s'approprie les discours sociaux et littéraires et en restitue les traits les plus caractéristiques. Il n'est pas faux d'affirmer que la *Recherche* est un gigantesque pastiche du discours social fin de siècle. Son phrasé imite des styles de vie, des manières d'être à la fois mondaines et artistiques (Carette, 1943 : 81). Ce n'est sans doute pas un hasard si les principaux auteurs pastichés par Proust – Saint-Simon, Balzac, Flaubert ou Zola – ont été eux aussi de grands observateurs du social.

Proust ira même jusqu'à l'autopastiche. Rappelons le passage célèbre de la recherche où Albertine utilise les mots caractéristiques du narrateur, « des images si écrites et qui me semblaient réservées pour un autre usage plus sacré et que j'ignorais encore », ce qu'il commente avec ironie en insistant sur le fait que cette captation stylistique du créateur par sa créature est un gage d'amour : « sans moi, elle ne parlerait pas ainsi, elle a subi profondément mon influence, elle ne peut donc pas ne pas m'aimer, elle est mon œuvre » (Proust, 1954, t. III : 129). Cette phrase indique une troisième compréhension du pastiche par Proust. Outre la critique et la découverte de son style personnel, le mimétisme crée un lien inaliénable entre le sujet et l'objet. Or la relation d'Albertine avec le narrateur dans cet extrait est identique à la relation de l'auteur-Proust avec les auteurs et les discours sociaux qu'il imite. Pasticher, c'est incorporer les mots de l'autre ; pasticher les écrivains, c'est donc incorporer la littérature. Le pastiche proustien dans *La recherche* désigne ainsi cette position typique du champ littéraire prétendant à l'autonomisation : le monde entier aboutit à l'œuvre et celle-ci devient le siège et le médiateur des passions, puisque c'est d'amour et de langage dont parle le narrateur.

Le champ littéraire a sanctionné très précisément les positions divergentes des deux pasticheurs. Là où Reboux place les écrivains sous le jet des lazzis mondains, Proust au contraire en fait le matériau dans lequel sa grande œuvre vient se mirer. Reboux en conséquence a été voué sinon à l'oubli, du moins au rang subalterne de l'amuseur public tandis que Proust était accueilli au Panthéon des Lettres. Gérard Genette a transféré cette hiérarchie sur le plan de la théorie. Pour lui, les pastiches de Reboux et Müller sont des charges, tandis que ceux de Proust caractériseraient le « pastiche ludique ». La distinction, à mon sens, est indémontrable, mais elle indique combien le monde littéraire continue à privilégier la « bonne raillerie » à usage ésotérique au détriment du comique accessible à chacun.

Bibliographie

À la mémoire de Charles Müller. Extrait de « Notre Vieux Lycée ». Rouen, impr. Wolf, s.d.

Paul Aron, « Sur les pastiches de Proust ». Revue électronique *COnTEXTES,* « Discours en contexte » (dir. Jérôme Meizoz, Jean-Michel Adam et Panayota Badinou), 2 octobre (http://www.revues-contextes.net/document.php?id=59), 2006.

Paul Aron, « Les pastiches littéraires dans *A la recherche du temps perdu* », *Revue d'histoire littéraire de la France*, I, 2012, p. 47-57.

Paul Aron, « Le parcours scolaire des pasticheurs. L'exemple du lycée Condorcet au tournant des XIXe et XXe siècles », *L'écrivain et son école (XIXe-XXe siècles) Je t'aime moi non plus*, ss. la dir. de Martine Jey, Pauline Bruley, Emmanuelle Kaës, Paris, Éditions Herman, Collection Cultures Numériques, 2017, p. 17-34.

Tristan Bernard et Pierre Veber, *Vous m'en direz tant !*, Paris, Fasquelle. 1894.

Tristan Bernard et Pierre Veber, « Essais de critique expérimentale ». *La Revue blanche*, 38, décembre, 1894 b, p. 526-530.

Louis Carrette, *Naissance de Minerve*, Bruxelles, Éditions du Houblon, 1943.

Paul Desjardins, « Maxime Gaucher – Souvenirs », *La Revue bleue*, 10 novembre, 1888, p. 582.

Roger Duchêne, *L'impossible Marcel Proust*, Paris, Laffont, 1994.

Valérie Dupuy, *Proust et Anatole France*, Paris, Champion, 2018.

André Ferré, *Les Années de collège de Marcel Proust*, Gallimard, 1954.

Anatole France, *Œuvres complètes*, t. XVII, Paris, Calmann-Levy, 1928.

Marcel Gaucher, *Causeries littéraires, 1872-1888*, Paris, Armand Colin, 1890.

Fernand Gregh, *L'Âge d'airain, Souvenirs 1905-1925*, Paris, Grasset, 1951.

Fernand Gregh, *Mon amitié avec Marcel Proust*, Paris, Grasset, 1958.

Georges-Armand Masson, *A la façon de Jean Anouilh, Louis Aragon, Marcel Aymé, Germaine Beaumont, Francis Carco, Louis-Ferdinand Céline ...*, Préface de P. Reboux, Paris, P. Ducray, 1949.

Olivier Merlin, *Tristan Bernard ou le temps de vivre*, Paris, Calmann-Lévy, 1989.

Marcel Proust, *A la recherche du temps perdu*, Paris, Gallimard, coll. de la Pléiade, 1954.

Marcel Proust, *Lettres à Reynaldo Hahn*, Paris, Gallimard, 1956.

Marcel Proust, *Correspondance Générale*, éd. Kolb, Paris, Plon, 1970-1993.

Paul Reboux, *Mes mémoires*, Paris, Haussmann, 1956.

Jules Renard, *Journal*, Paris, Gallimard, coll. de la Pléiade, 1965.

Pierre Veber, *Ubu-Directeur*. Présentation de Bernard Le Doze. Rennes, Le Brise-Lunette, 1986.

Pyra Wise, « Une source négligée de la boutade de Gautier sur Racine », *Bulletin d'informations proustiennes*, n° 32, Éditions Rue d'Ulm, 2001-2002, p. 9-21.

Retrouver le rire d'Albertine

Karen Haddad

Résumé

Le rire est-il lié à la séduction dans la *Recherche* ? Si ce n'est pas le cas pour la plupart des personnages, Albertine fait exception à la règle. Mais l'interprétation du narrateur, qui voit dans le rire de la jeune fille le signe même de la sensualité, voire du lesbianisme, n'est-elle pas restreinte ou trompeuse ? le narrateur n'est-il pas coupable d'avoir tué le rire d'Albertine ?

1 L'art de faire rigoler

Dans *La Règle du jeu*, de Jean Renoir, Marceau, le truculent braconnier qui partage ses déboires amoureux avec son maître, le Marquis de la Chesnay, lui livre sa recette du succès auprès des femmes :

> Moi, Monsieur l'Marquis, les femmes, que ce soit pour les avoir ou pour les quitter, ou pour les garder, j'essaye d'abord de les faire rigoler. Quand une femme rigole, elle est désarmée, vous en faites c'que vous voulez. Mais vous, Monsieur l'Marquis, pourquoi vous essaieriez pas d'en faire autant ?

A quoi le raffiné Marquis répond : « Mon pauvre Marceau, parce qu'il faut être doué … » (Renoir, 1939).

Il est entendu depuis longtemps que dans la *Recherche*, on trouve matière à « rigoler »[1]. Mais le rire y est-il moyen de séduction, voire de séparation ou de réconciliation, y est-on « doué » pour faire rire en matière amoureuse ? Si la première occurrence du mot « rire » dans la *Recherche* concerne Swann, et sa façon très particulière de raconter des histoires, c'est aussi Swann, on ne s'en étonnera pas, qui semble illustrer, toutes proportions gardées, la tradition bien française incarnée à sa façon par Marceau, lorsqu'il utilise des « formes mi-artistes mi-galantes » pour s'adresser à la future duchesse de Guermantes,

---

[1] La première occurrence de ce terme dans la *Recherche* s'applique au curé de Combray qui, selon Eulalie, « a toujours le mot pour rigoler » (R² I, 104). Voir, sur ce sujet, Patrick Brunel, 2000, et le présent colloque.

ou échange avec elle des « plaisanteries d'un goût charmant » (R² I, 334-335). A vrai dire, les plaisanteries en question, on s'en souvient, sont des calembours sur le nom de Cambremer qui valent bien ceux de Cottard, et Swann, bien sûr, ne cherche nullement à séduire la princesse, ni même à *rire* avec elle – bien au contraire, c'est parce qu'elle n'est « pas gaie » qu'il espère oublier avec elle la douleur liée à Odette (R² I, 336) – Odette qu'il n'a pas non plus séduite en la faisant rire, loin de là. L'expression « plaisanterie d'un goût charmant » n'est d'ailleurs, dans la *Recherche*, rien moins que joyeuse : la deuxième fois qu'elle apparaît, c'est, toujours entre Swann et la duchesse, et comme en écho, celle que ferait Swann s'il n'était pas sérieux au sujet de sa propre mort – dans l'épisode des souliers rouges à la fin du *Côté de Guermantes* (R² II, 883). Quant à l'esprit des Guermantes, à l'origine de certaines des pages les plus drôles de la *Recherche*, il ne semble décidément pas la clé des succès amoureux ; le narrateur, si sensible à cet esprit, ne l'est pas tant qu'il est réduit à l'état de soupirant malheureux de la duchesse ; les traits d'esprit de celle-ci sur Rachel et son interprétation des *Sept Princesses*, par exemple, qu'elle trouve « à mourir de rire », « à se tordre de rire », rendent ainsi le narrateur furieux :

> « Quelle buse ! » pensais-je, irrité de l'accueil glacial qu'elle m'avait fait. Je trouvais une sorte d'âpre satisfaction à constater sa complète incompréhension de Maeterlinck. « C'est pour une pareille femme que tous les matins je fais tant de kilomètres, vraiment j'ai de la bonté ! Maintenant c'est moi qui ne voudrais pas d'elle. »
> R² II, 526

2 La jeune fille qui rit

On est peut-être plus doué pour rigoler du côté de Balbec. Le rire d'Albertine, bien plus que pour d'autres personnages, tient un peu en effet de la qualification homérique ou encore de ce que Jean Rousset appelait les « emblèmes » des personnages chez Proust (Rousset, 1963), tant il est vrai qu'il accompagne, au début du cycle tout au moins, presque toutes ses apparitions. Albertine est la jeune fille qui rit. Dès la première rencontre avec la petite bande, celle qui sera plus tard identifiée comme étant Albertine se distingue par « une paire d'yeux durs, butés et rieurs » (R² II, 148), c'est la « fille aux yeux brillants, rieurs, aux grosses joues mates », aux « regards obliques et rieurs » (R² II, 151), celle qui, dès la première rencontre, semble se rire du narrateur lorsqu'elle remarque l'attention qu'il lui porte :

> J'avais tant regardé cette cycliste aux yeux brillants qu'elle parut s'en apercevoir et dit à la plus grande un mot que je n'entendis pas mais qui fit rire celle-ci.
>
> R² II, 153

Mais le rire, à ce moment-là, est aussi celui de toutes les jeunes filles de la petite bande – caractérisée par « l'hilarité », les « fous rires », les jeux enfantins comme « Qui rira le premier ». Leur petite enfance, la période en tout cas datant d'avant leur rencontre avec le narrateur, semble même réduite aux manifestations d'un rire collectif :

> Alors, ces enfants trop jeunes étaient encore à ce degré élémentaire de formation où la personnalité n'a pas encore mis son sceau sur chaque visage. Comme ces organismes primitifs où l'individu n'existe guère par lui-même, est plutôt constitué par le polypier que par chacun des polypes qui le composent, elles restaient pressées les unes contre les autres. Parfois l'une faisait tomber sa voisine, et alors un fou rire, qui semblait la seule manifestation de leur vie personnelle, les agitait toutes à la fois, effaçant, confondant ces visages indécis et grimaçants dans la gelée d'une seule grappe scintillatrice et tremblante.
>
> R² II, 180

Si les jeunes filles ont changé de façon de rire, c'est qu'elles n'ont plus ce rire « intermittent et presque automatique de l'enfance, détente spasmodique qui autrefois faisait à tous moments faire un plongeon à ces têtes comme les blocs de vairons dans la Vivonne se dispersaient et disparaissaient pour se reformer un instant d'après » (R² II, 181). Mais la première perception indistincte du narrateur lui a fait confondre, comme « l'hilarité ancienne », les « sporades aujourd'hui individualisées ». Le rire d'Albertine se confond d'abord avec celui, collectif, contagieux et primitif de celles qui furent, il y a si peu de temps, « de petites filles assises en cercle sur le sable » (R² II, 180), et qui le sont encore par leurs jeux, comme par leur niveau scolaire.

Pour autant, on le sait bien, lorsque s'individualise justement le rire d'Albertine, ce qui le fait remarquer au milieu de la petite bande indistincte, c'est autre chose. Il est même frappant que ce soit au milieu du jeu si enfantin du « furet » que la première comparaison à caractère sexuel du rire de la jeune fille fasse son apparition, un rire qui est en fait une pression de mains, elle-même suggestive d'un contact intime explicitement évoqué par le narrateur :

> Cette pression semblait vous faire pénétrer dans la jeune fille, dans la profondeur de ses sens, comme la sonorité de son rire, indécent à la façon d'un roucoulement ou de certains cris.
>
> R² II, 272

Pourtant le rire n'est pas uniquement, dans la scène du furet, terme de comparaison, il est constamment présent, et surtout l'occasion de voir, pour la première fois, le narrateur partageant ces jeux ... ou plutôt faire rire de lui. Tandis qu'Albertine est entièrement occupée par « la joie du jeu », le narrateur, on s'en souvient, ne pense qu'au moyen de se rapprocher d'elle, et ne réussit finalement qu'à se faire exclure comme quelqu'un avec qui on ne peut décidément pas rigoler :

> Je me laissai exprès prendre la bague et une fois au milieu, quand elle passa je fis semblant de ne pas m'en apercevoir et la suivis des yeux attendant le moment où elle arriverait dans les mains du voisin d'Albertine, laquelle riant de toutes ses forces, et dans l'animation et la joie du jeu, était toute rose. [...] Étourdi de chagrin, je lâchai la ficelle, le furet aperçut la bague, se jeta sur elle, je dus me remettre au milieu, désespéré, regardant la ronde effrénée qui continuait autour de moi, interpellé par les moqueries de toutes les joueuses, obligé, pour y répondre, de rire quand j'en avais si peu envie, tandis qu'Albertine ne cessait de dire : « On ne joue pas quand on ne veut pas faire attention et pour faire perdre les autres. On ne l'invitera plus les jours où on jouera, Andrée, ou bien moi je ne viendrai pas. »
>
> R² II, 274

Ce rire forcé du narrateur est d'autant plus frappant qu'il est très rare dans la *Recherche* de manière générale. Le narrateur se souvient, à propos de sa petite enfance, de la peur du fou rire et des saignements de nez qui lui interdisaient d'aller dans les matinées (R² II, 663). Mais on ne le *voit* presque jamais rire, sinon de ce rire artificiel dont on n'a que quelques autres occurrences, lors d'occasions mondaines en particulier. Chose assez logique : les grands humoristes sont ceux qui savent garder leur sérieux en racontant leurs histoires, et « les gens qui rient si fort de ce qu'ils disent, et qui n'est pas drôle, nous dispensent par-là, en prenant à leur charge l'hilarité, d'y participer. » (R² III, 100) Le narrateur, échappant à ce travers, ne se met donc pas en scène en train de rire de ses propres plaisanteries et traits d'esprit[2], et on ne le voit pas

---

2 Dont les effets sont évoqués, quant à eux, de manière incontestable, voir par exemple les rires qui accueillent l'anecdote du narrateur sur Mme Blandais à Doncières, et que Saint-Loup

davantage, pour reprendre les mots de Marceau, « faire rigoler » Albertine pour la séduire, et encore moins, pour la quitter ou la garder. Ils échangent cependant, eux aussi, parfois des « plaisanteries d'un goût charmant », partagent des moments de connivence non exclusivement sexuelle, comme les moments où ils se moquent ensemble, de la naïveté de la dissertation sur Sophocle et Racine (R² II, 648) ou de Françoise (R2 II, 656) ou de la princesse Sherbatoff (R² III, 100). Moments fragiles et rares, dans *Le Côté de Guermantes*, ou le second séjour à Balbec dans *Sodome et Gomorrhe*, avant les drames à venir donc.

3   Une fête inconnue ?

Car le rire d'Albertine, s'il est d'emblée interprété comme « indécent », troublant et cruel par le narrateur, devient brusquement, dramatiquement même, le symptôme même du plaisir pris sans lui, ou plus exactement, d'une nature que celui-ci ne peut se représenter parce que lesbien. Lors de l'épisode célèbre de la « danse contre seins » des jeunes filles au Casino de Balbec – où Cottard, une fois n'est pas coutume, prend les choses très au sérieux – le rire d'Albertine, qui sonne aux oreilles du narrateur « les premiers ou derniers accords d'une fête inconnue », a pourtant pour particularité de n'être pas très nouveau, de reproduire en l'inversant la première scène, la jeune fille, ici Andrée, se penchant vers Albertine pour la faire rire :

> Je ne sais si elles entendirent ou devinèrent la réflexion de Cottard, mais elles se détachèrent légèrement l'une de l'autre tout en continuant à valser. Andrée dit à ce moment un mot à Albertine et celle-ci rit du même rire pénétrant et profond que j'avais entendu tout à l'heure. Mais le trouble qu'il m'apporta cette fois ne me fut plus que cruel ; Albertine avait l'air d'y montrer, de faire constater à Andrée quelque frémissement voluptueux et secret.
>
> R³ III, 191

Des innombrables commentaires auxquels la scène a donné lieu, Antoine Compagnon a fixé en quelque sorte la formule, dans l'article qu'il consacre à « La danse contre seins », exploitant les connotations sexuelles, associées à la danse dans la littérature médicale de l'époque. Le rire de la jeune fille devient ainsi pour Compagnon :

---

lui a demandé de raconter pour que ses amis aient une haute idée de son esprit comique (R² II, 403).

> [...] le signe même de la jouissance féminine qui fascine ou épouvante le héros de la *Recherche*.
>
> Compagnon

L'image des « roses carnations », des « parois parfumées » de la bouche d'Albertine, évoque ainsi, avant même celui de Gomorrhe, « le spectre de la masturbation ». Antoine Compagnon n'est pas le seul à être allé dans cette direction, et comme le souligne à juste titre Cristian Micu, après un résumé éloquent des travaux nombreux consacrés à l'oralité chez Albertine :

> [...] mobilisé par l'accumulation de miroitements dévoilant la sexualité dévorante d'Albertine, l'acte interprétatif devient lui-même une irrépressible entreprise de dévoration dont l'objet est constitué par l'héroïne elle-même en tant que sujet sexuel, de sorte que tant que dure le texte et le lectorat vit, on ne cesse de vouloir dévorer Albertine.
>
> MICU, 2016, 65

L'épisode des glaces, dans le long passage sur les cris de Paris qui ouvre *La Prisonnière*, et qui, lui aussi, a suscité une profusion d'actes interprétatifs du même ordre, avec des variantes individuelles assez opposées (tantôt comme expression même du désir féminin, tantôt au contraire comme celle du fantasme homosexuel masculin par excellence..), fait entendre à nouveau le rire voluptueux d'Albertine. Alors même qu'Albertine est censée, installée chez le narrateur, dissimuler ses désirs, elle rit encore de ce « rire qui [lui] était si cruel parce qu'il était si voluptueux », d'abord dans le plaisir de la « comparaison », puis à nouveau :

> [...] soit de satisfaction de si bien parler, soit par moquerie d'elle-même de s'exprimer par images si suivies, soit, hélas ! par volupté physique de sentir en elle quelque chose de si bon, de si frais, qui lui causait l'équivalent d'une jouissance.
>
> R^2 III, 637

On retiendra l'hésitation du narrateur sur l'interprétation de ce rire, qui est aussi, en l'occurrence, un sourire de Proust, puisque le morceau est un auto-pastiche, la volupté n'étant qu'une des explications *possibles*. Mais enfin il est vrai que le narrateur lui-même a fixé le cadre de cet « acte interprétatif », ou de cette hypothèse, depuis la scène hallucinatoire de la fin de *Sodome et Gomorrhe* où Albertine prend littéralement la place de l'amie de Melle Vinteuil dans la scène de Montjouvain (scène originelle dans laquelle les jeunes filles ne rient pas, mais poussent de petits cris et piaillements); ce que revoit le narrateur à la place de sa chambre du Grand Hôtel, c'est :

> [...] la chambre de Montjouvain où Albertine, rose, pelotonnée comme une grosse chatte, le nez mutin, avait pris la place de l'amie de Melle Vinteuil et disait avec des éclats de son rire voluptueux : « Hé bien ! si on nous voit, ce n'en sera que meilleur. »
>
> R² III, 514

4   Le rire de la petite fille

Le rire d'Albertine constitue indéniablement un défi interprétatif, mais, on le voit, toujours dans la même direction. Il existe cependant un autre rire d'Albertine dont il est beaucoup moins question, le rire enfantin lui aussi, mais lié au sommeil et qui fait du narrateur, non plus l'amant excité et jaloux, mais la mère attendrie devant son enfant :

> Ce sommeil si calme me ravissait comme ravit une mère, qui lui en fait qualité, le bon sommeil de son enfant. [...] Comme une mère encore, je m'émerveillais qu'elle s'éveillât toujours de si bonne humeur. [...] Dès qu'elle avait entrouvert les yeux en souriant, elle m'avait tendu sa bouche, et avant qu'elle eût encore rien dit, j'en avais goûté la fraîcheur, apaisante comme celle d'un jardin encore silencieux avant le lever du jour.
>
> R² III, 622

Plus frappante encore, cette notation qui intervient assez tard dans *La Prisonnière*, peu avant la séparation, mais qui réfère à toute leur vie commune :

> Ce qui est impossible à dire, c'est à quel point ses réveils étaient gais. Je l'embrassais, je la secouais. Aussitôt, elle s'arrêtait de dormir, mais sans même l'intervalle d'un instant éclatait de rire, me disait en nouant ses bras à mon cou : « J'étais justement en train de me demander si tu ne viendrais pas », et elle riait tendrement de plus belle. On aurait dit que sa tête charmante, quand elle dormait, n'était pleine que de gaieté, de tendresse et de rire.
>
> R² III, 889

Il ne s'agit nullement de dire qu'il s'agirait là du « vrai » rire d'Albertine, à l'opposé du rire voluptueux, sexuel, lesbien, fantasme du narrateur comme de certain(e)s de ses lecteurs ou lectrices. Du reste, si Albertine a un sommeil d'enfant, elle se réveille en tendant sa bouche au narrateur. Enfance, dans la *Recherche*, ne signifie pas absence de sexualité, loin de là, comme le sait, bien avant Albertine, la petite Gilberte dans le donjon de Roussainville. Il paraît tout aussi simpliste, et un peu exagéré, par ailleurs, d'affirmer, comme le fait Patrick Brunel dans *Le Rire de Proust*, que

> Les relations d'Albertine et de Marcel sont [...] placées sous le signe du rire et de la bonne humeur. La jeune fille est dotée d'un heureux caractère, et tout chez elle incline à la gaieté.
>
> BRUNEL, 109

Rire et bonne humeur ne caractérisent pas non plus vraiment le cycle d'Albertine, le plus triste de la *Recherche*. Surtout, moins encore que les autres personnages de Proust, Albertine n'est « dotée » d'aucun « caractère » fixe et c'est pourquoi il est impossible de s'arrêter à une facette de rire. Ce n'est pas parce qu'elle a un « heureux caractère », de façon immuable, qu'Albertine est rieuse. Il y a plusieurs rires, comme il y a plusieurs Albertine. A côté du rire cruel, voluptueux, et excluant l'amant malheureux, on trouve ce rire associé à l'enfance, et à la tendresse, Albertine devient l'enfant du narrateur. On le sait bien, le baiser du soir de Combray est remplacé par celui qu'Albertine donne au narrateur tous les soirs, glissant sa langue (à elle) dans sa bouche (à lui) « comme un aliment nourrissant et ayant le caractère presque sacré de toute chair à qui les souffrances que nous avons endurées à cause d'elle ont fini par conférer une douceur morale » (R^2 III, 520). Et si, dans la chambre du Grand Hôtel où le narrateur annonce son mariage à sa mère, il constate combien celle-ci ressemble à la grand-mère morte et n'est plus la « jeune et rieuse maman » (R^2 III, 513) de son enfance, Albertine qui a pris sa place dans l'appartement parisien, la prend peut-être aussi par son rire qui va désormais résonner dans la chambre de l'adulte.

5 Le rire qui se tait

Or, tous ces rires disparaissent d'un seul coup, et ne réapparaîtront plus jamais dans la *Recherche*. Avant même la fuite d'Albertine, c'est une métamorphose spectaculaire qui s'accomplit. Dès la nuit, dans *La Prisonnière* où la jeune fille cesse d'embrasser le narrateur, son visage est « triste et défait », de façon si voyante que cela ressemble à une pose :

> Je n'ai pas dit (parce qu'alors cela m'avait paru seulement du maniérisme et de la mauvaise humeur, ce qu'on appelait pour Françoise « faire la tête ») que du jour où elle avait cessé de m'embrasser, elle avait eu un air de porter le diable en terre, toute droite, figée, avec une voix triste dans les plus simples choses, lente en ses mouvements, *ne souriant plus jamais*[3].
>
> R² IV, 10

Mais, de fait, elle ne sourit plus jamais, pas plus qu'elle ne rit, plus jamais en la présence du narrateur en tout cas. Après le départ d'Albertine, on entendra encore, rapportées par les lettres et les enquêtes de Saint-Loup et d'Aimé, ses chants, ses paroles, et même l'expression de son plaisir passé et supposé (par exemple avec la petite blanchisseuse), mais plus jamais son rire. On peut alors relever cette notation mystérieuse du narrateur :

> Françoise m'a dit que le lendemain matin, quand elle lui dit qu'elle partait [...], elle était encore tellement triste, tellement plus droite, tellement plus figée que les jours précédents que Françoise crut quand elle lui dit : « Adieu, Françoise » qu'elle allait tomber. Quand on apprend ces choses-là, on comprend que la femme qui vous plaisait tellement moins maintenant que toutes celles qu'on rencontre si facilement dans les plus simples promenades, à qui on en voulait de les sacrifier pour elle, soit au contraire celle qu'on préférerait mille fois. Car la question ne se pose plus entre un certain plaisir – devenu par l'usage, et peut-être par la médiocrité de l'objet, presque nul – et d'autres plaisirs, ceux-là tentants, ravissants, mais entre ces plaisirs-là et quelque chose de bien plus fort qu'eux, la pitié pour la douleur.
>
> R² IV, 10

La pitié pour cette douleur, bizarrement attribuée à celle qui est pourtant partie de son plein gré, anticipe sur la culpabilité exprimée par le narrateur après la mort de la jeune fille :

> [...] j'aurais dû chercher à comprendre son caractère comme celui d'une personne quelconque et peut-être, m'expliquant alors pourquoi elle s'obstinait à me cacher son secret, j'aurais évité de prolonger entre nous ce conflit qui avait amené la mort d'Albertine. Et j'avais alors une grande pitié d'elle, la honte de lui survivre. [...] Dans ces moments-là,

---

[3] Souligné par moi.

> rapprochant la mort de ma grand-mère et celle d'Albertine, il me semblait que ma vie était souillée d'un double assassinat que seule la lâcheté du monde pouvait me pardonner.
>
> R² IV, 78

De son « crime », le narrateur lui-même donne bien des versions : coupable de la mort d'Albertine pour l'avoir empêchée de se livrer à ses goûts, de l'avoir privée de plaisir de façon générale, de l'avoir enfermée, d'avoir ruiné son mariage avec le neveu des Verdurin, d'avoir été, selon les mots d'Andrée, « fourbe, méchant, la détestant au fond » (R² IV, 180) ... On peut le dire encore d'une autre façon : l'*assassinat* est celui du rire d'Albertine. Le narrateur, avant même de provoquer la fuite de la jeune fille, a littéralement fait disparaître le rire d'Albertine, les a fait taire, tous ses rires, les enfantins comme les voluptueux, peut-être pour les avoir confondus. Le narrateur, en arrachant Albertine à Balbec, pensait « l'arracher à Gomorrhe », mais ne l'aurait-il pas aussi enlevée à cette enfance sur laquelle il s'est peut-être trompé, dès le début, en voyant dans les rires de la jeune fille un écho de la scène de Montjouvain ? Pauvre Albertine, en somme, obligée en quelque sorte de coller à la vision voluptueuse du narrateur, sans jamais pouvoir se disculper, et qui en est morte.

On se souvient qu'après le départ d'Albertine, le narrateur, errant en bas de chez elle, rencontre une petite fille qui lui apparaît comme un fantôme accusateur, suscitant un accès de culpabilité qui lui fait même oublier qu'Albertine était une jeune femme au moment de leur cohabitation :

> [...] si j'avais pensé que même une petite fille inconnue pût avoir, par l'arrivée d'un homme de la police, une idée honteuse de moi, combien j'aurais mieux aimé me tuer ! [...] En pensant que je n'avais pas vécu chastement avec [Albertine], je trouvai dans la punition qui m'était infligée pour avoir bercé une petite fille inconnue, cette relation qui existe presque toujours dans les châtiments humains et qui fait qu'il n'y a presque jamais ni condamnation juste, ni erreur judiciaire, mais une espèce d'harmonie entre l'idée fausse que se fait le juge d'un acte innocent et les faits coupables qu'il a ignorés.
>
> R² IV, 30

Sans doute n'est-il pas un pédophile comme le soupçonnait le chef de la police, mais peut-être a-t-il bien volé quelque chose à cette petite Albertine qui riait toujours, et qui a cessé de le faire. Finalement on comprend pourquoi le narrateur, conclut son dernier entretien avec Andrée en ce sens :

> A mon avis, elle avait été une victime, une victime peut-être pas tout à fait pure mais dans ce cas coupable pour d'autres raisons, à cause de vices dont on ne parlait point.
>
> R² IV, 195

Dans *Sodome et Gomorrhe*, c'était le désir du rire d'Albertine, du rire de toutes les jeunes filles qui, un « matin de grande chaleur prématurée », sauvait le narrateur du deuil, de l'abandon au chagrin après le souvenir de la mort de la grand-mère :

> Aussitôt j'avais désiré de réentendre le rire d'Albertine, de revoir ses amies, ces jeunes filles se détachant sur les flots, et restées dans mon souvenir le charme inséparable, la flore caractéristique de Balbec.
>
> R² III, 526

Albertine, qui porte sur sa dernière robe de Fortuny « les oiseaux accouplés, symboles de mort et de résurrection » (R² III, 900), a en somme rendu la vie au narrateur par son rire. Mais elle elle perd la sienne pour lui, une première fois pour s'être pliée à ses désirs et à sa vision, puis une deuxième, pour entrer dans son œuvre à lui. Et la « rédemption » qui lui est promise par le narrateur, on le sait, comme à ses autres victimes, est bien faible et peu durable :

> J'avais beau croire que la vérité suprême de la vie est dans l'art, [...] je me demandais si tout de même une œuvre d'art dont elles ne seraient pas conscientes serait pour elles, pour le destin de ces pauvres mortes, un accomplissement. [...] Tous ces êtres qui m'avaient révélé des vérités et qui n'étaient plus, m'apparaissaient comme ayant vécu une vie qui n'avait profité qu'à moi, et comme s'ils étaient morts pour moi.
>
> R² IV, 481

Nul accomplissement, nul salut par l'art, mais retrouver le rire d'Albertine, c'est peut-être alors simplement *le faire écouter* dans le roman, ce rire qui est son signe distinctif, enfantin, voluptueux, malicieux, dans toutes ses modalités possibles, sans en oublier aucune.

Bibliographie

Patrick Brunel, *Le Rire de Proust*, Paris, Paris, Champion, 2000.

Antoine Compagnon, « La danse contre seins », à consulter sur https://www.google.com/search ?client=firefox-bd&q=antoine+compagnone+la+danse+contre+seins page consultée le 10 mai 2019.

Cristian Micu, « Les goûts d'Albertine : de dévorantes correspondances », « Sensations proustiennes », *Marcel Proust aujourd'hui* n°13, Sjef Houppermans et *alii*, Brill, 2016, p. 65.

Jean Renoir, *La Règle du jeu*, film réalisé en 1939.

Jean Rousset, *Forme et signification*, Paris, Corti, 1963.

Brèves notes sur l'humour proustien

Franc Schuerewegen

Résumé

L'exercice consiste en une sorte d'extrapolation, à partir d'une boutade attribuée à Albertine (l'été à Balbec est une vaste blague), où le régime de la blague est considéré comme représentatif du régime d'écriture dans la *Recherche*. Suivent alors quelques considérations sur la différence entre ironie et humour, où l'on essaie de définir le régime très spécifique, non axiologique de l'humour proustien.

> La passion du rire est un mouvement subit de vanité produit par une conception soudaine de quelque avantage personnel, comparé à une faiblesse que nous remarquons actuellement dans les autres ou que nous avions auparavant.
> HOBBES, *De la nature humaine*, IX, 13

∴

Le passage est bien connu. Nous sommes dans la deuxième partie d'*A l'ombre des jeunes filles en fleurs*. La scène se passe à la mer. Il a plu ce jour-là et il fait presque froid. Albertine aborde le Narrateur sur la digue : « Quel temps ! me dit-elle, au fond l'été sans fin de Balbec est une vaste blague » (R^2, II, 231). Je reconnais là à la fois un échantillon d'un parler « pittoresque », comme il y en a beaucoup chez Proust, et un petit jeu autoréférentiel. C'est le petit jeu qui va m'intéresser. Je dirai, provisoirement, que, dans la mini-séquence que j'ai prélevée, le roman proustien *s'autodésigne*, autrement dit, il m'informe sur ce qu'il est, et sur ce qu'il fait. L'été sans fin de Balbec *est une vaste blague*. Proust, en somme, si je le comprends bien, m'invite à ne pas trop prendre au sérieux les choses qu'il écrit.

Il s'agit, il est vrai, dans la phrase attribuée à Albertine, du temps qu'il *fait*, non de celui qui s'écoule. Mais on passe assez bien de l'un à l'autre, si on fait l'hypothèse de l'autoréférentialité, justement. Le temps météorologique interfère avec le temps mnémonique. Quelque chose comme un glissement, ou une association d'idées est alors possible. On peut parler d'une métonymie. Un certain propos sur le « temps », selon Albertine, manque de sérieux. Qu'en est-il alors du *temps de la mémoire* qui est l'objet de la recherche dans *A la recherche du temps perdu*? Et si les deux temporalités étaient liées? Et si l'auteur que je suis en train de lire était à sa façon un *blagueur*?

On peut dire la même chose autrement. Patrick Brunel écrit dans *Le Rire de Proust*: « *A la recherche du temps perdu* est *aussi* un grand roman comique » (Brunel, 2000, p. 34, je souligne). J'aime le livre de Patrick Brunel et je suis d'accord avec à peu près tout ce qu'affirme cet auteur. Il n'empêche que, dans la phrase que j'ai citée, s'il m'est permis d'avoir un avis en la matière, l'adverbe *aussi* me semble apporter une précision inutile. Pourquoi *aussi*? Disons plutôt: *d'abord. A la recherche du temps perdu est d'abord un grand roman comique*. C'est ce qui fait la force de l'œuvre, c'est ce qui lui donne une spécificité. Proust en d'autres mots a écrit un roman génial *parce que* comique, et le roman est comique d'un bout à l'autre. Si j'écrivais un traité d'herméneutique, je dirais que nous tenons là, en fait, une sorte de « clef » pour son déchiffrement.

Le dictionnaire m'apprend que le mot « blague » vient du néerlandais *balg*, voulant dire « enveloppe ». De là est venue, en français, l'expression « blague à tabac ». La blague est *gonflée*, elle fait illusion. Le gonflement a ensuite donné lieu à une image. On arrive ainsi à la « blague » en notre sens du mot. Je rappelle la définition du *Petit Robert*: « *Blague*: histoire imaginée à laquelle on essaie de faire croire ». Synonymes possibles: *mensonge, plaisanterie, bobard, craque, galéjade*. Retenons la série qui suppose une double écoute et, aussi, la présence d'un interlocuteur lucide. Il importe, pour que le procédé fonctionne, que la blague soit *reconnue* comme telle. Ensuite, on rit. La poche d'air se vide, c'est le moment de la détente.

1 Où l'on est d'abord un peu perdu

Il est temps d'illustrer le propos par des exemples. Ils ne manquent pas, comme on va voir. Je commence par une question qui, quand j'y réfléchis, n'a jamais été très bien réglée, peut-être – c'est l'hypothèse que je risquerai – parce qu'un certain esprit de sérieux nous empêche de la poser de la bonne manière. L'œuvre proustienne, me dit-on, est l'histoire d'une « vocation ». *Marcel devient écrivain.* L'affirmation est manifestement inexacte, par conséquent, je proteste. Est-ce que je vois Marcel *devenir écrivain* dans le livre? Evidemment non! Notre littérateur en herbe écrit certes des « esquisses » qu'une note du

Temps retrouvé associe aux textes de l'époque des *Plaisirs et les jours*[1]. La chose est déjà assez troublante quand on essaie de reconstituer la logique derrière cette allusion. Marcel, qui n'est pas Proust, est l'auteur d'une série de textes que nos catalogues de bibliothèques attribuent à la personne de ... Marcel Proust. Tout cela manque de clarté, et c'est le moins qu'on puisse dire.

Mais il y a plus troublant encore. Si je raisonne en termes de réussite esthétique, *Les Plaisirs et les jours* n'ont évidemment pas grand-chose à voir avec la *Recherche*. On ne joue pas dans la même catégorie. Est à prendre en compte la différence qu'il faut nécessairement établir ici entre une œuvre de jeunesse et une œuvre de la maturité. Dois-je conclure que tout ceci est fait pour me compliquer la vie ? Pire encore : que je n'y comprends plus rien et que c'est le but de l'affaire ? Ne désespérons pas, faisons un effort supplémentaire pour élucider le mystère. Je veux bien admettre, même si cela ne va pas sans acrobaties dans le raisonnement, que *Les Plaisirs et les jours* doivent être attribués à *deux* auteurs, à un tandem, Marcel Proust et « Marcel ». Le même « Marcel » peut-il être l'auteur de la *Recherche* ? Ici on se heurte à un *non possumus* à vrai dire inébranlable. Je n'ai aucune garantie, quand je lis l'œuvre, que le livre que Marcel veut entreprendre soit un projet viable. Par ailleurs, je ne dispose d'aucun élément permettant de conclure qu'entre ce livre purement hypothétique, qui n'est même pas commencé, et celui que j'ai entre les mains, que je suis en train de finir, il existe un rapport d'identité. Par conséquent, je m'achemine vers une conclusion qui me semble, dans les circonstances données, inévitable. Proust s'amuse. Tout ceci est pour rire. Albertine est toujours avec nous et je l'entends prononcer en coulisses : l'histoire de la « vocation d'écrivain » dans *A la recherche du temps perdu* est, aimable lecteur, ... une vaste blague.

Je donne un deuxième exemple. Dans le roman proustien, nous apprend la vulgate, les échanges mondains ne conduisent à rien, ils sont futiles et parfaitement vaines. La seule issue possible est le *salut par l'art*. On est très troublé, à ce moment, de constater que si Proust prône dans son œuvre le *salut par l'art*, il prône aussi, en des termes à peu près identiques, le *salut culinaire* et qu'il n'a en somme aucun scrupule à mettre les deux opérations dans le même sac. Je n'ai même pas à prendre en considération ici les complications venant de la présence dans l'œuvre d'un *alter ego*, c'est Proust lui-même qui me le dit dans une lettre à Céline Cottin, et que rappelle fort à propos Patrick Brunel dans son livre. Que vous soyez homme de lettre ou rôtisseur, saucier ou romancier, peu

---

[1] « Bientôt je pus montrer quelques esquisses. Personne n'y comprit rien ». Une note en bas de page, dont on aimerait bien savoir d'où elle vient, précise : « Allusion au premier livre de l'auteur *Les Plaisirs et les jours* », (R², IV, p. 618).

importe la différence. Tout cela se ressemble, tout cela fonctionne à peu près pareil. Pire encore. Si vous êtes écrivain et que vous vouliez être « sauvé » – j'entends bien : *sauvé par l'art* –, mieux vaut vous limiter au champ culinaire, c'est plus sûr. A Céline Cottin donc, Proust écrit :

> Je vous envoie vifs compliments et remerciements pour le merveilleux bœuf mode. Je voudrais bien réussir aussi bien que vous ce que je vais faire cette nuit, que mon style soit aussi brillant, aussi clair, aussi solide que votre gelée – que mes idées soient aussi savoureuses que vos carottes et aussi nourrissantes que votre viande[2].

Le passage est régulièrement cité, il a, on le sait, son équivalent dans la fiction. Je fais allusion au dîner avec M. de Norpois dans la première partie d'*A l'ombre des jeunes filles en fleurs*. Céline s'appelle ici Françoise, il est derechef question des affres du créateur : « Ce jour-là, si Françoise avait la brûlante certitude des grands créateurs, mon lot était la cruelle inquiétude du chercheur » (R², I, 437). J'abrège la citation pour aller à l'essentiel. Chez Proust, le « grand créateur » n'est pas celui qu'on pense. D'ailleurs, qu'appelle-t-on une « création » ? Avec quoi « crée »-t-on et pour qui et pourquoi ? Les véritables auteurs de la *Recherche* s'appellent peut-être Françoise et Céline Cottin. Bref, le refrain est toujours le même. On cherche à me faire croire que le salut par l'art est chez Proust un thème sérieux. Je n'en suis plus si sûr. Le salut par l'art pourrait bien être à son tour ... une vaste blague.

Je poursuis mon histoire. L'affaire est bien connue, il existe d'excellents ouvrages sur la question. *A l'ombre des jeunes filles en fleurs* reçoit, en 1919, le prix Goncourt. Tollé dans la presse et ailleurs. La gauche s'insurge, le lauréat aurait dû être Roland Dorgelès, auteur des *Croix de bois*. A la place, le jury a couronné un nostalgique indécrottable, un insignifiant « chroniqueur de la Belle Epoque », une momie, le très médiocre Marcel Proust. Catastrophe nationale pour la France. Le jury a été infiltré ! Où va le monde ! Etc.

La chose comique est alors qu'en 1919, les défenseurs de Proust, Léon Daudet en tête, partagent bizarrement la même analyse. Eux aussi croient à l'existence d'un roman profondément passéiste et inoffensif, autrement dit : ils n'ont pas mieux compris que leurs adversaires du camp « progressiste » que Proust, malgré les apparences, n'est ni passéiste, ni nostalgique et que, si la modernité existe, c'est bien sous la plume de celui-ci, et non chez Dorgelès, qu'il faut aller la chercher. Je renvoie, pour ce qui concerne les présences d'une esthétique d'avant-garde chez Proust – futurisme, dadaïsme, surréalisme et

---

2 Lettre du 12 juillet 1909, citée dans Brunel, 2000, p. 177.

tutti quanti – au livre de Sjef Houppermans (2007, p. 115 et suiv). Pour ce qui me concerne, je retiens que Proust doit de toute évidence son Goncourt à un malentendu. Celui-ci est cocasse. Passéistes et progressistes se chamaillent en 1919 à propos d'une œuvre dont la teneur échappe à peu près intégralement aux deux camps antagonistes. Pourquoi a-t-on donné le prix Goncourt à Proust ? Mais c'était ... une vaste blague !

2   Proust a mauvais genre

Je dis un mot également des *gender studies*, plus exactement, du type d'analyse qui, de nos jours, est conduite sous cette bannière. Quel « genre » pour Marcel ? Ici encore, si on me passe la formule, il y a, pour celui qui s'intéresse à la question, de quoi faire des gorges chaudes. Je rappelle, en avançant au pas de course et en m'appuyant sur des connaissances acquises, que, si on étudie les choses à la lumière de la sexologie, Proust imagine dans son roman un étrange univers où à peu près l'intégralité de son personnel romanesque a une sexualité inquiétante sauf le protagoniste, qui est sexuellement en bonne santé et, par ailleurs, grand défenseur de l'ordre hétérosexuel. Les spécialistes des *gender studies* ont été, à juste titre, alertés par cet inquiétant voisinage. Puisque le milieu est pathologique et pervers, n'est-il pas contagieux pour le Narrateur ? Plus techniquement, et pour nous limiter, dans le vaste domaine des *gender studies*, au sous-domaine des *gay studies* : qu'en est-il de l'hétérosexualité de « Marcel » ? Est-elle réelle ? N'avons-nous pas affaire à un homosexuel « placardé » qui refuserait pour l'instant de faire son *coming out* ? En somme, Proust triche-t-il[3] ?

Une telle hypothèse soupçonneuse, sur laquelle on a beaucoup écrit, a certes une raison d'être. Proust était homosexuel dans la vie. On sait qu'il réutilise des souvenirs personnels en racontant, entre autres, les amours de Marcel et d'Albertine. Mais la question est alors de savoir comment il faut traiter ses emprunts. Cocteau, dans *Le Passé défini*, se disait scandalisé par ce qui était à ses yeux une instrumentalisation. En fait, Cocteau n'est pas loin d'appeler Proust un menteur : « Etrange toupet de Marcel lorsqu'il attribue ses mœurs aux autres »[4]. J'ai le regret de dire que Cocteau, selon moi, a mal compris la

---

[3] On lira sur la question l'utile mise au point de Jean-Louis Jeanelle, « Introducing queer studies ? » (Jeanelle, 2003). Pour le Proust *queer*, je renvoie aux œuvres complètes de Lawrence R. Schehr.

[4] Voir aussi : « Proust est un snob qui a tort de l'être. Un pédéraste qui a tort de l'être. Il jugera sévèrement snobs et pédérastes pour détourner l'accusation de sa personne » (passage daté du 20 juillet 1952, Cocteau, 1965, p. 432).

question, et qu'il est passé à côté de la seule chose qui compte vraiment en cette matière. La notion de mensonge n'a rien à voir ici. Les choses sont à la fois plus simples et plus compliquées. En matière sexuelle, Proust ne *transpose* pas et ne *cache* rien. En revanche, il s'amuse, et en s'amusant, il nous amuse. Moi, il m'amuse, en tout cas. Proust, dirons-nous, *autofictionalise* sa sexualité. A quoi aurait ressemblé ma vie si j'avais aimé les femmes ? C'est là une hypothèse fort drôle et que je pourrais d'ailleurs pour mon compte formuler en sens inverse. Si j'avais été gay, et amateur de littérature, comment aurais-je lu Proust ? Bref, la question de la sexualité de « Marcel », dans *La Recherche*, est, etc.

Un dernier exemple m'autorisera à aller vers un très provisoire et très fragile bilan. On sait la phrase du *Temps retrouvé* : « Une œuvre où il y a des théories est comme un objet où on laisse la marque du prix » (R², IV, p. 461). On sait aussi que, dans le roman, la phrase en question donne lieu à une contradiction flagrante. Le refus des théories est présenté comme un énoncé théorique. Le Narrateur de la *Recherche*, ennemi des « théories », n'hésite pas, dans *Le Temps retrouvé*, à *théoriser* sa propre démarche. Il le fait longuement, voire lourdement. En somme, il me provoque. Les pages du roman deviennent des pages de philosophie. Le discours qu'on me propose est celui de la philosophie « idéaliste ». Si je me permettais d'être irrespectueux, je dirais que Proust nous sert des banalités. Il ânonne ce qu'il a appris à l'école dans les manuels dont il a dû se servir comme élève. Les corps meurent, l'esprit survit. Kant, Fichte et quelques autres l'ont dit : « Je découvrais cette action destructrice du Temps au moment même où je voulais entreprendre de rendre claires, d'intellectualiser dans une œuvre d'art, des réalités extra-temporelles » etc. (R², IV, p. 462).

Ici encore, je crois que nous ferions mieux, pour une bonne compréhension des choses, donc, pour apprécier l'œuvre à sa juste valeur, de laisser l'esprit de sérieux en coulisses. Proust fait seulement semblant d'être un abstracteur de quintessences. Lisons mieux son texte. Il n'y a dans ce qu'il écrit aucun « essentialisme », plutôt, dirais-je, en renouant avec l'idée d'un écrivain radicalement avant-gardiste et « casseur d'assiettes » – je renvoie ici encore au livre de Sjef Houppermans – un *surréalisme avant la lettre*. A la place du philosophe songe-creux surgit la figure du pionnier.

Rappel pour mémoire. Deux ans après la mort de Proust, Breton, qui a bien connu l'auteur de *La Recherche*, qui a même été son « secrétaire » – j'ai un peu écrit sur cela dans mon livre sur la *Méthode postextuelle* (2012, p. 45 et suiv.) –, publie son premier *Manifeste*. Dans les mêmes pages du *Temps retrouvé*, Proust, tout en théorisant son refus de la théorie, développe un propos – non théorique, seulement technique – sur l'utilisation des images en littérature. Il les veut audacieuses, inédites, inattendues :

> [...] la vérité ne commencera qu'au moment où l'écrivain prendra deux objets différents, posera leur rapport, analogue dans le monde de l'art à celui qu'est le rapport unique de la loi causale dans le monde de la science, et les enfermera dans les anneaux nécessaires d'un beau style.
>
> R², IV, p. 509

Est-ce le discours d'un philosophe idéaliste ? En apparence seulement. En réalité, Proust prépare Breton. C'est dire aussi que Breton a beaucoup appris en lisant Proust et que s'il a plus tard voulu marquer ses distances avec l'auteur de *La Recherche*, en lui refusant une place au Panthéon des « modernes », c'est aussi parce qu'il n'a pas envie d'avouer sa dette. Je rappelle également le texte du *Manifeste* de 1924 :

> Il est faux, selon moi, de prétendre que « l'esprit a saisi les rapports » des deux réalités en présence. Il n'a, pour commencer, rien saisi consciemment. C'est du rapprochement en quelque sorte fortuit des deux termes qu'a jailli une lumière particulière, *lumière de l'image*, à laquelle nous nous montrons infiniment sensibles. La valeur de l'image dépend de la beauté de l'étincelle obtenue ; elle est, par conséquent, fonction de la différence de potentiel entre les deux conducteurs.
>
> BRETON, 1979, p. 49

Proust, s'il avait été encore vivant en 1924, aurait pu lire cela. S'il l'avait lu, il se serait bien marré. Je l'imagine couché dans sa chambre de la rue Hamelin, Céleste Albaret est à côté de lui. Il s'esclaffe : *Ah ! le petit Breton ! Il sort Marx et Freud de son chapeau et rêve « d'une dictée de la pensée en l'absence de tout contrôle par la raison ». Mais il m'a tout simplement piqué mon esthétique, le petit drôle ! Il est « proustien », André, et il ne veut évidemment pas l'admettre ! Ils ont de l'humour, ces surréalistes. D'où leur vient leur sens de l'humour ? Évidemment, de moi !*

3 Où l'on commence un difficile et trop rapide travail de rirologie

Trêve de plaisanteries. J'essaie de conclure. Patrick Brunel fait observer dans son ouvrage qu'il y a peu d'ironie chez Proust et que le régime habituel de la *Recherche* est plutôt l'humour. Je souscris à cette analyse. L'ironie, pour aller vite, porte sur des *valeurs*. L'ironiste part du principe qu'il est en mesure de distinguer entre le bien et le mal, entre le vrai et le faux, et les effets d'antiphrase qui sont caractéristiques de l'ironie consistent alors à faire basculer les catégories. Le bien est présenté *comme* un mal, le vrai *comme* le faux, etc. D'où les procédés de l'éloge par le blâme, ou du blâme par l'éloge car l'opération de substitution marche dans les deux sens. Ironiser, comme le savait déjà Aristote, c'est affirmer le contraire de ce que l'on veut faire entendre.

Il en va autrement, et pour cause, de l'humour qui peut très bien se pratiquer, nous apprennent les meilleurs spécialistes, *sans* jugement de valeur. Je cite Genette dans « Morts de rire » : l'ironie suppose une « cible », elle est agressive ; l'humour peut « s'affranchir de toute visée polémique » pour « s'élever progressivement vers des formes de plus en plus ludiques, dont le cas typique est ce que l'anglais nomme *nonsense* » (Genette, 2002, p. 167). Je suis aussi d'accord avec Genette. Puisqu'il croit à la valeur, l'ironiste a un côté « donneur de leçons » ; en tout cas, il ne me laisse pas ignorer où va sa préférence. Le propos de l'humoriste en ce sens est moins contraignant. Il m'apprend, par son humour, qu'il est toujours possible de voir, et de dire les choses *autrement*.

Je lis dans une contribution sur l'humour dans un dossier réuni par *Fabula* :

> En feignant de justifier l'état de fait qu'il décrit (et tel qu'il le décrit), l'humoriste nous donne à comprendre que le même fait peut être décrit autrement – que le monde est passible non pas d'une description ou évaluation mais de plusieurs, *que le réel n'est donc qu'une des espèces du possible, sans autre privilège*.
> ESCOLA, 2012

Cela aussi est à retenir. D'ailleurs, le propos nous ramène à Proust. Deleuze, dans *Logique du sens*, définissait l'humour comme « cette double destitution de la hauteur et de la profondeur au profit de la surface » ou encore : comme « cet art de la surface, contre la vieille ironie, art des profondeurs ou des hauteurs » (Deleuze, 1969, cité dans Brunel, 2000, p. 167). Avec la phrase de Deleuze, me semble-t-il, on arrive au but. Le roman proustien est comique – je redis encore une fois qu'il est *génialement, radicalement* comique – parce que le romancier travaille à sa manière « au profit de la surface » en se méfiant donc de la « profondeur ». Il y a certes dans l'œuvre des moments où une *illusion* de verticalité est créée, entre autres quand le Narrateur fait croire qu'il part à la recherche de « vérités enfouies ». Mais quand Proust s'exprime en ces termes, il fait de l'humour, justement. Détrompons-nous. Il n'y a pas de transcendance, pas de métaphysique chez Proust. Tout se situe au même niveau. Le possible et le réel, chez Proust, forment un seul univers.

Peut-être est-ce Barthes qui définit le mieux le comique proustien, même si le mot « comique » n'est jamais utilisé par lui, dans une étude de 1971, « Une idée de recherche ». L'article est également bien connu, j'en reprends deux ou trois passages en guise d'annexe à ce qui précède. Barthes commence par rappeler la séquence de *Sodome et Gomorrhe* où le Narrateur aperçoit dans le petit train de Balbec une vieille dame fort laide qu'il prend pour une tenancière de bordel. Il se trouve que la dame du train est la princesse Sherbatoff. La fausse maquerelle est, en réalité, la perle du salon Verdurin. Il y a erreur sur la personne. Barthes commente :

> Ce dessin, qui conjoint dans un même objet deux états absolument antipathiques et renverse radicalement une apparence en son contraire, est fréquent dans la *Recherche du temps perdu*.
> BARTHES, 2002, p. 1212

Il poursuit :

> Appelons cette forme, tout au moins provisoirement, l'inversion, et prévoyons (sans pouvoir aujourd'hui l'accomplir) de dresser l'inventaire de ses occurrences, d'analyser les modes de son énonciation, le ressort qui la construit, et de situer les extensions considérables qu'elle semble devoir prendre à des niveaux très différents de l'œuvre de Proust.
> BARTHES, 2002, p. 1213

La même analyse démontre ensuite que Proust construit sa narration en cherchant à produire de manière régulière ce que Barthes appelle un « effet de comble » : « Quel est le comble pour une tenancière de bordel ? – C'est d'être la princesse Sherbatoff, ou *vice versa* ». Le « comble » d'une princesse est une maquerelle. Le « comble » d'une maquerelle est une princesse, etc. On retiendra que si « l'effet de comble » apporte une *révélation*, techniquement parlant, il n'est qu'un simple *renversement*. On est à mille lieues du « jeu banal de l'apparence et de la vérité ». Barthes insiste : il n'y a pas chez Proust de « projet aléthique » (Barthes, 2002, p. 1222). La vérité est qu'il n'y a pas de vérité. Tout bouge et tout bouge constamment dans l'univers que nous explorons. Les identités évoluent, et on est en somme engagé dans un processus sans fin.

On retrouve là à mon sens « l'art de la surface » selon Deleuze. Proust construit des figures, qu'il fait varier. Le roman est comme le théâtre de ce transformisme permanent et envahissant. Le comble de la *gaytitude* est de devenir hétérosexuel. Le comble du machisme est d'être une « tante ». Le comble d'une « grosse bête » est d'être un génie. Le comble de Marcel Proust est « Marcel », etc. Nous pouvons alors aller vers un très provisoire mot de la fin. Ce que Barthes appelle l'effet de comble est peut-être l'autre nom du processus de l'humour. Le jeu de l'humoriste veut que le réel puisse être décrit de plusieurs manières possibles, mais qu'aucune ne soit nécessaire, c'est-à-dire ne soit « vraie ». Si on est sensible aux charmes de l'humour, on choisira alors la description la plus drôle, après quoi on en trouvera une autre qui est peut-être plus drôle encore, et ainsi de suite.

Proust écrit à Mme Straus en 1913 :

> Je vous quitte car je suis mort et même souffrant ce qui est pire, mais je vous quitte à regret car j'aurais mille histoires comiques ou tristes (ce sont toujours les mêmes selon le point de vue) à vous raconter.
>
> cité dans BRUNEL, 2000, p. 14

Deleuze, pour sa part, déclare, en 1975, dans un débat où il est notamment question de Proust et de son œuvre :

> Interpréter un texte, cela revient toujours, me semble-t-il, à évaluer son humour. Un grand auteur, c'est quelqu'un qui rit beaucoup.
>
> DELEUZE, 2003, p. 153

J'en ai assez dit, donc, je m'arrête. Si on n'est pas d'accord avec moi, que l'on vienne me voir. Vous avez oublié mon adresse ? J'habite Balbec où l'été est sans fin.

Bibliographie

Roland Barthes, « Une idée de recherche » [1971], *Œuvres complètes, 1968-1971*, éd. Eric Marty, Paris, Seuil, t. III.
André Breton, *Manifestes du surréalisme*, Gallimard, « Folio essais », 1979.
Patrick Brunel, *Le Rire de Proust*, Honoré Champion, 2000.
Jean Cocteau, *Le Passé défini 1951-1952*, Paris, Gallimard, 1965.
Gilles Deleuze, *Logique du sens*, Paris, Minuit, 1969.
Gilles Deleuze, *Deux régimes de fous. Textes et entretiens 1975-1995*, éd. préparée par D. Lapoujade, Paris, Minuit, 2003.
Marc Escola, « L'humour la théorie », *Fabula-Lht*, n° 10, « L'Aventure poétique », 2012.
Gérard Genette, *Figures V*, Paris, Seuil, « Poétique », 2002.
Sjef Houppermans, *Proust constructiviste*, Rodopi, « Faux titre », 2007.
Jean-Louis Jeanelle, « Introducing queer studies ? », *Les Temps modernes*, n° 624.
Franc Schuerewegen, *Introduction à la méthode postextuelle. L'exemple proustien*, Paris, Classiques Garnier, « Théorie de la littérature », 2012.

L'ironie dans *À la recherche du temps perdu* : le système de la mention-écho

Bérengère Moricheau-Airaud

Résumé

Dans *À la recherche du temps perdu*, l'ironie naît de la représentation de discours, particulièrement de systèmes de couplage de paroles rapportées qu'une contradiction met sous tension, selon le patron stylistique de la mention-écho. Le feuilletage énonciatif qui résulte de cette association en binôme fait jouer la discordance entre divers plans discursifs. La variété énonciative de ces configurations est accrue par la multiplicité des causes de divergence sémantique, ce qui constitue ces couplages en système globalisé de la mention-écho. Leurs effets ironiques s'inscrivent au cœur de l'œuvre tant ils cristallisent des tensions symboliques de ses enjeux socio-historiques, philosophiques et poétiques.

Dans son étude du rire de Proust, Patrick Brunel note que « l'ironie occupe le plus bas degré de [l']échelle » des formes proustiennes de comique.

> Elle n'est, chez Proust, créditée d'aucune des vertus qui, d'ordinaire, lui sont reconnues. Elle n'est pas au service d'une juste cause, seulement de la satisfaction des personnages, de leur instinct de méchanceté, voire de cruauté. [...] Aussi doit-elle être toujours interprétée comme un défaut versé au débit de ceux qui y ont recours.
>
> 1997, 75

Il en veut pour preuve, notamment, le rejet constant de l'épigramme par Marcel Proust lui-même, comme ici dans sa correspondance : « Mais vous me connaissez, vous savez que rien n'est plus loin de mon esprit que ces intentions épigrammatiques, comment avez-vous pu croire qu'une idée pareille eût seulement pu me venir[1] ? » (1997, 23) La contestation de la veine satirique de la *Recherche*, une forme comique à laquelle l'ironie est régulièrement associée, peut expliquer la réticence à parler d'ironie, ainsi que l'explique Pierre Schoentjes, dans son analyse de l'ironie de la *Recherche*.

---

1 Lettre du « mercredi 10 décembre 1913, ou peu après », *Corr.*, t. XII, 378.

> Quand il y a « satire » dans la *Recherche*, Proust s'y prend toujours pour la formuler de telle sorte que le lecteur, plutôt que de condamner, s'interroge et se sent impliqué par la critique. [...] Sans ridicule, sans haine, sans supériorité morale puisque les défauts sont partagés, la satire n'est plus satire : c'est bien davantage une forme de solidarité qui transparaît qu'un rejet et une volonté de condamnation.
>
> 1993, 70-71

Or Pierre Schoentjes déduit alors de sa discussion de la part satirique de l'écriture proustienne que, « la satire de Proust, c'est l'ironie » (1993, 71). Il paraît de fait difficile d'exclure cette forme de comique des effets de lecture du texte de Marcel Proust, et nécessaire d'en revenir à l'écriture même de la *Recherche*.

Parmi d'autres traits caractéristiques de sa manière, la représentation qui y est donnée des discours suit en effet très souvent une configuration textuelle propre à faire jaillir l'ironie : le dispositif de la mention-écho. Dan Sperber et Deirdre Wilson, dans l'article du numéro de la revue *Poétique* où ils décrivent ce scénario textuel, analysent l'inadéquation à l'origine de l'ironie comme née d'un feuilletage énonciatif, comme née de la présence d'un discours résonnant sous un autre.

> On peut concevoir plutôt que toutes les ironies sont interprétées comme des mentions ayant un caractère d'écho : écho plus ou moins lointain, de pensées ou de propos, réels ou imaginaires, attribués ou non à des individus définis.
>
> 1978, 408

La tension produite par cet écho fait partie des « décalages », des « champs de tensions » par lesquels Philippe Hamon rend compte des dissonances sources d'ironie, notamment « tension entre deux parties disjointes et explicites du même énoncé », « tension entre le narrateur et son propre énoncé, dont il se désolidarise », « tension entre l'énoncé et un autre énoncé extérieur[2] » (1996, 40). Or l'écriture de la *Recherche* associe régulièrement les représentations de discours par couple, en systèmes bâtis de sorte à faire résonner un énoncé sous un autre. Ces paires de discours, nombreuses, paraissent même former un système à part entière dans l'œuvre tant ce patron stylistique fédère des fonctionnements sémantiques variés. Surtout, cette économie de la mention-écho

---

[2] « Il vaut mieux remplacer la notion d'opposition ironique, qui risque d'être prise facilement dans un sens trop étroit, par celle d'un champ de tension (*Spannungsfeld*) ou d'une aire de jeu (*Spielraum*) ironique. » (Alleman, 1978, 396).

résonne d'autres tensions, sociales, historiques, même philosophiques et poétiques à l'œuvre dans la *Recherche*. En d'autres termes, ces systèmes de mise sous tension de paires de discours sont exemplaires de la modélisation de la mention-écho offerte par Dan Sperber et Deirdre Wilson, et même l'exemplifient[3], non seulement parce que leur feuilletage dialogique fait jouer l'écho dissonant d'un énoncé sous un autre, mais aussi parce que ces configurations textuelles participent de la poétique globale de la *Recherche* : nous nous proposons d'explorer ces différentes facettes des réalisations proustiennes du système de la mention-écho pour justifier la perception d'une ironie par le lecteur.

1 Des systèmes de tensions énonciatives

La discordance énonciative à l'origine d'une tension ironique naît du jeu de différentes strates discursives. Au degré le plus simple, l'ironie peut venir d'une dissonance interne à un même plan énonciatif, c'est-à-dire relevant de la prise en charge par un unique énonciateur, à commencer par celle du narrateur. C'est le cas, parmi d'autres, de ce passage où il évoque la réaction de Mme de Guermantes face à l'enthousiasme du colonel de Froberville pour des vitraux alors que ces derniers servent de prétexte à la duchesse qui cherche à éviter la matinée donnée par sa tante.

> [E]lle en avait assez d'entendre Froberville, lequel ne cessait plus de l'envier d'aller à Montfort-l'Amaury quand elle savait fort bien qu'il entendait parler de ces vitraux pour la première fois, et que d'autre part, il n'eût pour rien au monde lâché la matinée Saint-Euverte.
>
> R² III, 84

Certes, il est ici question des propos de Froberville tels qu'ils sont perçus par la duchesse, et symétriquement des discours de Mme de Guermantes tels qu'ils sont reçus du point de vue de son interlocuteur, mais tous ces énoncés sont reformulés par le narrateur en discours indirect : c'est donc ici au sein d'une même prise en charge énonciative qu'entrent en tension la volonté réelle de Froberville d'aller chez Mme de Saint-Euverte, l'envie qu'il affiche pourtant d'aller voir les vitraux et, enfin, la connaissance qu'a la duchesse des mensonges de

---

[3] La valeur stylistique d'une caractéristique formelle vient, selon Nelson Goodman (1992), de son rôle distinctif et de la part qu'elle prend au fonctionnement de l'œuvre comme symbole.

son interlocuteur. L'agacement de Mme de Guermantes se trouve ici converti en moquerie par le narrateur, par sa réunion synthétique de faits contradictoires en une même phrase, en un même plan énonciatif, en un même élan de reformulation. À ceci s'ajoute encore le fait que les discours sont rendus du point de vue de leur récepteur. Les propos des personnages sont certes bien tous reformulés par la voix du narrateur, mais la manière dont ils sont représentés, parce qu'elle se concentre sur les faits paradoxaux, parce qu'elle adopte un point de vue éclairant cette contradiction, souligne leur dissonance, les met sous tension et nourrit l'ironie du narrateur. Cette part prise par la représentation des paroles à la résonance d'une contradiction interne à un même plan discursif survient aussi dans l'énoncé d'un personnage, par exemple face à cette réaction de la princesse de Guermantes : « Puis, sans aucune autre raison qu'un étalage voulu d'érudition involontaire, de banalité et de conformité à l'esprit général, elle ajouta : 'C'est une assez agréable femme, la Pomme !' » (R^2 III, 59). La connotation fortement dépréciative du surnom éclipse la motivation qui lie ce sobriquet mondain à son titre officiel, et fait ressortir la bêtise de cette pratique du surnom, si inconsidérée qu'elle dévoie un nom de famille en une désignation pour le moins connotée : réunir dans un seul segment de discours direct un jugement positif et un surnom qui laisse entendre bien autre chose permet au narrateur de signaler l'inadéquation du sobriquet et de cette habitude mondaine. Même lorsque la discordance se produit sur un unique plan énonciatif, la manière de représenter les paroles contribue à faire résonner une discordance porteuse d'ironie.

C'est encore plus perceptible lorsque la discordance se redouble d'une différence de degré énonciatif, en premier lieu entre l'énoncé du personnage et celui de narrateur qui le représente. Quand ce dernier évoque le succès du salut qu'il adresse en réponse aux « mille signes d'appel et d'amitié » lancés par le duc de Guermantes (R^2 III, 63), il multiplie les comparaisons pour exprimer combien cet éloge est moins une récompense pour l'acte passé qu'une injonction pour la conduite à venir.

> C'est ainsi que Mme de Marsantes, quand quelqu'un d'un monde différent entrait dans son milieu, vantait devant lui les gens discrets « qu'on trouve quand on va les chercher et qui se font oublier le reste du temps », comme on prévient sous une forme indirecte un domestique qui sent mauvais que l'usage des bains est parfait pour la santé.
>
> R^2 III, 63

La comparaison associe la discrétion dans la société des mondains avec l'hygiène corporelle, et l'inadéquation de cette analogie fait sentir non seulement la perception pour le moins peu charitable qu'a Mme de Marsantes des gêneurs mais au moins autant l'inadéquation de son jugement, qui est ici l'objet de l'ironie du narrateur. Or l'incongruité qui disjoint les deux termes du rapprochement prend toute son ampleur en raison de la différence des plans énonciatifs. Les paroles de Mme de Marsantes sont représentées pour une bonne part sous la forme d'un discours quasi textuel, tenu à distance par le narrateur, comme si le propos, inacceptable, résistait à la reformulation. Par différence, le discours attribué au « on », convoqué comme comparant, est pris en charge par la seule voix du narrateur, et c'est bien ce point de référence qui met en évidence la cruauté de Mme de Marsantes. Le narrateur épingle d'ailleurs son comportement avec les mêmes armes : le détour de son discours indirect est à l'image du biaisement énonciatif au cœur des manœuvres mondaines. Un dispositif très comparable de couplage énonciatif se retrouve par exemple lorsque le narrateur décrit les stratégies du baron de Charlus pour approcher Mme de Surgis et, à travers elle, ses fils :

> Cette admiration [du baron de Charlus] s'exalta même jusqu'à un enthousiasme qui, s'il était en partie intéressé pour empêcher la marquise [de Surgis] de s'éloigner de lui, pour « l'accrocher », comme Robert disait des armées ennemies dont on veut forcer les effectifs à rester engagées sur un certain point, était peut-être aussi sincère.
>
> R^2 III, 93

Si le narrateur évoque d'abord les paroles du baron de manière positive, en revanche son détour par les propos de Robert de Saint-Loup lui permet ensuite de décaper la véritable intention de Charlus, et la disparité des commentaires résonne alors d'autant plus fortement que cette révélation provient d'un autre discours que celui du narrateur, qui plus est un propos emprunté au neveu du baron. Le discours des personnages peut lui aussi amplifier les effets ironiques par une différence dans les plans énonciatifs. Lorsque le baron de Charlus évoque le jet d'eau qui décore la soirée donnée par les Guermantes, il exprime son appréciation en s'appuyant sur un autre discours, celui du marquis de Bréauté :

> « C'est bien joli, n'est-ce pas ? C'est merveilleux. Cela pourrait être encore mieux, naturellement, en supprimant certaines choses, et alors il n'y aurait rien de pareil en France. Mais tel que c'est, c'est déjà parmi les choses les mieux. Bréauté vous dira qu'on a eu tort de mettre des lampions, pour tâcher de faire oublier que c'est lui qui a eu cette idée absurde. »
>
> R^2 III, 58

Le jugement du baron est formulé d'emblée d'une manière paradoxale car il nuance immédiatement son éloge de ce qui aurait été encore plus merveilleux. Cette contradiction s'accroît avec le discours de Bréauté, ou plus exactement avec la représentation qu'en dresse le baron : le verbe qui l'introduit est un futur et donne un discours probable du marquis ... qui n'est là que pour permettre au baron de se moquer de ce qu'en serait la véritable intention, « faire oublier que c'est lui [Bréauté] qui a eu cette idée absurde ». Mais donner une motivation aussi peu flatteuse après un discours lui-même inventé invalide à rebours la manœuvre discursive de Charlus. L'inadéquation entre le propos et l'intention prêtés à Bréauté est à mettre sur le compte du baron, mais l'artifice de la représentation d'un discours probable met en accusation le biaisement énonciatif – et moral – de Charlus. Ici comme dans les passages précédents, la différence des discours représentant et représenté participe pleinement du champ de tensions à l'origine d'effets ironiques.

Ce croisement des inadéquations de sens et de discours se trouve exacerbé quand le binôme de deux énoncés est constitué de deux discours représentés. Lorsque le narrateur décrit la « chaleureuse sympathie » que lui porte Morel en raison de son affection pour son amant, Charlus, et de son indifférence physique tant envers lui qu'envers le baron, il prend le détour d'une comparaison du comportement de Morel avec l'attitude qu'avait Rachel, la maîtresse de Saint-Loup, quand elle savait elle aussi le narrateur parfaitement désintéressé et bienveillant :

> Non seulement il me parlait exactement comme autrefois Rachel, la maîtresse de Saint-Loup, mais encore, d'après ce que me répétait M. de Charlus, lui disait de moi en mon absence les mêmes choses que Rachel disait de moi à Robert. Enfin M. de Charlus me disait : « Il vous aime beaucoup », comme Robert : « Elle t'aime beaucoup. » Et comme le neveu de la part de sa maîtresse, c'est de la part de Morel que l'oncle me demandait souvent de venir dîner avec eux.
>
> R² III, 447

Selon une configuration en chiasme, le narrateur évoque d'abord la relation de Charlus et de Morel, à travers l'affection que ce dernier porte au narrateur, puis la relation de Saint-Loup et de Rachel, par le biais de la sympathie que lui manifeste celle-ci ; de là il rebondit sur les relations entre le marquis, sa maîtresse et lui, et finit sur celles entre le baron, son amant et lui. La succession des quatre représentations de discours aligne la relation homosexuelle sur les rapports hétérosexuels alors même que les liaisons diffèrent sur l'essentiel. Le renversement de la figure concrétise ici celui de la nature des relations évoquées : la relation entre deux hommes, dans le contexte de la *Recherche*, renouvelle l'inadéquation d'une relation hors mariage. Comme les précédentes, cette configuration lie par paire des paroles rapportées, et la dissonance de ce couplage fait naître l'ironie : ce sont autant d'exemples du système de la mention-écho. Or le texte proustien en vient à exacerber ces tensions énonciatives par le travail de la discordance sémantique : par l'ajout d'une variété des formes de non-pertinence à celle des scenarii de dispositifs énonciatifs.

2   Des tensions sémantiques

Si le feuilletage à l'origine de l'ironie met en tension des énoncés d'origines diverses, la non-pertinence vient de surcroît de formes multiples de contradiction sémantique, et leur variété offre une autre concrétisation au système de la mention-écho. La discordance à l'origine des effets ironiques prend en certains cas la forme d'une opposition franche entre les énoncés mis en binôme, et présente alors le fonctionnement de l'antiphrase. C'est le cas, par exemple, lorsque le narrateur cherche à montrer que « pour donner des prénoms les Guermantes [ne procédaient pas] invariablement par la répétition d'une syllabe » (R^2 II, 724) :

> Ainsi deux sœurs, la comtesse de Montpeyroux et la vicomtesse de Vélude, lesquelles étaient toutes deux d'une énorme grosseur, ne s'entendaient jamais appeler, sans s'en fâcher le moins du monde et sans que personne songeât à en sourire, tant l'habitude était ancienne, que « Petite » et « Mignonne ».
> R^2 II, 724-725

Les surnoms « Petite » et « Mignonne », représentés derrière « appeler », entrent en opposition nette avec la seule caractéristique donnée auparavant pour ces deux personnages, leur corpulence, et cette incongruité fait percer des effets ironiques, à attribuer non pas aux mondains, qui ne voient plus le physique de ces deux sœurs, mais au narrateur, qui se moque de cette forme particulière d'aveuglement mondain. Une relation comparable d'opposition se retrouve à propos de la dédicace d'une des photographies d'actrices de l'oncle du narrateur :

> Une actrice plus ingrate et plus avisée avait écrit : « Au meilleur des amis », ce qui lui permettait, m'a-t-on assuré, de dire que mon oncle n'était nullement et à beaucoup près son meilleur ami, mais l'ami qui lui avait rendu

le plus de petits services, l'ami dont elle se servait, un excellent homme, presque une vieille bête.

R² II, 561

La glose apportée par la reformulation du discours indirect dément la dédicace notée sur la photographie, et la tension à l'origine de l'ironie provient ici d'une opposition frontale.

En d'autres lieux cependant, la discordance ironique provient non pas d'un conflit entre deux contraires mais du désaveu de l'un d'entre eux, privé d'une part de son sens par un retrait de la part de l'énonciateur le représentant : c'est cette distanciation qui est à l'origine de la dissonance. Une telle soustraction peut correspondre à la substitution de ce qui aurait dû être dit par ce qui a bel et bien été énoncé. L'association de deux discours prend alors la forme d'une concurrence orientée en faveur d'un des discours. La caractérisation de Françoise et des domestiques passe ainsi non pas tant par ce qu'elle dit que par ce qu'elle ne dit pas :

[L]e motif qui les avait fait sortir s'évanouissait au point que si on leur disait à leur retour : « Hé bien, M. le marquis de Norpois sera-t-il visible à six heures un quart ? », elles ne se frappaient même pas le front en disant : « Ah ! j'ai oublié », mais : « Ah ! je n'ai pas compris que Monsieur avait demandé cela, je croyais qu'il fallait seulement lui donner le bonjour. »

R² III, 124

Un mouvement en deux temps exprime l'inadéquation du comportement des domestiques, et par là-même la moquerie du narrateur représentant leur discours : donner le discours actualisé après celui qui ne l'a pas été mais qui aurait dû l'être retire toute pertinence à ce premier énoncé, et la mise sous tension du couplage des deux paroles provient bien de ce retrait. C'est encore par la succession de deux discours que le narrateur fait percevoir l'inadéquation du salut de Mme de Cambremer :

Irritée d'avance du côté bonasse que son mari tenait de sa mère et qui lui ferait prendre un air honoré quand on lui présenterait les fidèles, désireuse pourtant de remplir ses fonctions de femme du monde, quand on lui eut nommé Brichot elle voulut lui faire faire la connaissance de son mari parce qu'elle avait vu ses amies plus élégantes faire ainsi, mais la rage ou l'orgueil l'emportant sur l'ostentation du savoir-vivre, elle dit, non comme elle aurait dû : « Permettez-moi de vous présenter mon mari », mais : « Je vous présente mon mari », tenant haut ainsi le drapeau des Cambremer, [...]. »

R² III, 307

Le contraste énonciatif entre ce qu'aurait dû dire Mme de Cambremer et ce qu'elle dit effectivement renvoie à la différence entre ses prétentions mondaines et leur réalité. En d'autres lieux, la perte de pertinence d'un discours provient d'un désamorçage de la représentation. Ce dernier est pour ainsi dire explicite dans ce passage où le narrateur explique la perte de sens de la métaphore « faire catleya » entre Swann et Odette :

[B]ien plus tard, quand l'arrangement (ou le simulacre rituel d'arrangement) des catleyas fut depuis longtemps tombé en désuétude, la métaphore « faire catleya », devenue un simple vocable qu'ils employaient sans y penser quand ils voulaient signifier l'acte de possession physique – où d'ailleurs l'on ne possède rien –, survécut dans leur langage, où elle le commémorait, à cet usage oublié.

R² I, 230

Faire entendre que la locution est « devenue un simple vocable » marque un affaiblissement de la référence, et de là le délitement de la relation entre Odette et Swann. Ce retrait peut encore être dû à des dérapages du discours que le représentant met en scène en couplant la manière de dire fautive avec celle qui aurait été pertinente. L'évocation de la langue du directeur du Grand Hôtel de Balbec donne ainsi lieu à une liste de bévues suivies de leur correction : « J'espère, dit-il, que vous ne verrez pas là un manque d'impolitesse, j'étais ennuyé de vous donner une chambre dont vous êtes indigne, mais je l'ai fait rapport au bruit, parce que comme cela vous n'aurez personne au-dessus de vous pour vous fatiguer le trépan (pour tympan). [...] » (R² III, 148) Il y a un défaut dans ce que dit le directeur, aussi bien au sens de lacune – le bon mot est absent dans son propos – qu'au sens de raté – le directeur ne réussit pas à dire ce qu'il veut exprimer. Selon un renversement proprement ironique, l'ajout du narrateur représentant met en évidence le manque qui affecte le propos rapporté, et la parenthèse s'offre comme un espace de résonance à l'inadéquation.

La dissonance entre les énoncés associés en binôme peut encore venir non d'un retrait mais d'un excédent, quand une ambiguïté apporte du sens en plus. Les personnages et, avec eux, le narrateur, ne se font pas faute d'exploiter le flottement référentiel ouvert par certaines formes linguistiques, comme à partir de la locution « en être » dans la lettre adressée par Léa à Morel, et lue par Charlus.

> Sa grossièreté empêche qu'elle soit reproduite ici, mais on peut mentionner que Léa ne lui parlait qu'au féminin en lui disant : « Grande sale ! va ! », « Ma belle chérie, toi tu en es au moins, etc. » [...] Le baron était surtout troublé par ces mots « en être ». Après l'avoir d'abord ignoré, il avait enfin, depuis un temps bien long déjà, appris que lui-même « en était ». Or voici que cette notion qu'il avait acquise se trouvait remise en question. Quand il avait découvert qu'il « en était », il avait cru par là apprendre que son goût, comme dit Saint-Simon, n'était pas celui des femmes. Or voici que pour Morel cette expression « en être » prenait une extension que M. de Charlus n'avait pas connue, tant et si bien que Morel prouvait, d'après cette lettre, qu'il « en était » en ayant le même goût que des femmes pour des femmes mêmes.
>
> R² III, 720

Le pronom « en » connaît des référents pour le moins fluctuants selon le discours dans lequel il se rencontre. Le baron, quand il a appris de longue date qu'il « en était », comprend sous ce « en » une référence au groupe des homosexuels. Mais sous la plume de Léa s'adressant à Morel la même expression renvoie à l'appartenance de ce dernier au groupe des bisexuels. Ainsi Charlus apprend-il que son jeune amant aime les hommes ... et les femmes : il y a des référents supplémentaires, à l'image des goûts multiples de Morel. Ce sens « en plus » est d'ailleurs mis en rapport par le narrateur avec « l'agrandissement de [la] jalousie » du baron (R² III, 721). Or c'est bien la répétition de cette locution, « en être », sur le principe d'un polyptote, qui souligne un débordement du sens que le baron n'avait pas prévu. La situation est d'autant plus piquante que le personnage faisant les frais de cette polysémie est le plus âgé des trois, celui qui a « depuis un temps bien long déjà » découvert cette expression : voir une telle figure, si attachée à marquer sa supériorité, se trouver en position de naïf et même de victime de l'ironie, ne manque pas de sel. En d'autres cas, l'ambivalence peut aussi venir renverser l'effet produit par une erreur dans le mot, lorsque le raté laisse entendre un sens qui s'avère plus pertinent que ne l'aurait été le mot manqué. Il en va ainsi pour certaines des erreurs du directeur du grand hôtel : « Il m'apprit avec beaucoup de tristesse la mort du bâtonnier de Cherbourg : 'C'était un vieux routinier', dit-il (probablement pour roublard) et me laissa entendre que sa fin avait été avancée par une vie de déboires, ce qui signifiait de débauches. » (R² III, 148-149) Chaque binôme débute sur la même syllabe, et les deux confusions peuvent s'expliquer. Cependant, la seconde paire ajoute des connotations bien tentantes pour le lecteur : si la fin du bâtonnier a été avancée, c'est parce que ses déboires ont été des débauches ... à moins que ce ne soit parce que ses débauches se sont soldées par des déboires. Ce sens « en plus » démultiplie la non-pertinence entre les deux termes de la confusion. L'inflexion ironique n'est pas tout à fait la même quand la dissonance entre les deux discours est due à un surplus, par comparaison aux occurrences où elle est entachée d'un sens en moins, mais la multiplicité de ces configurations sémantiques confirme l'importance du système de la mention-écho, et même les réunit en système autour de jeux sémantiques comparables : cette variété est à l'image des différents facteurs de tension dont l'ironie est l'expression dans la *Recherche*.

3   Des cristallisations des enjeux symboliques de l'œuvre

La convergence et l'amplification réciproque des dissonances énonciatives et des discordances sémantiques éclairent la perception de l'ironie dans l'écriture de la *Recherche*, et ce d'autant plus qu'elles rendent compte de tensions prégnantes. L'ironie, qui tire sa valeur d'un feuilletage énonciatif et sémantique, est une des formes de l'entre-deux dont Antoine Compagnon a souligné l'importance pour le texte proustien :

> Dès l'ouverture, à la première page de « Combray », entre le passé et le présent, entre le héros et le narrateur, un troisième temps, un troisième « je » s'interpose, un « je » ambulant entre passé et présent, ou plutôt entre passé lointain et passé proche, un *go-between* : c'est le « dormeur éveillé », cet insomniaque qui, entre jadis et naguère, s'éveillait en pleine nuit et se souvenait des chambres d'autrefois.
>
> 1989, 12

L'ironie elle aussi prend sens dans un entre-deux, celui de son historicité, entre XIXe et XXe siècles. Les dissonances qu'elle exprime apparaissent comme la conséquence esthétique d'une réaction culturelle du désir bourgeois face à la disparition d'une aristocratie qui le fascine : « la disparition d'une vieille noblesse qui a perdu toute force et toute signification, une noblesse débile et usée, et la transformation d'une couche supérieure de la bourgeoisie en une noblesse nouvelle qui remplace l'ancienne – voilà toute la thèse sociale du roman de Proust. » (Mansfield, 1953, 118-119). Sur les deux versants du changement de siècle, la société est une aire de contradictions : la crise du milieu noble se double de celle du milieu bourgeois, qui a de l'argent, mais qui demeure rongé du désir de pénétrer la classe dominante, et l'ironie apparaît souvent comme la manifestation d'une tension entre les projections sociales d'un personnage et la réalité de la situation. Les paires de discours qui font le plus nettement entendre cette contradiction sont celles constituées par les différentes manières de prononcer certains mots, et notamment les noms. Mme de Cambremer est au plus haut point préoccupée par cet enjeu :

> Mais pour les cousins de Ch'nouville, voilà. Avec l'âge s'était amorti chez la jeune marquise le plaisir qu'elle avait à prononcer leur nom de cette manière. Et cependant c'était pour le goûter qu'elle avait jadis décidé son mariage. Dans d'autres groupes mondains, quand on parlait des Chenouville, l'habitude était (du moins chaque fois que la particule était précédée d'un nom finissant par une voyelle, car dans le cas contraire on était bien obligé de prendre appui sur le *de*, la langue se refusant à prononcer Madam'd'Ch'nonceaux) que ce fut l'*e* muet de la particule qu'on sacrifiât. On disait : « Monsieur d'Chenouville ».
> R^2 III, 213

Mme de Cambremer s'est mariée pour pouvoir dire « Ch'nouville » : c'est dire la valeur sociologique de cette prononciation. Chacune de ces réalisations constitue cependant par elle-même une invalidation de toute autre manière de dire, et les représenter ainsi successivement sur le fil narratif, en écho réciproque, souligne la fragilité de toute réalisation et, dans le creux du discours, l'ironie du narrateur vis-à-vis du pouvoir prétendument distinctif de ces manières de dire. Les démêlés des Cambremer avec la valeur sociale des prononciations ne s'arrêtent d'ailleurs pas là, mais reviennent quelques pages plus loin, comme un véritable *running gag* :

> En me disant cette phrase, Mme de Cambremer prononça Saint-Loupe. Je n'ai jamais appris qui avait prononcé ainsi devant elle, ou ce qui lui avait donné à croire qu'il fallait prononcer ainsi. Toujours est-il que pendant quelques semaines, elle prononça Saint-Loupe, et qu'un homme qui avait une grande admiration pour elle et ne faisait qu'un avec elle, fit de même. Si d'autres personnes disaient Saint-Lou, ils insistaient, disaient avec force Saint-Loupe, soit pour donner indirectement une leçon aux autres, soit pour se distinguer d'eux.
> R^2 III, 367

Ces représentations des différentes manières de prononcer un nom laissent percer une moquerie généralisée, manifestant elle-même une déception face à la déchéance des sphères aristocratiques si longtemps idéalisées. Peter Vaclav

Zima voit dans la *Recherche* « une conséquence esthétique de la réaction culturelle d'une partie de la grande bourgeoisie qui avait coutume de courtiser les aristocrates du faubourg Saint-Germain, à la disparition de la noblesse française de la scène politique après l'échec définitif de ses tentatives pour restaurer la monarchie » (1973, 9). Ce désenchantement s'exprime à travers la dissonance des représentations de discours.

Dans une perspective élargie, sur un plan philosophique, la visée critique liée à la tension entre deux discours se double toutefois de l'expression d'un certain relativisme, car l'ironie permet aussi une distanciation, et donc un dépassement de la situation. Luc Fraisse a pointé le lien entre les modifications dues au passage du Temps et la théorie de la relativité :

> Proust sera très intéressé après 1920 de voir comparer l'univers de son roman à la théorie d'Einstein. Il retient de la *relativité* le principe selon lequel le temps ajoute à l'espace une quatrième dimension, puisque le mouvement, la vitesse, avec lesquels nous nous déplaçons, modifient le volume des objets observés. L'ingéniosité de Proust est de faire suivre à chaque personnage deux évolutions combinées : le personnage change parce qu'il vieillit, mais en même temps parce que le héros apprend à le connaître.
>
> 1993, 126

Ernst Robert Curtius a lui aussi insisté sur le rapport entre la situation historique et la posture philosophique du relativisme :

> [L]orsque la conscience européenne retrouva son assiette, lorsqu'un nouveau système de coordonnées fut acquis auquel on put rapporter la multiplicité du réel et qui permit de l'organiser, lorsque sortant des soubresauts de l'époque précédente on retrouva un équilibre, on ne nia plus alors l'existence de la relativité ni on ne capitula, non plus, devant elle, mais on l'engloba, comme partie intégrante, dans la structure de l'univers[4].
>
> cité par BERSANI, 1971, 37-38

L'ironie née des représentations de discours par paire permet en effet un recul, et lui-même conduit à la pensée de la relativité des faits. Pour évoquer

---

[4] « Du relativisme proustien », *Marcel Proust*, Paris, Éd. de la Revue Nouvelle, 1928. Citons encore Pierre Schoentjes : « L'ironie apparaît comme une synthèse possible, une façon d'équilibrer des tendances contradictoires lorsque vacille la confiance dans une providence divine ou que l'idée de progrès est mise en question. » (2001, 269).

l'importance des premières lettres reçues dans les débuts d'une amitié féminine, le narrateur met en tension un couple de discours : celui que le lecteur aurait aimé trouver dans ces courriers et celui bel et bien écrit.

> La phrase qu'on sait par cœur est agréable à relire et, dans celles moins littéralement apprises, on veut vérifier le degré de tendresse d'une expression. A-t-elle écrit : « Votre chère lettre » ? Petite déception dans la douceur qu'on respire, et qui doit être attribuée soit à ce qu'on a lu trop vite, soit à l'écriture illisible de la correspondante ; elle n'a pas mis : « et votre chère lettre », mais : « en voyant cette lettre ».
>
> R² III, 233

Cette discordance est propre à faire entendre la déception, la frustration face à une histoire d'amour qui restera à jamais de l'ordre du fantasme ... et aussi bien la moquerie du narrateur qui, ayant mûri, évoque avec ironie l'envolée folle de ses espoirs de jeune homme. Cette occurrence renvoie bien à la concurrence des points de vue, à la tension d'un perspectivisme, aux effets de la persistance d'une perception face à une autre, et cette surimpression des regards joue un rôle très comparable à l'écho d'un discours sous un autre. Or cette confusion se clôt sur ce dépassement : « On lui donne rendez-vous pour le lendemain quand même, car c'est tout de même *elle* et ce qu'on désirait c'est elle. » (R² III, 234) Le désir pour la femme ne s'annule pas : quelle que soit la déception éprouvée après la confrontation des discours, elle est surmontée au profit d'un relativisme distancié et englobant, transcendant cette dissonance. C'est bien cette sublimation qui explique et résout les perceptions diverses de l'ironie proustienne évoquée en ouverture du propos.

Sous ce jour, retirer de la discordance entre deux énoncés un recul permettant lui-même d'éclaircir le sens réel du vécu ne manque pas de point commun avec ce que le texte dit de la métaphore.

> [L]a vérité ne commencera qu'au moment où l'écrivain prendra deux objets différents, posera leur rapport, analogue dans le monde de l'art à celui qu'est le rapport unique de la loi causale dans le monde de la science, et les enfermera dans les anneaux nécessaires d'un beau style. Même, ainsi que la vie, quand en rapprochant une qualité commune à deux sensations, il dégagera leur essence commune en les réunissant l'une et l'autre pour les soustraire aux contingences du temps, dans une métaphore. [...] Le rapport peut être peu intéressant, les objets médiocres, le style mauvais, mais tant qu'il n'y a pas eu cela, il n'y a rien.
>
> R² IV, 467-468

Avec la métaphore, figure de l'analogie, l'association entre plusieurs éléments est orientée vers une identité partagée : « une qualité commune à deux sensations », « leur essence commune » – l'adjectif est répété –, et il est même question de réunion – « en les réunissant l'une et l'autre ». Pourtant, à rapprocher deux éléments, ce sont autant des différences que des points communs qui se trouvent en jeu : « la vérité ne commencera qu'au moment où l'écrivain prendra deux objets *différents* » (nous soulignons). Une note ajoutée au terme « métaphore » dans la collection « Folio » (1990, 195) revient sur le choix de cette figure.

> Dans les premiers états du texte, Proust parlait d'« alliance de mots » et non de métaphore [...]. Pour sa définition de la métaphore, [...] l'auteur critique la tendance d'un Jaurès, par exemple, à considérer l'image comme « la servante purement pratique et utilitaire du raisonnement [...]. Non, l'image doit avoir sa raison d'être en elle-même, sa brusque naissance toute divine » (*Correspondance*, t. VII, page 167). On voit d'après cette citation que, malgré le caractère méthodique et volontaire de la recherche unifiante qui aboutit au « beau style », l'image heureuse est accidentelle et gratuite, [...].
> 1990, 416

Or l'expression « alliance de mots » réfère au rapprochement de « deux termes dont les significations paraissent se contredire » (Dupriez, 1990, 31), la locution étant par ailleurs une ellipse de « alliance de mots contradictoires ». Même si la métaphore comme l'ironie engagent de la part de l'écrivain un travail comparable d'interprétation face à la réunion d'éléments distincts, l'ironie tire ses effets de sens des contradictions, la métaphore faisant pour sa part ressortir les points communs par-delà les différences. Les associations de discours où l'un est donné comme la traduction de l'autre, où l'un est donné comme la version pertinente de l'autre, font ressortir le lien entre l'ironie et la mise au jour du sens. Lorsque le narrateur cherche à démentir la condamnation que Mme Verdurin lance à l'encontre de Swann, il traduit la vérité sociale sous le jugement qu'elle porte sur lui :

> J'assurai qu'il était très intelligent. « Non, vous croyiez seulement cela parce que vous le connaissiez depuis moins longtemps que moi. Au fond on en avait très vite fait le tour. Moi, il m'assommait. (Traduction : il allait chez les La Trémoïlle et chez les Guermantes et savait que je n'y allais pas.) »
> R² III, 361

Faire entendre la différence de milieu sous le commentaire d'une prétendue bêtise de Swann met en évidence la vérité sociale sous l'appréciation des rapports humains par Mme Verdurin. Il en va de même lorsque le narrateur convoque un autre discours pour élucider la portée d'un propos de sa mère.

> Quand elle voyait un chauffeur d'automobile dîner avec moi dans la salle à manger, elle n'était pas absolument contente et me disait : « Il me semble que tu pourrais avoir mieux comme ami qu'un mécanicien », comme elle aurait dit, s'il se fût agi d'un mariage : « Tu pourrais trouver mieux comme parti ».
>
> R^2 III, 415

La succession des deux discours fait entendre, du point de vue du narrateur qui les représente ainsi en série, l'inadéquation du jugement formulé par la mère, qui trie les amitiés de son fils comme s'il s'agissait de relations amoureuses, alors même que les rapports ne sont pas de nature comparable. Pourtant, en même temps, ce rapprochement met en évidence le vrai sens de cet échange : ces relations se valent pour ce qui est de leur valeur sociale, les relations amicales étant d'autant de poids que les rapports amoureux. Sur un autre plan de lecture, une telle équivalence laisse encore entendre que le mécanicien s'apparente moins à un ami qu'à un parti. Ces dispositifs de représentation en binôme apparaissent comme exemplaires de l'entreprise proustienne de traduction : « je m'apercevais que ce livre essentiel, le seul livre vrai, un grand écrivain n'a pas, dans le sens courant, à l'inventer puisqu'il existe déjà en chacun de nous, mais à le traduire » (R^2 IV, 469). Aux côtés de la métaphore, l'ironie paraît une autre méthode pour répondre à cette définition du travail d'écriture : « La vraie vie, la vie enfin découverte et éclaircie, la seule vie par conséquent pleinement vécue, c'est la littérature. » (R^2 IV, 474) Les systèmes de mention-écho de l'écriture proustienne, véritables formes-sens, exemplifient eux aussi la manière dont le narrateur entend éclaircir le sens de la vie, le sens qu'a pour lui la littérature, son style.

L'ironie n'est assurément pas la seule nuance comique de la *Recherche*, mais c'est bien cette forme de rire qui naît très souvent des paroles rapportées, nombreuses, et notamment de celles représentées en binômes, où le feuilletage fait résonner un discours sous un autre, selon le dispositif de la mention-écho. Que la discordance soit interne à une même strate énonciative, qu'elle joue entre l'énoncé représentant un discours et le discours représenté lui-même ou encore qu'elle repose sur la dysharmonie entre deux paroles rapportées, les configurations qui lient deux énoncés ont comme point commun de former un système où la résonance d'un énoncé fait jouer une dissonance ironique. Une telle tension se voit alors diversement exacerbée par le travail du sens, et les effets comiques connaissent bien des variétés et des degrés, mais toutes ces inflexions se rapportent à un même patron stylistique, ou plutôt au système d'une forme-sens, en ce qu'il fait lui-même écho au désenchantement éprouvé face à l'évolution de la société, et tout aussi bien permet de le sublimer, et plus encore d'élucider le sens de la vie. De telles résonances symboliques légitiment la lecture d'une ironie de la *Recherche*, et aussi bien expliquent qu'elle soit nuancée.

Le rapport de l'entre-deux discursif dont l'ironie tient sa valeur justifierait du reste de le rapprocher encore de l'intermittence, une forme-sens qui touche elle aussi à l'essence de l'œuvre, et qui avait d'ailleurs été retenue initialement comme titre.

> *À la recherche du temps perdu* est le roman de l'entre-deux, pas de la contradiction résolue et de la synthèse dialectique, mais de la symétrie boiteuse ou défectueuse, du déséquilibre et de la disproportion, du faux pas, comme sur les « deux dalles inégales » du baptistère de Saint-Marc à Venise, retrouvées entre les « pavés assez mal équarris » de la cour de l'hôtel de Guermantes [...].
>
> On peut mettre l'accent sur l'obstacle ou sur la transparence, sur la réalité des pavés inégaux ou sur la perfection idéale et immatérielle de la révélation qui suit, mais, dans l'intermittence, cette démarche chancelante du héros [...] est une meilleure allégorie du roman. Et la scène fait rire [...].
>
> Compagnon, 1989, 13

Le sens de ces couplages discursifs naît lui aussi de ce qui se joue dans l'intervalle de deux bornes irrégulières et, s'il ne manque pas d'épisodes allégoriques de cette démarche « hors d'aplomb, dont les écarts, les décalages et les failles ne cessent de susciter la lecture » (1989, 14), nous pourrions encore leur associer les effets ironiques nés de ces discours en binôme, de ces systèmes de mention-écho, qui ne sont pas la moindre des cristallisations de cette démarche dialectique, chancelante, oblique.

Bibliographie

Marcel Proust, *À la recherche du temps perdu*, Paris, Gallimard, Bibliothèque de la Pléiade, 1987-1989.

Marcel Proust, *Le Temps retrouvé*, Paris, Gallimard, coll. « Folio », 1989 pour l'établissement du texte, 1990 pour celui de la préface, texte édité par Brian G. Rogers et Pierre-Louis Rey.

Beda Alleman, « De l'ironie en tant que principe littéraire », *Poétique* n° 36, novembre 1978, p. 385-398.

Jacques Bersani (dir.), *Les Critiques de notre temps et Proust*, Paris, Garnier Frères, 1971.

Patrick Brunel, *Le Rire de Proust*, Paris, Champion, coll. « Littérature de notre siècle », 1997.

Antoine Compagnon, *Proust entre deux siècles*, Paris, Le Seuil, 1989.

Bernard Dupriez, *Les Procédés littéraires (dictionnaire)*, U.G.E., 10/18, 1990 (1re éd. 1984).

Nelson Goodman, « Le statut du style », in *Ways of Worldmaking*, Indianapolis, Hackett, 1978 ; trad. fr. M.-D. Popelard, *Manières de faire des mondes*, Nîmes, Jacqueline Chambon, 1992, 37-58.

Philippe Hamon, *L'Ironie littéraire. Essai sur les formes de l'écriture oblique*, Paris, Hachette Livre, 1996.

Lester Mansfield, *Le Comique de Marcel Proust*, Paris, Nizet, 1953.

Pierre Schoentjes, *Recherche de l'ironie et Ironie de la recherche*, Gent, Rijksuniversiteit te Gent, Universa Press, 1993.

Pierre Schoentjes, *Poétique de l'ironie*, Paris, Éditions du Seuil, coll. « Points Essais », 2001.

Dan Sperber, Deirdre Wilson, « Les ironies comme mentions », *Poétique*, n° 36, novembre 1978, 399-412.

Peter Valclav Zima, *Le Désir du mythe. Une lecture sociologique de Marcel Proust*, Paris, Nizet, 1973.

Rire et folie chez Proust : le cas du baron de Charlus

Anne-Aël Ropars

Résumé

Marcel Proust, lui-même victime de fréquents fous rires si l'on en croit les témoignages, choisit d'incarner la folie dans le rire du baron de Charlus, personnage dont la complexité et la dualité tragi-comique profitent de l'ambiguïté même de son rire. Par là, Proust exerce son regard de clinicien nourri tant par la représentation traditionnelle de la folie que par les récents travaux des aliénistes sur la névrose. L'observation de ce symptôme qu'est le rire pathologique du baron instaure un jeu de miroir entre l'auteur et son personnage, éclairant ainsi un aspect du processus créatif à l'œuvre dans la *Recherche*.

« Il est certain, si l'on veut se mettre au point de vue de l'esprit orthodoxe, que le rire humain est intimement lié à l'accident d'une chute ancienne, d'une dégradation physique et morale ». Ainsi Baudelaire faisait-il état de la tradition chrétienne qui considère le rire comme étant « généralement l'apanage des fous » (Baudelaire, 977). En effet, le XIXe siècle hérite de cette conception du rire comme « un élément damnable et d'origine diabolique ». En témoigne le célèbre *Homme qui rit* (1869) de Victor Hugo, figure ambiguë qui interroge l'image satanique du rire. Chez Proust, le personnage de Charlus incarne cette tradition d'un rire inquiétant dont le contrôle échappe au personnage pour une raison particulière : la folie. « Égaillement d'hystérique (R² III, 58) », « délire de joie (R² III, 456) », « surexcitation et euphorie nerveuse (R² III, 783) » et autres manifestations de rires fous émaillent le texte d'indices sur la « demi-folie (R² II, 674) » du personnage : autant de « signes involontaires qui résistent à l'organisation souveraine du langage, qui ne se laissent pas maîtriser dans les mots et les phrases, mais font fuir le logos et nous entraînent dans un autre domaine [...], signes de violence et de folie », pour reprendre les mots de Gilles Deleuze (1964, 205). Autrement dit, le rire de M. de Charlus trahit la perte de maîtrise de soi, cette perte provoquant un comportement parfois bestial, en tout cas dirigé par des instincts que la folie rend plus puissants que la volonté, les conventions et même le langage.

Toutefois, ce personnage de « fou qui rit » est, en quelque sorte, laïcisé, soustrait à la tradition religieuse pour la soumettre à un autre regard, celui de la psychiatrie naissante. De fait, l'automatisme qui domine le baron dans ses « crises de rire fou » entre dans la définition de la monomanie par le célèbre aliéniste Jean-Étienne Esquirol (1772-1840) qui la présentait comme « un délire partiel chronique, gai ou triste » (Esquirol 1838, 398). Si le rire de Charlus est inquiétant, c'est donc parce qu'il semble dominer le personnage à mesure qu'augmente sa folie. Par le rire, c'est Charlus lui-même qui échappe à son contrôle, qui s'abandonne au délire chronique dont le narrateur et les autres personnages prennent conscience: de « drôle (R^2 II, 674) », « piqué », « dingo (R^2 III, 732) », le baron devient « impulsif », « nerveux », « hystérique (R^2 III, 820) », « détraqué (R^2 I, 350) », « aliéné (R^2 II, 111) » – et « fou (R^2 IV, 417) ». Dans Le Rire de Proust, Patrick Brunel faisait le constat suivant: « le romancier esquisse, à propos du comique et du rire mondains qui irriguent l'univers des salons, une réflexion d'historien, de sociologue et de moraliste » (Brunel 1997, 68).

Nous voudrions poursuivre l'étude en explorant la réflexion de « clinicien » esquissée par Proust à propos du rire du baron de Charlus. On sait combien Proust assimila les idées scientifiques de son temps et porta sur ses personnages un regard médical dont témoigne le diagnostic posé, à partir de ce symptôme qu'est le rire, sur M. de Charlus: « défectuosités nerveuses (R^2 III, 344) », « neurasthénie (R^2 III, 718) », « folie (R^2 IV, 417) ». Par ailleurs, le regard clinique porté sur la folie du personnage est nourri d'une connaissance intime de son modèle, le comte Robert de Montesquiou, dont on verra qu'il est à l'origine de l'interférence entre rire et folie incarnée dans le baron de Charlus. L'étude des sources de cette interférence permettra d'éclairer l'élaboration romanesque d'un des personnages les plus complexes de La Recherche.

1 Rire et folie dans la genèse du baron de Charlus

Nombreuses sont les études qui ont mis en avant la névrose du baron de Charlus. En 1964, Deleuze y consacrait la conclusion de son essai Proust et les signes, « Présence et fonction de la folie », tout comme Philippe Berthier qui, plus récemment, titrait ainsi le cinquième chapitre de son Charlus (2017) : « Le chevalier à la (név)rose » (Deleuze, 1964, 20 ; Berthier, 2017, 55). « Que Charlus soit un névropathe, Marcel ne néglige rien pour en convaincre son lecteur », affirme Philippe Berthier tout en reconnaissant que « Charlus est plongé dans un chiaroscuro psychique d'une grande complexité, qui interdit tout jugement manichéen ou à l'emporte-pièce, mais suppose une instabilité, ayant à l'évidence partie étroitement liée avec l'hyperthéâtralité du personnage » (Berthier 2017, 59). En effet, l'évidente folie du baron de Charlus ne conduit pas à la caricature, et ce grâce à la dualité presque dramaturgique du personnage dont le comportement à la fois tragique et comique est préservé tout au long du cycle romanesque. Tantôt pathétique dans son rôle de « vieux prince déchu [à] la majesté shakespearienne d'un roi Lear (R² IV, 438) », tantôt burlesque en « grand inquisiteur peint par le Greco », les « cils noircis » et les « joues poudrederizées (R² III, 712) », le baron de Charlus reste un personnage ambigu, à l'image de son rire.

Ce rire, justement, n'est pas un épiphénomène. Les manuscrits témoignent du projet initial de faire du rire l'expression, voire la révélation de la névrose du baron. Le Cahier 7 de 1909 livre les premières ébauches sur le rire de Charlus, alors appelé M. de Guercy :

> [...] On aurait cru entendre au fond de son gosier, une Célimène qui minaudait et ajustait son prochain avec des traits qui donnaient à sa voix à ce moment des tons aigus et perçants. Mais c'était surtout son rire qui était un vrai rire de coquette, si aigu que parfois on se regardait en l'écoutant [...] Et ce rire était // d'autant plus agaçant que par moments chez cet homme grave et triste il sort[ait] s'échappait brusquement à propos de rien, en des gaietés de petite folle, une exaltation, une volupté de pensionnaire qui s'échappe.
>
> TEYSSANDIER 2009, 9

Outre les indices que cette description apporte sur l'homosexualité du baron, et qui seront d'ailleurs supprimés afin de ne pas révéler cette inversion trop tôt dans le roman, le rire de Charlus introduit déjà la bipolarité qui caractérisera son personnage : de « grave et triste », l'homme devient, « brusquement » et « à propos de rien », une « petite folle ». Proust s'inscrit ici dans ce qu'Edward Bizub appelle une « coupure épistémologique » (Bizub 2018) due à la découverte, à la fin du XIXᵉ siècle, du phénomène de dédoublement de personnalité – que Proust évoquera également à travers l'anecdote du valet des Verdurin dans le fameux pastiche des Goncourt au début du *Temps retrouvé* (*ibid.*). Les recherches sur le clivage de l'esprit humain entraînent alors une révolution dans l'approche de sujet et donnent lieu à une intégration de la médecine dans le paradigme philosophique. La première rencontre du narrateur avec le baron, à Balbec, fait état de cette fusion paradigmatique dès les origines du projet, Charlus y étant décrit en termes médicaux. La fameuse parade pendant laquelle le baron observe le narrateur tout en jouant avec sa canne inspire ce commentaire éloquent : « C'était bien les mouvements bizarres et fiévreux d'un neurasthénique » (Cahier 7, 30v°, *in* Laurence Teyssandier 2009). Le lendemain, lorsque M. de Guercy interpelle le narrateur avant son bain, c'est son rire qui trahit son ambivalence :

> Aussi après tous les sentiments ~~si~~ élevés que je // lui avais entendu exprimer, fus-je bien étonné, le lendemain ~~matin~~, qui était le jour de son départ, ~~quand M.~~ ~~s'étant approché de moi qui en costume de~~ < sur la plage > au moment où j'allais prendre mon bain, ~~il s'~~[?] ~~M. de~~ / ~~d'entendre M. de Gurcy Fleurus qui~~ comme M. de Fleurus s'était approché de moi pour ~~me dire~~ < m'avertir > que ma grand-mère m'attendait aussitôt que je serais sorti de l'eau, de l'entendre ~~qui me dit~~ < me dire >, en [me] pinçant le cou, avec une familiarité < et un rire > vulgaires : 'Mais ~~vous vous~~ < on s' > en fichez bien de ~~votre~~ < sa > vieille grand-mère, < hein >, petite fripouille'.

Dans cette ébauche, le « rire vulgaire », opposé aux « sentiments si élevés » du baron, est la manifestation d'une gaieté malsaine et d'un caractère multiple, sinon bipolaire. Parmi les nombreux épisodes mettant en scène le rire fou de Charlus dans la genèse de l'œuvre, citons encore l'arrivée du baron à la soirée Verdurin dans *La Prisonnière*. Dans cette addition au Cahier 73, Proust renforce la folie du baron en rendant explicite le caractère pathologique de son rire :

> Installé dans sa tête où tout lui apparaissait différent de ce que cela apparaît aux autres [,] M. de Charlus était plus loin d'eux que s'il avait habité le Pôle ou l'Équateur. Aussi commençait-il à ne plus se rendre compte du tout de ce qui se fait et de ce qui ne se fait pas. En entrant chez Mme Verdurin il dit en pure manière de plaisanterie à un nouveau valet de pied intimidé qui lui prenait son pardessus [:] 'Vous [,] je vous défends de me faire de l'œil comme ça' et le montrant à Brichot il ajouta : '< Quel beau gaillard [!] > Il a un petit nez amusant' [,] porta son* doigt sur le nez du valet de pied interdit et ~~dit~~ le touchant du bout du doigt dit : 'Pif', retira son doigt et ~~sans plus s'occuper du valet de pied~~ entra au salon sans plus s'occuper du valet de pied qui [,] sans soupçonner la cause cachée de ces facéties se dit [: '] quelle drôle de boîte [',] et se demanda si le baron était farce ou marteau' [sic]. ~~Il est~~ ['] Ce sont des manières comme ça mais c'est un brave homme ['] lui dirent les autres avec qui il n'était jamais allé plus loin et qui le croyaient plutôt un peu piqué.
>
> TEYSSANDIER 2009, CAHIER 73, 48r° papier collé, envers, moitié supérieure

La scène entretient l'ambiguïté du personnage : l'excentricité du baron est interprétée par les valets comme un signe de folie, tandis que le narrateur semble attribuer « la cause cachée de ces facéties » à l'inversion. Il serait toutefois réducteur de voir dans le comportement du baron la simple manifestation de son attirance pour le valet de pied. Le narrateur, en décrivant Charlus

« installé dans sa tête où tout lui apparaissait différent de ce que cela apparaît aux autres », sous-entend que ces facéties ont une cause mentale, sont dues à un déséquilibre et non seulement à sa passion homosexuelle. Se fait jour ici la théorie de l'aliénation mentale comme *folie animale* telle que la psychiatrie l'a définie, selon Michel Foucault, à la fin du XIXe siècle, théorie que la psychanalyse interprétera à son tour en termes d'inconscient et de refoulement (Foucault, 1961, 28). Distincte de l'inversion, la folie du baron est pourtant accrue par ses pulsions homosexuelles, le refoulement de la *passion animale* provoquant le mécanisme pathologique de l'aliénation mentale dont le rire est l'expression, le baron cédant à une hilarité qui n'est au fond qu'un débordement irrépressible de sa passion interdite. Le « Pif » qui marque l'aboutissement de cette plaisanterie appartient d'ailleurs au type de discours incontrôlé que l'on retrouvera comme signe de la folie de Charlus – signe involontaire et néanmoins manifeste de la folie d'après Gilles Deleuze.

La Prisonnière présentera un exemple similaire dans la relation du baron avec les fils de Madame de Surgis qui « leur défendit de continuer à fréquenter M. de Charlus quand elle apprit que, par une sorte d'horlogerie à répétition, il était comme fatalement amené, à chaque visite, à leur pincer le menton et à se le faire pincer, l'un l'autre (R² III, 709) ». Cet automatisme presque mécanique qui envahit peu à peu le baron est interprété par le narrateur comme un symptôme de l'aliénation du personnage. Il précise en effet que les précautions de Madame de Surgis sont motivées par la peur face aux plaisanteries du baron « parce qu'on y sent affluer la folie, bien plus que par moralité ». Autrement dit, la folie qu'exprime le rire du baron n'est pas une simple entorse aux convenances ou à la morale mais bien un signe pathologique et donc fatal de la manie du baron.

Les extraits de manuscrits cités témoignent de la corrélation, dans l'esprit de Proust, entre le rire et la folie qui, tous deux, s'incarnent dans le personnage de Charlus. La confirmation, dès la genèse de l'œuvre, du caractère pathologique du rire, incite à observer comment Proust développe et exploite le rire du baron de Charlus pour en faire un des signes cliniques et romanesques de sa folie.

2 Le rire comme symptôme de folie

Robert Soupault l'a bien montré dans son ouvrage *Marcel Proust du côté de la médecine* (1967) : « Au-delà de son *parler*, Proust fait preuve d'un *penser* médical : tournure d'esprit fort précieuse chez un écrivain, qui lui permet de poursuivre son étude introspective avec des moyens rarement à disposition des psychologues et des moralistes » (Soupault 1967, 233). En effet, en tant que fils et frère de médecin et en tant que malade, Proust a aiguisé son sens de l'observation jusqu'à porter sur ses personnages un regard clinique. La fréquentation des idées neuropsychiatriques, à travers les travaux de son psychothérapeute Paul Sollier, de son neurologue Edouard Brissaud et bien sûr des ouvrages d'Adrien Proust sur la neurasthénie[1], a façonné la méthode d'analyse de Proust lui-même, qui mène une lecture « symptômale » (Chardin 2018) des signes au lieu de s'arrêter à l'apparence des êtres. Proust dissèque, interprète, diagnostique méthodiquement ses personnages, parmi lesquels Charlus dont l'exubérance fait l'objet d'une analyse proprement clinique : « Peut-être aussi y avait-il encore dans les mouvements du baron cette incoordination consécutive aux troubles de la moelle et du cerveau, et ses gestes dépassaient-ils l'intention qu'il avait (R^2 IV, 438) ». Dans cette perspective, le rire est lui aussi perçu comme un « symptôme » de la démence qui s'empare de Charlus.

Par définition, le rire est un réflexe, un phénomène incontrôlé qui échappe à la volonté. Chez Charlus, la fréquence de ces « crises » de rire est révélatrice, le narrateur accentuant par ailleurs leur caractère automatique : il évoque ici « des spasmes d'émotion et d'ironie (R^2 III, 778) », ailleurs « un spasme d'hystérique » et « un rire aigu qui convulse (R^2 III, 21) » le corps ; rires fous qu'il envisage comme un « phénomène d'amplification vocale par surexcitation et euphorie nerveuse (R^2 III, 783) ». Cette description établit un diagnostic neurologique – « euphorie nerveuse » – et psychiatrique – « hystérie » – à partir de l'observation objective et méthodique du rire – « spasmes », « convulsions », « amplification vocale ». L'examen clinique est sans appel : Charlus est victime d'une « maladie intermittente de l'esprit (R^2 III, 476) » qui peut faire basculer les grands nerveux dans la folie. Le rire fou est alors un symptôme, au même titre que la « rage folle (R^2 II, 846) » dont le baron est coutumier, de ce trouble de la personnalité. On a beaucoup commenté les coups d'éclat du personnage – ses éclats de rire, en revanche, n'ont que rarement fait l'objet d'une analyse malgré leur nombre important dans *La Recherche*. Dans *Sodome et Gomorrhe*, quand Charlus rencontre le narrateur chez le prince de Guermantes, la contrariété qu'il éprouve se transforme en « égaillement d'hystérique » : « il se mit à pousser des éclats de rire qui semblèrent à la fois témoigner de sa joie et de l'impuissance où la parole humaine était de l'exprimer (R^2 III, 58) ». Plus loin, dans *La Prisonnière*, son excitation lors de la soirée Verdurin se manifeste par de fréquents éclats de rire que le narrateur qualifiera de caractéristiques « aussi saisissantes que celles qui marquent un fou ou un criminel », le baron étant « assujetti comme un maniaque (R^2 III, 809) » à

---

[1] Sur le lien entre Proust, ses médecins et les idées en cours, voir Mireille Naturel (2018).

son obsession pour l'inversion. Non seulement le rire de Charlus est toujours perçu à travers le prisme de l'hystérie ou de la manie, mais leur nombre même constitue la preuve médicale d'une anomalie. En effet, c'est « en éclatant de rire (R^2 III, 779) » qu'il propose de voler l'éventail de la reine de Naples, et ses plaisanteries concernant Brichot ne cessent de déclencher son hilarité :

> – 'Voulez-vous bien vous taire devant cet enfant, mauvaise gale', ricana M. de Charlus en abaissant, dans un geste d'imposer le silence à Brichot, une main qu'il ne manqua pas de poser sur mon épaule.
> [...] 'Mais ma parole, Brichot, ajouta-t-il en se tournant en riant vers nous, j'ai du scrupule en vous voyant en si galante compagnie. Vous aviez l'air de deux amoureux. Bras dessus, bras dessous, dites donc, Brichot, vous en prenez des libertés !' Fallait-il attribuer pour cause à de telles paroles le vieillissement d'une pensée moins maîtresse que jadis de ses réflexes et qui dans des instants d'automatisme laisse échapper un secret si soigneusement enfoui pendant quarante ans ?
> R^2 III, 715

Nous le voyons, l'évocation du rire répété de Charlus est suivie de manière presque systématique, dans un lien de cause à effet menant de l'observation d'un symptôme à l'établissement d'un diagnostic, d'une interrogation d'ordre neuropsychiatrique : la monomanie du baron explique sans doute la dégénérescence neurologique qui lui fait perdre le contrôle de ses réflexes. Le rire apparaît ainsi comme la manifestation clinique d'une folie qui pervertit le langage et affaiblit la pensée. Aussi cède-t-il à sa folie quand, dans le *Côté de Guermantes*, il demande au narrateur d'arranger « des parties pour faire rire » où Bloch lutterait avec son père, ce qu'il considère comme « une farce assez plaisante (R^2 II, 784) ». Immédiatement, le narrateur qualifie ces mots affreux de « presque fous ». Dans *Sodome et Gomorrhe*, c'est en écoutant Morel projeter la séduction puis l'abandon de la nièce de Jupien que Charlus cède au rire cruel : « 'Vraiment, tu ferais cela ?' dit-il à Morel en riant et en le serrant de plus près (R^2 III, 397) ». De même, dans *Le Temps retrouvé*, alors que le narrateur s'entretient avec le baron sur l'issue de la guerre, ce dernier imagine la « populace » se jeter sur Madame Verdurin comme des lions assoiffés de sang : « il se mit à rire à gorge déployée », raconte le narrateur, par ailleurs inquiet de voir Charlus proférer un discours défaitiste en pleine rue. « Je le fis remarquer à M. de Charlus, ajoute-t-il, sans réussir qu'à exciter son hilarité (R^2 IV, 378) ». Rire et névrose : l'hilarité irrépressible du baron est à chaque fois provoquée par des fantasmes cruels, loin de la gaieté franche telle que les fous rires des jeunes filles en fleurs l'exprimaient.

Enfin, le rire de Charlus rend compte d'une régression mentale du personnage. Les allusions scatologiques qui déclenchent la joie du baron dévoilent un esprit sénile et un langage corrompu, signes d'un irrémédiable déclin. L'inscription de cette dégradation du langage dans le sillage des Fumistes à la fin du XIXe siècle a été bien montrée par Patrick Brunel (Brunel 1997, 68). En effet, entre Alphonse Allais et Alfred Jarry, le « goût 1900 » apprécie l'humour scatologique. Oriane de Guermantes et Charles Swann n'en sont pas exempts, qui plaisantent à demi-mot sur le nom des Cambremer, qui « finit juste à temps, mais finit mal » et qui « ne commence pas mieux (R², I, 335-336) ». Toutefois, chez Charlus, la répétition proprement maniaque de ces allusions fait basculer l'esprit « décadent » dans la dégénérescence mentale. Nombreux sont les exemples de cette manie logorrhéique de Charlus. « Oh! mon Dieu, on a crevé ma fosse d'aisances », s'écrit-il imaginant que la marquise de Saint-Euverte « vient d'ouvrir la bouche » (R² III, 99). « Voir Sarah Bernhardt dans *L'Aiglon*, qu'est-ce que c'est ? du caca. Mounet-Sully dans *Œdipe ?* Caca » profère-t-il « ne se tenant pas de joie » (R² III, 456-457). Et encore, à la même soirée : « Que vous alliez faire pipi chez la comtesse Caca, ou caca chez la baronne Pipi, c'est la même chose, vous aurez compromis votre réputation et pris un torchon breneux comme papier hygiénique » (R² III, 475-476). Dans *La Prisonnière*, le baron compare des tasses à café à « des pots de chambre » (R² III, 773) et demande à Morel : « Quand vous avez fini un solo de violon, avez-vous jamais vu chez moi qu'on vous récompensât d'un pet [...] ? » (R² III, 554). Nous pourrions même voir dans ce rire prosaïque et ces plaisanteries grossières les symptômes de la maladie dite de « Gilles de La Tourette » découverte en 1885 par le neurologue du même nom, alors élève de Charcot (Gilles de la Tourette 1885). Il est probable que Proust ait trouvé dans ce syndrome neuropsychiatrique caractérisé notamment par des troubles obsessionnels, des changements d'humeur, des crises de rages et des rires involontaires, des gestes et un langage obscènes, une source d'inspiration médicale pour faire de son personnage un dément.

Par cette description clinique de la folie, Proust fait montre d'une connaissance neuropsychiatrique et d'un sens de l'observation proprement médicaux. En ce sens, il illustre ce que les frères Goncourt notaient déjà dans leur *Journal* le 15 janvier 1866 : « Une des plus grandes révolutions contemporaines est celle du rire. Le rire était autrefois un Roger-Bontemps : aujourd'hui c'est un aliéné. Le comique de ces années-ci, en son insanité nerveuse, est un des modes de l'épilepsie ». Proust, que nous savons familier du *Journal* des Goncourt, a pu reconnaître dans cette réflexion sa propre conception du rire qu'il applique dans le personnage de Charlus. Cela dit, le traitement romanesque de ce rire « aliéné », « nerveux », n'est pas *naturaliste* comme pourraient le laisser penser le rapprochement avec les Goncourt et la description clinique du rire fou. Au contraire, Proust donne à la démence du baron une dimension dramatique bien plutôt inspirée de la tradition telle que Michel Foucault l'a présentée dans son *Histoire de la folie à l'âge classique* : « [Le fou] n'est plus simplement, dans les marges, la silhouette ridicule et familière : il prend place au centre du théâtre comme détenteur de la vérité – jouant ici le rôle complémentaire et inverse de celui qui est joué par la folie dans les contes et les satires. Si la folie entraîne chacun dans un aveuglement où il se perd, le fou, au contraire rappelle à chacun sa vérité ; dans la comédie où chacun trompe les autres et se dupe lui-même, il est la comédie au second degré, la tromperie de la tromperie » (Foucault 1961, 28). C'est ainsi que nous pouvons considérer le rire fou du baron de Charlus comme révélateur d'une vérité. Dans la « comédie » que joue le baron, le rire est le miroir dans lequel s'observe la société – et le narrateur, dont nous allons voir l'ambiguïté derrière l'apparente objectivité médicale.

3   La comédie au second degré

Dans *Le Temps retrouvé*, le narrateur constate la folie de Charlus dans le « pandémonium » de Jupien : « Ce fou savait bien, malgré tout, qu'il était la proie d'une folie et jouait tout de même ». Charlus a donc conscience de sa folie et joue la comédie ; par là, il révèle au narrateur une vérité profonde : « Même dans ces aberrations, la nature humaine (comme elle fait dans nos amours, dans nos voyages) trahit encore le besoin de croyance par des exigences de vérité (R^2 IV, 417) ». Le processus qui amène le narrateur de la « maison de fous (R^2 IV, 411) » à la découverte d'une vérité humaine dépasse l'analyse clinique de la folie et fait de Charlus l'acteur d'un théâtre où le rire prend une dimension dramatique en plus de celle, pathologique, étudiée plus tôt.

L'importance du rire dans la description du personnage a été soulignée dans *Sodome et Gomorrhe* : « Il y a des moments où pour peindre complètement quelqu'un il faudrait que l'imitation phonétique se joignît à la description, et celle du personnage que faisait M. de Charlus risque d'être incomplète par le manque de ce petit rire si fin, si léger (R^2 III, 333) ». Dans *La Prisonnière*, c'est sur l'importance des intonations et des gestes qu'insiste le narrateur avant de comparer le baron à un « névropathe » : « Encore n'est-ce pas seulement du changement des paroles elles-mêmes, si différentes de celles qu'il se permettait autrefois, qu'il serait curieux de chercher l'explication, mais encore de celui survenu dans les intonations, les gestes (R^2 III, 717) ». Autrement dit, la folie de Charlus ne s'exprime pas seulement par la parole mais par le corps ; c'est pourquoi le rire est particulièrement accentué dans la mise en scène du personnage. Philippe Berthier a relevé cet aspect dramatique : « Si souvent il semble s'exprimer avec une emphase qu'une appréciation objective pourrait qualifier de démente, sur un ton qui n'a rien à voir avec le débit ordinaire, c'est parce que, noyé dans son rêve intérieur, il ne cesse pas un instant de vivre en théâtre, que pour lui théâtre et vie se confondent » (Berthier 2017, 59)

Comment ne pas penser au modèle principal du baron de Charlus, le comte Robert de Montesquiou qui, en tant qu'acteur de sa propre vie, a inspiré Proust pour l'élaboration de son personnage ? En effet, Proust a tiré de son ami Montesquiou nombre de caractéristiques dont rend compte le rire fou de Charlus. Dans son célèbre pastiche de Saint-Simon, l'auteur a décrit le rire du dandy comme un rire de théâtre : « il riait fort de ce qu'il disait comme s'il avait été à la fois l'auteur et le parleur » (Proust 1971, 52).

Nous retrouvons ici le baron de Charlus conscient de sa folie et mettant en scène son personnage. Nous savons par ailleurs, grâce au témoignage de Céleste Albaret, que Proust était frappé par le rire de Montesquiou, dans lequel il voyait un signe de méchanceté gratuite dont il s'inspirera pour illustrer la démence de son personnage : « M. Proust m'a raconté que Montesquiou, étant monté dans un tramway en compagnie d'une dame contre laquelle il avait une dent, avait soudain ouvert un mystérieux petit panier d'osier qu'il tenait sur ses genoux. Dans le panier, il y avait un serpent venimeux. La pauvre dame, en le voyant, avait failli s'évanouir, pendant que le comte riait d'un rire strident » (Céleste Albaret 1973, 306-307). Enfin, la correspondance entre les deux écrivains témoigne du même humour scatologique que Proust attribuera à Charlus et dont il fera un signe de son aliénation mentale. Sur une lettre de novembre 1896, écrite par Proust à Montesquiou, le comte a rédigé des commentaires dans les marges : « *Pipi* », « insolent *et bête* », peut-on lire entre autres notes impertinentes et impulsives[2]. Si Montesquiou n'a pas constitué l'unique source d'inspiration de Charlus, il est certain que la théâtralité du comte, notamment son rire extravagant et inquiétant, a nourri l'élaboration du personnage qu'est le baron de Charlus. Face au personnage acteur de sa propre démence, le narrateur se fait alors spectateur et est renvoyé à sa propre folie.

Proust l'écrit lui-même dans *Le Temps retrouvé* : « Quel est le médecin de fous qui n'aura pas à force de les fréquenter eu sa crise de folie ? Heureux encore s'il peut affirmer que ce n'est pas une folie antérieure et latente qui l'avait voué à s'occuper d'eux. L'objet de ses études, pour un psychiatre, réagit souvent sur lui. Mais avant cela, cet objet, quelle obscure inclination, quel fascinateur effroi le lui avait fait choisir ? (R² III, 711) ». On peut en effet interroger la fascination du narrateur pour le baron, de même que celle, mêlé d'« effroi », de

---

2 Lettre à Robert de Montesquiou, Novembre 1896, Marcel Proust (1966).

Proust pour Montesquiou. Céleste Albaret rapporte la méfiance qu'éprouvait Proust envers le comte. A propos de leur dernière rencontre en 1919, elle raconte : « Il y avait des années que M. Proust ne l'avait revu. Il n'en avait plus envie. D'une part, il avait fait le plein du personnage ; d'autre part, il ne cachait pas que Montesquiou lui faisait un peu peur – de lui on pouvait s'attendre à tout ; il me l'a avoué après le départ du comte » (Albaret 1973, 308). Proust craignait Montesquiou, si l'on en croit la peur, que l'on pourrait qualifier de paranoïaque, de recevoir de lui des fleurs ou des chocolats empoisonnés (*ibid.*), ou encore sa méfiance après le décès du comte en 1920 : « je ne crois [pas], écrit-il à la duchesse de Guiche, au sens littéral du mot (et malgré toutes les dépêches qu'il m'envoya l'an passé d'une maison de santé) qu'il soit mort. Était-il vraiment malade ? En tous [cas] s'il a été malade, cela a dû lui donner l'idée d'une fausse mort, à laquelle il assisterait comme Charles Quint, pour nous surprendre ensuite. Il a réglé de plus savantes mises en scène[3] ». Nous retrouvons ici la dimension théâtrale du personnage de Charlus, que Proust semble avoir fini par confondre avec son modèle. Céleste Albaret l'interprète ainsi : « J'ai toujours pensé que, à cet instant, dans son esprit, la confusion des personnages s'était faite : il voyait Montesquiou encore vivant dans Charlus. D'ailleurs, je crois que, depuis longtemps, le comte avait cessé d'exister pour M. Proust. Il était devenu une de ces 'personnes de songe' dont il est question dans son livre *Le Temps retrouvé* – un de ces êtres 'dont la vie elle-même était de plus en plus devenue un songe'. La vraie réalité, c'était Charlus » (Albaret 1973, 311). Ce témoignage illustre ce que Foucault a appelé la « comédie au second degré » : à travers le personnage de Charlus, Proust se fait spectateur de sa propre folie ; il fait du baron l'incarnation de ses névroses, les mettant en scène afin de les observer à travers les yeux du narrateur, dans un dédoublement de sa propre personnalité.

Le rire du baron, en ce sens, répond au rire de Proust lui-même. Là encore, nombreux sont les exemples de l'hilarité suscitée chez Proust par le comte de Montesquiou. En décembre 1895, l'auteur écrit à son aîné pour expliquer « le plus aveugle, le plus douloureux et le plus irrésistible fou-rire » qu'il a depuis huit jours lorsqu'il se trouve en compagnie de Lucien Daudet et qui a pu froisser le comte[4]. Une autre fois, c'est Proust et Jacques-Emile Blanche que Montesquiou doit excuser s'il les voit « rire bêtement et sans raison », ce que Proust qualifie d'« espèce de maladie » (Lucien Daudet 1929, 31). Et en effet, Robert Dreyfus témoigne du caractère pathologique des fous rires de Proust lorsqu'il évoque dans ses *Souvenirs sur Marcel Proust* « un de ces fous rires

---
3 Lettre à la duchesse de Guiche, Dimanche 18 décembre 1921, Marcel Proust (1970-1993).
4 Lettre à Robert de Montesquiou, Décembre 1895, Marcel Proust (1970-1993).

qui souvent l'agitaient comme une crise d'asthme » (Dreyfus 1926, 97). Nous connaissons par ailleurs les talents d'imitation de Proust dont Montesquiou fut la cible et que le jeune écrivain, pour rassurer son « maître », décrit comme « des gammes, ou mieux des vocalises, n'ayant aucune prétention de rendre aucune mélodie, rien du génie original[5] ». Objet de fascination mêlée de crainte, d'admiration teintée de moquerie, le comte de Montesquiou a sans nul doute nourri le regard que pose le narrateur sur le personnage ambivalent de Charlus dans *La Recherche*.

Nous pouvons même considérer le baron comme une projection de Proust lui-même, l'auteur et son personnage ayant le même rire fou, symptôme de névrose mais également signe de génie. La désignation de Charlus comme le « poète » de la haute société n'est pas innocente : « M. de Charlus était en quelque sorte leur poète, celui qui avait su dégager de la mondanité ambiante une sorte de poésie où il entrait de l'histoire, de la beauté, du pittoresque, du comique, de la frivole élégance (R^2 IV, 345) ». A plusieurs reprises, Proust convoque le stéréotype de la psychiatrie à la fin du XIXe siècle, inspiré par l'ouvrage de Cesare Lombrosio, *L'Homme de génie* (1864) : « Le génie peut être voisin de la folie (R^2 III, 428) », sentence énoncée par le Docteur Cottard dans *Sodome et Gomorrhe*. Proust l'affirme : « Tout ce que nous connaissons de grand nous vient des nerveux. Ce sont eux et non pas d'autres qui ont fondé les religions et composé les chefs-d'œuvre (R^2 II, 601) ». Parmi eux se trouve le baron, dont les nombreux talents ont, selon le narrateur, une cause médicale : un déséquilibre du système nerveux. C'est ce qu'il explique lorsque Charlus accompagne au piano Morel qui interprète la Sonate pour violon et piano de Fauré : « Le style rapide, anxieux, charmant avec lequel M. de Charlus jouait le morceau schumanesque de la Sonate de Fauré, qui aurait pu discerner que ce style avait son correspondant – on n'ose dire sa cause – dans des parties toutes physiques, dans les défectuosités de M. de Charlus ? (R^2 III, 334) ». Cette analyse trouve sa source dans la théorie de Lombroso selon qui les artistes puisent leur génie dans leur névrose, l'inspiration étant une forme d'épilepsie – opinion que les Goncourt ont également développée. Aussi le tempérament de Charlus, nerveux et « fort artiste (R^2 III, 445) », est-il proche de celui du narrateur. Miroir grossissant accentuant les tares du narrateur, Charlus joue le rôle de modèle et de contre-modèle, de même que Montesquiou fut le « maître » de Proust avant que ce dernier ne lui devienne « supérieur », selon l'expression de Céleste Albaret qui témoigne de cette inversion des rôles : « Je me rappelle comme il avait ri, comblé de joie, la première fois qu'il a reçu une lettre du comte de Montesquiou où celui-ci l'appelait 'mon petit Marcel'. Ce n'était

---

5   Lettre à Robert de Montesquiou, Vendredi 25 novembre 1904, Marcel Proust (1970-1993).

pas d'en être arrivé à cette familiarité avec Montesquiou qui l'enchantait ou le flattait. Non, cela allait avec tout ce qu'il me disait du comte. C'était un rire intérieur. Pour lui, cette lettre était au contraire la preuve qu'il avait su captiver Montesquiou, qu'il était devenu le maître de Montesquiou, que Montesquiou s'apercevrait un jour que 'le petit Marcel' lui était supérieur – ce qui, hélas pour le comte Robert et pour sa mortification, est arrivé » (Albaret 1973, 315). Le rire aura donc été révélateur dans la relation entre Proust et Montesquiou : signe de rivalité, d'admiration et de défiance, et symptôme de névroses communes que Proust aura incarnées dans le personnage de Charlus.

Il est à noter, pour finir, que si Charlus incarne le rire fou, c'est bien le narrateur qui, dans *La Recherche*, a des accès de fou rire. « J'eus un fou rire devant ce sublime gaga », raconte-t-il lorsqu'il rencontre son ennemi d'Argencourt à la matinée de la princesse de Guermantes. Plus tôt, alors que le narrateur est enfant, c'est par « peur d'avoir le fou rire (R^2 II, 663) » qu'il s'abstient de jouer dans une comédie de salon. Nous avons là un effet de miroir propre à la représentation traditionnelle du fou : « le fou [...] rappelle à chacun sa vérité », et avant tout, ici, au narrateur qui met en scène son « fou » dans sa création romanesque. De même Proust mettait-il en scène la folie qu'il décelait dans les écrits de Montesquiou, toujours en riant comme le rapporte Céleste Albaret. A propos d'un poème du comte lu par Proust, elle raconte : « C'était un peu fou, mais bien dans son ton. M. Proust riait en me le récitant, de même que, quand il prenait un volume des vers de Montesquiou dans la bibliothèque du salon, il mettait toujours un peu d'ironie en me le déclamant. Quant aux lettres, dont j'ai déjà raconté qu'il me détaillait des passages, c'était aux éclats qu'il riait, la plupart du temps, en les lisant » (Albaret 1973, 376).

Le témoignage de Céleste Albaret, en apparence anecdotique, nous livre en réalité une explication précieuse pour comprendre la création complexe qu'est le baron de Charlus. Parmi de nombreux modèles possibles du personnage, le comte de Montesquiou occupe une place de première importance en raison de son extravagance, de ses talents littéraires et, bien entendu, de son homosexualité. Le rire, qui semble avoir marqué la relation de Montesquiou avec Proust, éclaire également le processus créatif ayant abouti au personnage de Charlus. La complexité du baron – sa « demi-folie (R^2 II, 674) » – qui fait du personnage un être multiple et contradictoire, est en partie issue du modèle peut-être le plus fondateur : l'auteur lui-même, qui projette dans Charlus sa propre « demi-folie » et en fait son *Doppelgänger*, son double maléfique. Entre eux, le rire joue le rôle de jonction, de miroir et de révélateur, lui aussi multiple et contradictoire. Gilles Deleuze l'écrivait déjà dans *Proust et les signes* : « C'est ce corps-araignée du narrateur, l'espion, le policier, le jaloux, l'interprète et le revendicateur – le fou – l'universel schizophrène qui va tendre un fil vers

Charlus le paranoïaque, un autre fil vers Albertine l'érotomane, pour en faire autant de marionnettes de son propre délire, autant de puissances intensives de son corps sans organes, autant de profils de sa folie » (Deleuze 1964, 218-219).

Sur le rire et la folie, recueil d'épîtres attribuées à Hippocrate, fait remonter l'approche pathologique du rire à l'Antiquité (Hersant, 1989). Le médecin Hippocrate est chargé par le peuple d'Abdère de guérir le philosophe Démocrite dont le signe de la folie est précisément le rire. Après observation et discussion, le médecin livre cependant un diagnostic inattendu : Démocrite est sain d'esprit, ce sont les Abdèriens qui sont fous. Le rire, loin de manifester la prétendue démence du philosophe, désigne au contraire la folie du peuple qu'il tourne en dérision. Cette tradition du fou qui dresse en creux le portrait de la société, Proust l'a intégrée à son processus créatif : son « fou », c'est Charlus qui, par son rire, révèle au narrateur la vérité sur l'amour et la nature des invertis, mais aussi sur l'amitié, sur le génie, sur la société et, en définitive, sur lui-même. Nous l'avons vu, l'apparente objectivité médicale du narrateur vis-à-vis du baron n'est que le signe d'une observation minutieuse de sa propre névrose, et la mise en scène du rire fou de Charlus reflète le propre fou rire de Proust. Foucault l'écrit dans son *Histoire de la folie* : « La folie ne guette plus l'homme aux quatre coins du monde ; elle s'insinue en lui, ou plutôt elle est un rapport subtil que l'homme entretient avec lui-même » (Foucault, 1961, 203). Ainsi s'explique le rapport étroit qu'entretient Proust avec son personnage, c'est-à-dire avec lui-même, ou plutôt avec une projection romanesque et composée, entre autres, de lui-même. Charlus, personnage et personnalité multiple, permet à l'auteur d'exercer sa conscience critique de la folie sous toutes ses formes : médicales, morales, romanesques et dramatiques voire dramaturgiques, la mise en scène du rire ouvrant sur une expérience tragique de la folie dont Charlus incarne toute l'ambiguïté. Raoul Ruiz ne s'y est pas trompé qui, dans son adaptation cinématographique du *Temps retrouvé* (1999), fait jouer à John Malkovich un Charlus à la fois doux et inquiétant, dont le rire hystérique ponctue les interventions. Très proches du texte par ailleurs, le réalisateur et l'acteur prennent cependant la liberté d'ajouter à certaines scènes un rire fou, que ce soit après la lecture d'un article de journal sur la guerre, lors d'une conversation sur le culte de la force en Allemagne, quand Charlus se fait fouetter dans la maison de Jupien ou encore après avoir rencontré le narrateur sur l'avenue des Champs-Elysées[6]. Depuis la genèse du personnage dans les carnets de Proust jusqu'à son adaptation au cinéma, le rire semble indissociable du personnage de Charlus et de sa folie, en tant que manifestation non

---

6 Respectivement à 00 :51, 00 :52, 01 :14 et 01 :38 du film.

verbale d'un phénomène qui ne peut se dire mais peut se montrer – et même se trahir, le fou rire étant ici un rire qui trahit tant la folie de Charlus que celle de son créateur.

Bibliographie

Céleste Albaret, *Monsieur Proust, Souvenirs recueillis par Georges Belmont*, Paris, Robert Laffont, 1973.

Charles Baudelaire, *Œuvres complètes*, éd. Le Dantec Gallimard, Bibliothèque de la Pléiade, 1961.

Philippe Berthier, *Charlus*, Paris, Éditions de Fallois, 2017.

Edward Bizub, « La psychothérapie de Proust : une œuvre d'art ? », in Mireille Naturel (2018).

Patrick Brunel, *Le Rire de Proust*, Paris, Honoré Champion, 1997.

Philippe Chardin, « Le névropathe et son Esculape : un duo romanesque des années 1920 », in Mireille Naturel, 2018.

Lucien Daudet, *Autour de soixante lettres*, Paris, Gallimard, Les Cahiers de la NRF, 2012 (1929).

Gilles Deleuze, *Proust et les signes*, Paris, PUF, 1964.

Robert Dreyfus, *Souvenirs sur Marcel Proust*, Paris, Grasset, 1926.

Jean-Étienne Esquirol, *Des maladies mentales considérées sous les rapports médical, hygiénique et médico-légal*, Paris, J.-B. Baillière, 1838, Tome I.

Michel Foucault, *Histoire de la folie à l'âge classique*, Paris, Gallimard, 1972 (1961).

Edmond et Jules Goncourt, *Journal*, Paris, G. Charpentier et Cie, 1888, Tome III (1866-1870).

Yves Hersant, *Hippocrate. Sur le rire et la folie*, Paris et Marseille, Éditions Rivages, 1989.

Victor Hugo, *L'Homme qui rit*, Paris, Gallimard, Folio classique, 2002.

Georges Gilles de La Tourette, *Étude sur une affection nerveuse caractérisée par de l'incoordination motrice et accompagnée d'écholalie et de coprolalie*, Paris, Archives de neurologie, 1885.

Cesare Lombroso, *L'Homme de génie*, Paris, Alcan, 1889 (1864).

Mireille Naturel (dir.), *Littérature et médecine. Le cas de Proust*, Paris, Hermann, 2018.

Marcel Proust, *À la recherche du temps perdu*, Paris, Gallimard, Bibliothèque de la Pléiade, 4 vol., 1987-1989.

Marcel Proust, *Correspondance de Marcel Proust*, Paris, Plon, 1970-1993, 21 vol., Tomes I, 450-451 ; IV, 352 ; XX, 587.

Marcel Proust, *Lettres retrouvées*, Paris, Plon, 1966, 35.

Marcel Proust, *Pastiches et mélanges*, Paris, Gallimard, Bibliothèque de la Pléiade, 1971.
Robert Soupault, *Marcel Proust du côté de la médecine*, Paris, Plon, 1967.
Laurence Teyssandier, *La Genèse de Charlus dans les Cahiers de Marcel Proust*, Thèse de doctorat en Littérature et civilisation françaises, sous la direction de J.-Y. Tadié, 2009, 2 vol., Tome II, 9, 126, 219, 221-222.

Des rieurs à la limite de la folie, de la volupté et de la mort : les intermittences du rire chez Proust

Thanh-Vân Ton That

Résumé

Parcourant toute la *Recherche*, le rire traverse les espaces, le temps et décloisonne la société. Tous les personnages rient, chacun à leur façon. Le rire rassemble et exclut en tant qu'indice dévoilant l'homosexualité ; il semble surtout caractériser la féminité, oscillant entre sensualité et cruauté.

Le rire est le propre de Proust. Il semble caractériser tous les personnages au point de devenir l'équivalent d'épithètes homériques : tels le duc de Guermantes, reconnaissable aux « reflets enjoués de son monocle, [au] rire de sa dentition, [à] la blancheur de son œillet ou de son plastron plissé » (R² II, *Le Côté de Guermantes*, 353), ou « le chauffeur oriental dont le rire découvrit les belles dents blanches » (R² IV, *Le Temps retrouvé*, 394), chacun étant défini par sa manière de rire ou de ne pas rire. Tel est l'enjeu de ce verbe souvent associé aux verbes « sourire » et « écrire » dans un rapport de voisinage textuel et de rime musicale. Il peut aussi être question d'une succession chronologique sur le visage d'une personne quand « l'indéfinissable et mélancolique sourire qui avait fait son charme » devient avec la vieillesse « masque de plâtre » et « masque de théâtre pour faire rire » (R² IV, *Le Temps retrouvé*, 525). Le sourire précède le rire avec une différence plus qualitative que quantitative, car sous le sourire ne se cache pas forcément le rire à venir. Mais comment (d)écrire le rire ?

Mieux que *Le Roman comique* de Scarron, la *Recherche* offre toute une palette de rires, de la dérivation (« rire, risible, rieur ») jusqu'aux polyptotes (verbes conjugués à toutes les personnes, temps et modes, gérondifs). Qui rira bien rira le dernier, bien que du premier volume jusqu'au dernier le Narrateur soit plus témoin et objet du rire que sujet riant ou rieur. Les occurrences sont plus fréquentes dans les volumes consacrés à la vie mondaine et amoureuse. En effet on rit en bonne ou en mauvaise compagnie, en couple ou en société, rarement dans la solitude de la réflexion ou de la création, les livres étant les enfants de l'obscurité et du silence.

Aussi bien féminin que masculin dans une impitoyable guerre des sexes (avec les rires dangereux), révélateur de l'homosexualité (ô le rire de Charlus ...), le rire est bien le propre de l'homme et aussi de la femme, surtout de celles qui font souffrir le jaloux ridicule et devenu objet de railleries : Odette, Gilberte, Albertine sont des femmes légères et souvent rieuses. Le rire traverse toutes les couches de la société, dans une lutte des classes exacerbée dans laquelle il devient un signe de ralliement et une arme puisque Françoise, le liftier et d'autres personnages subalternes (« je restais, quitte à faire rire la foule innombrable des wattmen, à tituber » (R² IV, *Le Temps retrouvé*, 445-446) rient dans un esprit de revanche plus ou moins consciente, alors que les Verdurin, les Guermantes, Norpois et autres Cottard illustrent le rire bourgeois et aristocratique, diplomate et médecin : tous rient, éclatent de rire, sont pris d'un fou rire inextinguible.

Si le rire est ambigu c'est parce qu'il oscille entre connivence et exclusion, séduction et rejet, tendresse et cruauté. Nous verrons que le rire est pourtant surtout féminin, qu'il est empreint de sensualité et qu'il apparaît enfin parfois comme un signe de cruauté.

1   Rire et féminité

C'est indéniable : en général les maris rient moins que leur femme plus expérimentée et performante dans le domaine de l'hilarité mondaine. Ainsi le duc est-il souvent dépassé par le rire spirituel d'Oriane et M. Verdurin tire sur sa pipe, tandis qu'économisant ses forces et ses effets, Madame Verdurin a l'habitude d'enfouir rituellement son visage en se contentant de glousser et de se pâmer devant les fidèles du petit clan. Quant aux amants jaloux et bernés, dans des moments plus intimes, ils rient, comme le Narrateur, au lieu de se montrer soupçonneux, suscitant alors le sourire d'Albertine, jeu de cache-cache trompeur avec les cartes postales confiées à un mécanicien peu scrupuleux et moments d'observation réciproque dans ce quiproquo sentimental : « Pourtant un soir où les yeux fermés elle s'éveillait à demi, elle dit en s'adressant à moi : "Andrée." Je dissimulai mon émotion. "Tu rêves, je ne suis pas Andrée", lui dis-je en riant. Elle sourit aussi [...]. » (R² III, *La Prisonnière*, 621), « J'ai bien commencé à supposer que vous saviez peut-être tout, quand j'ai vu que vous vous mettiez à rire à l'arrivée, avec huit jours de retard, des cartes postales Je reconnais que c'était ridicule [...]. » (R² III, *La Prisonnière*, 837)

Les jaloux sont menés par le bout du nez par des femmes rouées et rompues aux exercices du cœur et du corps, (sur)prises en flagrant délit a posteriori. Dans sa confrontation avec Swann Odette est caractérisée par son rire léger et séducteur et la couleur rose – qui est aussi celle des joues d'Albertine.

Gilberte au rire sadique (par hérédité ?) tourmentera le Narrateur en lui apprenant que ses parents ne le « gobent pas » et « glissante comme une ondine – elle était ainsi – elle éclata de rire. » (R² I, *À l'ombre des jeunes filles en fleurs*, 481) Quant au rire d'Odette il est métonymiquement impur comme elle : « [...] il voyait Odette en rire, en rire avec lui, presque en lui. [...] 'Quelle gaieté fétide !' [...] 'Et comment une créature dont le visage est fait à l'image de Dieu peut-elle trouver matière à rire dans ces plaisanteries nauséabondes [celles de Mme Verdurin] ?' » (R² I, *du côté de chez Swann*, 282). Le rire féminin impur et presque métaphoriquement scatologique de l'ancienne cocotte rappelant l'expression « se faire casser le pot » qu'Albertine laisse presque échapper, semble chez ces trois femmes ou jeunes filles, mauvais, contagieux et cruels, liés à la trahison et au soupçon d'homosexualité, mais en décalage avec leur apparence physique innocente.

Les hommes sont souvent des spectateurs passifs tandis que les femmes rieuses suscitent le doute dans un tête-à-tête sentimental ou provoquent le rire dans un contexte mondain. Le rire féminin particulier associé à une gestuelle spécifique est perçu comme un langage secret, un code familier qui exclut les hommes, en particulier le Narrateur soupçonneux et sur le qui-vive quand il est confronté au « mauvais genre » de certaines jeunes filles proches d'Albertine : « [...] elle avait eu souvent des rires, des éploiements de corps, des imitations de leur genre, qui me torturaient à cause de ce que je supposais que cela signifiait pour ses amies [...] » (R² III, *La Prisonnière*, 851). Il s'agit d'un rire gomorrhéen de reconnaissance, au second degré (rire d'imitation) et crypté, le discours étant remplacé par le langage du corps désirant. Le souvenir de ce rire blesse rétrospectivement le Narrateur jaloux d'une Albertine trop libre à son goût : « elle éclatait de rire en me regardant d'une façon insolente », « belle jeune fille adulée, à la chevelure merveilleuse » (R² III, *La Prisonnière*, 679).

Le rire est à la fois ce qui sépare en excluant une tierce personne, par exemple le Narrateur, comme nous l'avons vu ou Mme Verdurin dans cette nouvelle triangulation du désir : « Tout éclat de rire furtif d'Odette auprès de Swann lui avait jadis rongé le cœur, depuis quelque temps tout aparté entre Morel et le baron » (R² III, *La Prisonnière*, 782). C'est pourquoi le rire réactive l'angoisse du Narrateur qui enfant, triste et insomniaque, entendait les rires des adultes qui l'excluaient de la fête, le rire d'Albertine se confondant avec celui des convives dans un étonnant décalage temporel (enfant/adulte) et géographique (Combray/Trieste) auquel s'ajoute le transfert sentimental entre le rire de la mère et celui de la jeune fille :

> C'était de Trieste, de ce monde inconnu où je sentais que se plaisait Albertine, où étaient ses souvenirs, ses amitiés, ses amours d'enfance,

> que s'exhalait cette atmosphère hostile, inexplicable, comme celle qui montait jadis jusqu'à ma chambre de Combray, de la salle à manger où j'entendais causer et rire avec les étrangers, dans le bruit des fourchettes, maman qui ne viendrait pas me dire bonsoir.
>
> R² III, *Sodome et Gomorrhe*, 505

La description des types de rires donne lieu à de riches métaphores filées qui font du rire un objet poétique, tel le rire masculin de Ski peu à peu assimilé positivement à une cloche à travers une comparaison, une métaphore puis une personnification qui sont aux antipodes des funestes et tristes cloches baudelairiennes du « Spleen » des *Fleurs du mal* :

> Ski prenait d'abord un air fin, puis laissait échapper comme malgré lui un seul son de rire, comme un premier appel de cloches, suivi d'un silence où le regard fin semblait examiner à bon escient la drôlerie de ce qu'on disait, puis une seconde cloche de rire s'ébranlait et c'était bientôt un hilare angelus.
>
> R² III, *La Prisonnière*, 793

De même le rire de Charlus qui sort de ses « lèvres peintes » se féminise par métonymie généalogique imaginaire avec l'allusion à ses ancêtres :

> Et il eut un petit rire qui lui était spécial – un rire qui lui venait probablement de quelque grand'mère bavaroise ou lorraine, qui le tenait elle-même, tout identique, d'une aïeule, de sorte qu'il sonnait ainsi, inchangé, depuis pas mal de siècles dans de vieilles petites cours de l'Europe, et qu'on goûtait sa qualité précieuse comme celle de certains instruments anciens devenus rarissimes.
>
> R² III, *Sodome et Gomorrhe*, 332-333

Dans ce souci qualifié ci-dessus d'« imitation phonétique » les cloches sont ici remplacées par « ce petit rire si fin, si léger, comme certaines œuvres de Bach ne sont jamais rendues exactement parce que les orchestres manquent de ces "petites trompettes" au son si particulier, pour lesquelles l'auteur a écrit telle ou telle partie ». (*Ibid.*) Ainsi réification et instrumentalisation musicale métaphorisent-elles le rire humain avec une légère note d'exotisme pour Ski et Charlus, le rire révélant discrètement aux oreilles averties les origines de ces personnages.

Comme dans la tradition balzacienne, prosopographie et éthopée doivent elles aussi être complétées par le rire afin que le portrait soit lisible.

Inversement le rire des femmes semble parfois presque viril, chez la marquise de Citri (« cette moquerie avait quelque chose de si violent que le rire même n'était pas assez âpre et se changeait en guttural sifflement », R² III, *Sodome et Gomorrhe*, 86) et la duchesse de Guermantes (« un ton ironique qui donnait quelque chose d'un peu guttural à sa voix, comme si elle avait étouffé un rire rauque. », R² II, *Le Côté de Guermantes*, 560), comme si ce rire surprenant, plus grave, masculin, presque animal, dévoilait une facette inattendue et cruelle de la personnalité féminine, réveillant une guerre des sexes latente. Lorsque le Narrateur guette « l'occasion d'entendre son rire » uniquement quand Albertine est de bonne humeur (le rire servant de baromètre psychologique) ou a le désir « de réentendre le rire d'Albertine, de revoir ses amies, ces jeunes filles se détachant sur les flots, et restées dans mon souvenir le charme inséparable, la flore caractéristique de Balbec » (R² III, *Sodome et Gomorrhe*, 176-177), il reste métonymiquement attaché à un rire de jeunes filles en fleurs, à une féminité sonore.

Ainsi le rire révèle-t-il la supériorité des femmes sur les hommes qui l'utilisent comme un signe de reconnaissance et comme une arme. De plus il est ambigu et brouille insidieusement les frontières entre masculinité et féminité, ce qui n'exclut pas la sensualité.

2   Rire et sensualité

Le rire amoureux caractérise le couple gomorrhéen joyeux, comme la midinette entrevue par le Narrateur, « celle qui, la taille dégingandée, passait en ce moment sous les arbres en riant avec une amie » (R² III, *La Prisonnière*, 676), la sœur de Bloch et son amie qui « passèrent enlacées, ne cessant de s'embrasser, et arrivées à notre hauteur poussèrent des gloussements, des rires, des cris indécents » ou encore la cousine de Bloch et une femme mariée, « incident dont elles rirent fort plus tard, ainsi que du mari berné, avec une gaieté qui fut une occasion de nouvelles tendresses » (R² III, *Sodome et Gomorrhe*, 244, 246). Comme pour Odette, « la dame en rose », on retrouve la couleur du désir et du rire d'« Albertine, laquelle riant de toutes ses forces, et dans l'animation et la joie du jeu, était toute rose » rappelant ses bonnes joues, tandis que son rire troublant fait écho à celui de la sœur de Bloch et de son amie cité précédemment : « la sonorité de son rire, indécent à la façon d'un roucoulement ou de certains cris » (R² II, *À l'ombre des jeunes filles en fleurs*, 273, 272). De ce rapprochement lexical avec l'association de l'adjectif « indécent » et du substantif « roucoulement » (au lieu des « gloussements » précédents même il s'agit du même paradigme de cris d'oiseaux) à l'hallucination visuelle du Narrateur par superposition, il n'y a qu'un pas, avec la vision imaginaire de « la chambre de Montjouvain où Albertine, rose, pelotonnée comme une grosse chatte, le nez mutin, avait pris la place de l'amie de Mlle Vinteuil [...] avec des éclats de son rire voluptueux » (R² III, *Sodome et Gomorrhe*, 514).

Après le rire sensuel, clandestin et voluptueux des femmes qui se reconnaissent et se retrouvent entre elles, le rire heureux résonne dans les tendres scènes de bonheur matinal, dans un paradis presque conjugal entre le Narrateur et Albertine passant directement à son réveil, du sommeil au rire : « [...] me disant en nouant ses bras à mon cou : "J'étais justement en train de me demander si tu ne viendrais pas", et elle riait tendrement de plus belle. On aurait dit que sa tête charmante, quand elle dormait, n'était pleine que de gaîté, de tendresse et de rire », rire innocent et espiègle comparé à un « fruit » dont le Narrateur « fait fuser le jus jaillissant qui désaltère » dans la continuité végétale de la jeune fille en fleurs (R² III, *La Prisonnière*, 889). À l'euphorie du réveil s'ajoute la jubilation du discours poétique créatif autour de la glace, renforçant la synesthésie de tous les plaisirs qui se succèdent ou qui coïncident presque (goût, imagination), comme l'a analysé Jean-Pierre Richard[1], dans une lecture fortement sexualisée de la dégustation puis du rire dans cette ekphrasis gourmande, le rire étant l'expression d'une « volupté physique » :

> Ils font aussi des obélisques de framboise qui se dresseront de place en place dans le désert brûlant de ma soif et dont je ferai fondre le granit rose au fond de ma gorge qu'elles désaltéreront mieux que des oasis (et ici le rire profond éclata soit de satisfaction de si bien parler, soit par moquerie d'elle-même de s'exprimer par images si suivies, soit, hélas ! par volupté physique de sentir en elle quelque chose de si bon, de si frais, qui lui causait l'équivalent d'une jouissance).
> R² III, *La Prisonnière*, 635

Le Narrateur est sensible à ce rire qui ne s'adresse pas qu'à lui de manière spontanée et innocente, mais fait partie d'une stratégie de séduction féminine évoquée deux fois, fondée sur un jeu mêlant le contact, la parole et le rire, lorsqu'il se trouve avec Saint-Loup et Albertine. Elle joue avec le chien de ce dernier comme une tentatrice pleine de provocation puisque le Narrateur en ressent de l'agacement et de la jalousie avec le sentiment d'être trahi et berné : « En revanche, avec Robert, elle riait de son rire tentateur, elle lui parlait avec volubilité, jouait avec le chien qu'il avait, et tout en agaçant la bête, frôlait exprès son maître » (R² III, *Sodome et Gomorrhe*, 252), « quand nous nous promenions

---

[1] Jean-Pierre Richard, « Proust et l'objet alimentaire », *Littérature*, n° 6, 1972, 13.

avec Saint-Loup, riant et passant sa langue sur ses lèvres, elle faisait semblant d'agacer un chien » (R² III, *La Prisonnière*, 656). Par proximité physique, imitation et jeu, la jeune fille finit par se confondre avec l'animal (elle est d'ailleurs aussi comparée à une chatte, se prélassant chez le Narrateur) à cause des détails de son comportement ambigu (« agaçant », « frôlait », « passant sa langue sur ses lèvres » comme un chien avec ses babines). Ce rire est encore plus explicitement sensuel dans une autre chorégraphie de séduction amoureuse, l'épisode de « la danse contre seins » commentée par le docteur Cottard et qui trahit les deux jeunes filles :

> C'est que je venais de l'entendre rire. Et ce rire évoquait aussi les roses carnations, les parois parfumées contre lesquelles il semblait qu'il vînt de se frotter et dont, âcre, sensuel, et révélateur comme une odeur de géranium, il semblait transporter avec lui quelques particules presque pondérables, irritantes et secrètes. [...] Andrée dit à ce moment un mot à Albertine et celle-ci rit du même rire pénétrant et profond que j'avais entendu tout à l'heure.
>
> R² III, *Sodome et Gomorrhe*, 191

La couleur rose et l'allusion à la profondeur rappellent la couleur de granit rose des glaces englouties par Albertine citées précédemment. Entre synesthésie, métonymie du corps féminin et métaphore florale filée, Proust parvient à évoquer poétiquement le rire en l'assimilant au sexe de la femme et à un plaisir clandestin et inconnu, épisode à rapprocher de celui de l'orchidée et du bourdon à l'ouverture de *Sodome et Gomorrhe*. Ce n'est pas le bourdon qui s'engouffre dans la fleur mais inversement, le rire tentateur qui sort des parois roses du gosier féminin.

La métaphore plus bruyante du roulement est motivée avec les « roulements militaires du rire » du Grand-Duc, dévastateur, grossier et misogyne, visant Mme d'Arpajon (« "– Bravo, la vieille !" », R² III, *Sodome et Gomorrhe*, 57), mais elle est plus étonnante pour une princesse : « Au bout de quelques instants, la princesse ayant compris laissa éclater son rire comme un roulement de tonnerre. » (R² II, *Le Côté de Guermantes*, 778) Une féminité négative apparaît dans le rire révélateur des invertis, celui qui fait tomber les masques et qui correspond à son extériorisation exacerbée par le cliché de l'hystérie féminine et dévalorisée, d'une part, par les soubresauts du corps (« spasme », « agités », « convulse »), d'autre part, par la comparaison avec le travestissement simiesque. Par conséquent, le rire n'est plus du tout le propre de l'homme dans cette infernale et monstrueuse évocation cauchemardesque, digne d'une vision de Saint Antoine :

> [...] la femme n'est pas seulement intérieurement unie à l'homme, mais hideusement visible, agités qu'ils sont dans un spasme d'hystérique, par un rire aigu qui convulse leurs genoux et leurs mains, ne ressemblant pas plus au commun des hommes que ces singes à l'œil mélancolique et cerné, aux pieds prenants, qui revêtent le smoking et portent une cravate noire
>
> R² III, *Sodome et Gomorrhe*, 21

Le rire tourmenté de l'ange ou de la bête est le point de départ de la violence et de la cruauté.

3   Le rire de la cruauté

Si le sourire est parfois angélique, du moins en apparence, le rire lui, peut tendre hyperboliquement vers le ricanement démoniaque et la grimace diabolique, tel « le rire sarcastique dont il accompagnait une banalité, quand il ne pouvait pas trouver une parole originale » (R² III, *La Prisonnière*, 724) de Bloch ou le « rire satanique » de Mme Bontemps, « l'œil brillant de malveillance, de joie et de curiosité » (R² I, *À l'ombre des jeunes filles en fleurs*, 596). Chez eux le rire est un indice révélateur d'un état d'esprit et d'un trait de caractère : l'embarras de Bloch à cours d'idée ou Mme Bontemps, personnage tout à fait secondaire qui prend ici une dimension inattendue de femme perfide, guettant le faux-pas d'un mari potentiellement coupable, quand Mme Cottard lui parle de l'unique « passion » tout à fait avouable de son époux (la « lecture »...). En effet ces deux personnages ne sont pas foncièrement mauvais ni machiavéliques. Ailleurs le rire gomorrhéen déjà cité est associé au mal dans une locution (« faire le mal ») et à celles que le Narrateur appelle pudiquement les filles ou les femmes d'un « mauvais genre » qui rient et se moquent de lui, faisant alors renaître ce douloureux sentiment d'exclusion de l'enfance : « [Albertine] ne pourrait plus voir telle ou telle personne, avec laquelle j'avais tellement peur qu'elle ne fît le mal en riant, peut-être en riant de moi » (R² III, *La Prisonnière*, 531).

Le rire provocateur à valeur didascalique attise la jalousie de l'amant éconduit qui rit jaune, piégé dans une mise en scène calculée de Morel lorsqu'il croise Charlus et un camarade : « Morel, riant, partit en tapotant sur le cou et en enlaçant par la taille son camarade étonné. » (R² IV, *Le Temps retrouvé*, 359) Ou bien quand Albertine tourmente le Narrateur à propos de Gilberte, le rire attisant les soupçons et remuant rétrospectivement le couteau dans la plaie du jaloux :

> « Oui, comme ses parents la faisaient chercher en voiture au cours par les trop mauvais temps, je crois qu'elle me ramena une fois » et m'embrassa, dit-elle au bout d'un moment en riant et comme si c'était une confidence amusante. Elle me demanda tout d'un coup si j'aimais les femmes.
>
> R² III, *La Prisonnière*, 878

C'est aussi « en riant » qu'Albertine, allégorie du temps, de la vitesse qui caractérise tous les êtres de fuite et du rire juvénile, donne des explications embrouillées sur une mystérieuse bague remarquée par Françoise ou lorsqu'elle se lance dans un gourmand exercice de style et pastiche oral autour des glaces vu précédemment (R² III, *La Prisonnière*, 635), rythmé par « son beau rire qui m'était si cruel parce qu'il était si voluptueux », rire paradoxal mêlant souffrance et plaisir et prolongement métonymique de l'être aimé (de même Odette est pour Swann un être également insaisissable et rieur). À un autre moment, entrant dans la chambre du Narrateur en récitant des vers d'*Esther*, « elle rit de ce rire qui me troublait tant » (R² III, *La Prisonnière*, 627).

Quand il n'est pas un indice de duplicité, le rire accroît la souffrance du jaloux, comme nous l'avons vu ou de l'être délaissé, comme la nièce de Jupien amoureuse de

> Morel, lequel, par sottise ou cynisme, entrait en plaisantant dans la boutique quand Jupien était absent. « Qu'est-ce que vous avez, disait-il en riant, avec vos yeux cernés ? Des chagrins d'amour ? Dame, les années se suivent et ne se ressemblent pas. Après tout on est bien libre d'essayer une chaussure, à plus forte raison une femme, et si cela n'est pas à votre pied ... »
>
> R² III, *La Prisonnière*, 815

Les gérondifs à valeur didascalique « en plaisantant » et « en riant » soulignent plus le cynisme, voire le sadisme, que la sottise (comme si le Narrateur laissait au lecteur la possibilité de juger à sa place) du séducteur qui jouit du spectacle de sa victime éplorée sans éprouver la moindre empathie. Allant plus loin que le projet de viol et d'abandon d'une jeune fille amoureuse, le rire grivois et diabolique accentue la dimension scandaleuse des propos et annonce le motif de la profanation à propos de l'adresse des bureaux du père de Bloch (R² III, *Sodome et Gomorrhe*, 491) : « "Oh ! quel comble de perversité, s'écria M. de Charlus, en paraissant trouver, dans son propre cri d'ironique indignation, une satisfaction profonde. Rue des Blancs-Manteaux, répéta-t-il en pressurant chaque syllabe et en riant ! Quel sacrilège ! ». C'est au baron que Morel confie son rêve de viol d'une jeune fille innocente et pure : « Vraiment, tu ferais cela, dit-il à Morel en riant et en le serrant de plus près. » On trouve ici un rire de complicité sadique masculine.

Autre motif de profanation, le souvenir de la scène de Montjouvain resurgit avec un effet visuel et sonore de surimpression spatiale (« Derrière Albertine je ne voyais plus les montagnes bleues de la mer, mais la chambre de Montjouvain où elle tombait dans les bras de Mlle Vinteuil ») et de substitution avec la fille de Vinteuil remplacée fantasmatiquement par Albertine que le Narrateur croit voir et entendre (R^2 III, *Sodome et Gomorrhe*, 504) : « À Mlle Vinteuil, maintenant tandis que son amie la chatouillait avant de s'abattre sur elle, je donnais le visage enflammé d'Albertine, d'Albertine que j'entendis lancer en s'enfuyant, puis en s'abandonnant, son rire étrange et profond. » À l'hallucination visuelle s'ajoute l'illusion sonore, le Narrateur étant hanté par le rire d'Albertine qu'il croit entendre partout, rire gomorrhéen qui renvoie métonymiquement au corps et au plaisir féminin, son rire qualifié de « profond » (« avec ce rire où elle faisait entendre comme le son inconnu de sa jouissance », *ibid.*).

Si la figure du père (Vinteuil) est profanée, celle de la mère et de la grand-mère ne sont pas plus épargnées par le rire destructeur et complice de Charlus qui comme avec Morel ou dans la scène de Montjouvain (le père est traité de « vieux singe »), entend entraîner le Narrateur dans la transgression et la profanation ludique et jubilatoire d'un rire bas, dégradant et contagieux : « je fus bien étonné de l'entendre me dire, en me pinçant le cou, avec une familiarité et un rire vulgaires : – Mais on s'en fiche bien de sa vieille grand'mère, hein ? petite fripouille ! » (R^2 II, *À l'ombre des jeunes filles en* fleurs, 126) Ou bien le baron imagine un de ces « spectacles exotiques » « pour faire rire » une lutte héroïcomique entre un ami de Bloch « et son père où il le blesserait comme David et Goliath. Cela composerait une farce assez plaisante. Il pourrait même, pendant qu'il y est, frapper à coups redoublés sur sa charogne, ou, comme dirait ma vieille bonne, sa charogne de mère », qualifiée de « vieux chameau » (R^2 II, *Le Côté de Guermantes*, 584, 585). Avec « ces mots affreux et presque fous », le rire charlusien bascule dans une forme de grotesque spectaculaie. Avec un rire ludique cette fois-ci sans méchanceté, Françoise ne ridiculise pas mais infantilise affectueusement la grand-mère du Narrateur durant sa maladie au sujet des sangsues « lui répétant avec ces petits rires qu'on a avec un enfant qu'on veut faire jouer : "Oh ! les petites bébêtes qui courent sur Madame." [...]sans respect, comme si elle était tombée en enfance. » (R^2 II, *Le Côté de Guermantes*, 630)

Certains personnages secondaires ont un rire qui révèle leur cruauté devant la souffrance des autres (déception, accident, maladie ou mort) vue comme un spectacle : M. de Cambremer « se tordait, non par méchanceté, mais pour la même raison qu'il ne pouvait sans rire voir dans la rue un boiteux qui s'étalait, ou causer avec un sourd » (R² III, *Sodome et Gomorrhe*, 494). Quant à M. de Châtellerault, il sait que le valet de pied a été « privé de son jour de sortie ». « Mais l'insistance de son rire me fit croire qu'au courant de la déception du domestique il éprouvait peut-être au contraire une joie méchante » (R² II, *Le Côté de Guermantes*, 783). Ce dernier paradoxisme (« joie méchante ») souligne bien l'ambiguïté d'un rire à deux visages.

De plus, la frontière est ténue entre le rire et la souffrance (cf. la conjonction entre Charlus et Jupien « entendue » par le Narrateur voyeur au début de *Sodome et Gomorrhe*) dans cette réversibilité des apparences illustrée par la réaction de la reine de Suède (« Elle ne pleure pas la mort de sa sœur, elle la rit aux éclats. », R² II, *Le Côté de Guermantes*, 800-801) ou la mère en deuil : « Mais depuis la mort de ma grand'mère chaque fois que maman se laissait aller à rire, le rire commencé s'arrêtait net et s'achevait sur une expression presque sanglotante de souffrance » (R² III, *Sodome et Gomorrhe*, 407), avec deux explications possibles, le remords de l'oubli ou la douleur ravivée. Le rire du médecin de Balbec est tout aussi trompeur, faussement jovial puisqu'il veut « rassurer ses malades par le gros rire de son bonjour et de son au revoir » (R² III, *Sodome et Gomorrhe*, 192), ce qui ne l'empêchera pas de leur passer plus tard la camisole de force, le rire étant un leurre et un masque social.

La bestialité d'un rire dévorateur, cannibale et consensuel, dans un contexte social et politique qui s'apparente à une lâche curée mondaine et grégaire (« Car l'instinct d'imitation et l'absence de courage gouvernent les sociétés comme les foules. [...] C'est de la même façon que le peuple chasse ou acclame les rois. ») est développée au sujet de Favart (R² III, *Sodome et Gomorrhe*, 192 :

> Presque aucun des fidèles ne se retenait de s'esclaffer et ils avaient l'air d'une bande d'anthropophages chez qui une blessure faite à un blanc a réveillé le goût du sang. [...] Et tout le monde rit de quelqu'un dont on voit se moquer, quitte à le vénérer dix ans plus tard dans un cercle où il est admiré.

La bouche qui parle est étymologiquement cruelle au sens d'ensanglantée : « Je lui ai répondu, dit la duchesse les yeux brillants et en éclatant de rire de ses belles lèvres rouges ». Par extension métonymique elle est aussi goulue, « riant d'un air gourmet et connaisseur » figure de dévoration à l'instar du prince Von qui mange « comme un ogre, le teint vermeil, et dont le rire perpétuel découvrait toutes les dents » (R² II, *Le Côté de Guermantes*, 799).

En outre le rire mondain et dévorateur crée une émulation amorale et un comique au second degré dans le récit en abyme du rire : « Et pour faire rire ses amies plus tard, elle fit un récit désopilant de la manière allègre prétendait-elle, dont sa mère avait dit en se frottant les mains : "Mon Dieu, il est bien vrai que cette pauvre Madame d'Arpajon est morte". » (R² IV, *Le Temps* retrouvé, 556) Ce n'est pas la première fois qu'on se réjouit du malheur d'autrui au lieu de compatir, comme M. de Froberville, autre exemple d'humour noir et misogyne qui se traduit par une dégradation du registre, indice de profanation (comme dans les discours de Charlus) : « "– Oh ! pauvre tante Saint-Euverte, elle va en faire une maladie ! Non ! la malheureuse femme ne va pas avoir sa duchesse, quel coup, mais il y a de quoi la faire crever !" ajouta-t-il, en se tordant de rire. » (R² III, *Sodome et Gomorrhe*, 83). Tout comme Saniette sur la scène mondaine, une chanteuse est « exécutée », proie livrée au rire cannibale des invités : « Dès les premières notes de la malheureuse, quelques spectateurs, recrutés pour cela, se mirent à se montrer son dos en riant, quelques femmes qui étaient du complot rirent tout haut, chaque note flûtée augmentait l'hilarité voulue qui tournait au scandale. » (R² II, *Le Côté de Guermantes*, 471) La dimension contagieuse et irrépressible de ce rire socialement et psychologiquement destructeur est bien rendu par le polyptote (« en riant », « rirent ») et le champ lexical correspondant (« hilarité »). Le rire n'est plus isolé et individuel mais collectif et largement partagé.

La cruauté, voire le sadisme sont néanmoins atténués à la fin du *Temps retrouvé* (R² IV, 502) par la mise à distance théâtrale, la référence restant l'univers de la comédie (« comme un acteur qui rentre une dernière fois sur la scène avant que le rideau tombe tout à fait au milieu des éclats de rire »), chaque personnage portant un masque et étant remplacé par son double comique et sa version clownesque dans une vision marquée par la distorsion burlesque (« M. d'Argencourt venait faire cet extraordinaire "numéro" qui était certainement la vision la plus saisissante dans son burlesque que je garderais de lui »), si bien que le personnage aristocratique vieilli n'est pas si éloigné du futur Charlot : « J'eus un fou rire devant ce sublime gaga, aussi émollié dans sa bénévole caricature de lui-même que l'était, dans la manière tragique, M. de Charlus foudroyé et poli. » (R² IV, *Le Temps retrouvé*, 501)

Comme celui des dieux de l'Olympe ou de la mer immense toujours recommencée, le rire n'a pas d'âge car le rieur a l'illusion de ne pas vieillir. Ainsi à la fin du *Temps retrouvé* le Narrateur de manière inexplicable n'a pas un cheveu gris, a gardé une moustache noire d'éternel « jeune homme » et sa question fait rire tout le monde au cours de la Matinée chez la princesse de Guermantes, aussi incongrue que les propos incohérents de Mme Cottard qui finit par rire et se moquer d'elle-même[2] dans une atmosphère absurde presque surréaliste.

Le rire est aussi bien métonymique, entrant dans un rapport de logique et de voisinage, que métaphorique, assimilé à un instrument de musique et de domination plus ou moins bruyant avec ses gammes et ses nuances parfois subtiles. Il a bien la valeur d'un signe renvoyant à autre chose que lui-même, tout à la fois symptôme et indice révélateurs de personnalité et de relations intersubjectives dans une dialectique complexe car il ne saurait y avoir de sujet rieur sans objet de dérision.

La trilogie deleuzienne serait tout à fait adaptée pour établir une typologie du rire proustien, entre le rire sentimental (amical et amoureux), le rire mondain et enfin le rire esthétique. Tout est récupéré par l'artiste, même le rire d'après le docteur du Boulbon :

> Nous goûtons les fines musiques, les beaux tableaux, mille délicatesses, mais nous ne savons pas ce qu'elles ont coûté à ceux qui les inventèrent, d'insomnies, de pleurs, de rires spasmodiques, d'urticaires, d'asthmes, d'épilepsies, d'une angoisse de mourir qui est pire que tout cela [...].
> R[2] II, *Le Côté de Guermantes*, 601

Topos acclimaté aux mille lieux proustiens, disséminé dans la *Recherche*, catalyseur de l'écriture, après s'être épanoui en éclats de rire et en fous rires, le rire du *Temps retrouvé* s'adoucit en *locus amoenus* comme dans les Champs élyséens de l'Antiquité qui finissent comme les deux côtés par rejoindre ceux de Paris, à l'image de Mlle de Saint-Loup, personnage allégorique, carrefour et étoile romanesques : « Je la trouvais bien belle : pleine encore d'espérances. Riante, formée des années mêmes que j'avais perdues, elle ressemblait à ma jeunesse. » (R[2] IV, *Le Temps retrouvé*, 609)

---

2 « "Mon bain est bien comme chaleur, murmura-t-elle, mais les plumes du dictionnaire ... s'écria-t-elle en se redressant. Oh ! mon Dieu que je suis sotte. Qu'est-ce que je dis, je pensais à mon chapeau, j'ai dû dire une bêtise, un peu plus j'allais m'assoupir, c'est ce maudit feu." Tout le monde se mit à rire car il n'y avait pas de feu. » (R[2] III, *Sodome et et Gomorrhe*, 352).

Intermezzo

22 variations sur un thème de Marcel Proust

Ruud Verwaal

00 Texte-souche
Longtemps, je me suis couché de bonne heure.

01 Réorganisation alphabétique
B CC D EEEEEEEE G HH I J L MM NNN OOO P R SSS T UUU

02 Négation (1)
Longtemps, je ne me suis pas couché de bonne heure.

03 Négation (2)
Jamais, je ne me suis couché de bonne heure.

04 Alexandrin (1)
Depuis longtemps, je me suis couché de bonne heure.

05 Alexandrin (2)
Longtemps déjà, je me suis couché de bonne heure.

06 Contamination croisée (Baudelaire - *Tristesses de la lune*)
Ce soir, je me suis couché de bonne heure.
Longtemps, la lune rêve avec plus de paresse.

07 Variation temporelle (1)
Hier soir, je me suis couché de bonne heure.

08 Variation temporelle (2)
Autrefois, je me suis couché de bonne heure.

09 Variation temporelle (3)
Demain, je me serai couché de bonne heure.

10 Variation d'activité
Longtemps, je me suis réveillé de bonne heure.

11 Isovocalisme
Non ! Mange-le ! Huit bouchées de mon beurre !

12 Point de vue de Maman
Marcel, éteins la lumière !

13 Variation minimale
Longtemps, je me suis couché de bonheur.

14 Antithèse
Un jour seulement, je me suis réveillé tard.

15 Sémo-définitionnelle
Pendant un long espace de temps, je me suis mis au lit (pour me reposer, dormir) à une heure matinale, ou en avance sur l'heure fixée, habituelle.

16 Variation sexuelle
Longtemps, je me suis touché de bonne heure.

17 S+7
Lugubrement, j'ai coulissé de bon vivant.

18 Hyperbole
Dans l'utérus déjà, je me suis couché de bonne heure.

19 Lipogramme en O
Pendant des années, je suis allé au lit le matin.

20 Lipogramme en I
Longtemps, on m'a couché de bonne heure.

21 Lipogramme en E
Voilà plus d'un mois qu'on m'a tôt mis au dodo.

22 Ironie
La pensée qu'il était temps de chercher le sommeil m'éveillait.

(voir également les 35 *Variations sur un thème de Proust* par Georges Perec
http ://incipit.fr/variations-sur-un-theme-de-marcel-proust-2011-03-11
note de la rédaction)

PARTIE 2

Mélanges

∴

Le pouvoir et ses emblèmes : ordre totémique et ordre des castes dans la société selon Marcel Proust

Didier Hurson

Résumé

Le chaos qu'est l'oubli se nourrit de confusion : Proust trace des marques entre les territoires que peuplent ses personnages. Deux 'côtés' unis dans leurs cruels ridicules, leurs bassesses, l'un plus bourgeois, l'autre plus aristocratique d'étiquette, s'éprouvent dans les aléas du cœur et la peur de la mort. La grand-mère de Marcel trouve seule grâce dans cette exposition des désillusions. Nous verrons comment Proust nous entretient de l'appartenance contrastée de ses acteurs tantôt à l'ordre du totem tantôt à l'ordre des castes, deux fonctionnements de la pensée à l'un desquels il semble, en dépit d'une sévérité égale, accorder un reste de dilection.

La littérature selon Proust est la production d'un langage, d'un ensemble fait d'images, de symboles et de tropes, des vertus supposées duquel on attend qu'il nous accoutume partiellement à l'irréversibilité du temps. *À la recherche du temps perdu* repose sur la création d'une illusion salvifique concernant notre capacité de retrouver Ithaque à la fin d'un périple au sein de l'enfer du présent, c'est-à-dire de l'espace de l'exil ; ce retour, pour éviter de terrasser d'étonnement et d'inquiétude, doit avoir été préparé par un déchiffrage rigoureux des actions, des comportements, des habitudes de ceux et de celles qui animent les événements du temps social.

Au travers de sa lutte contre l'érosion des trésors personnels et partagés, Proust tentera de reprendre, par l'esprit et non par la forme, la méthode géométrique de prospection et d'exposition utilisée par Spinoza dans son *Ethique* de 1677 : rassurée par la régularité de ses déductions, une certaine pensée discursive veut nous faire entrer dans une stabilité feinte du monde, ce qui permettrait d'en relire des séquences entières comme 'dans leur texte d'origine'. Ce qu'aborde la littérature est la genèse par cycles (et non par saltations linéaires) des transformations du monde.

Proust s'efforce de renouveler le temps en le soumettant à une torsion *ouroborique* capable de le maintenir à la fois dans le prévisible grâce à sa traversée périodique d'un point source, et de lui assurer la nature imprédicable des productions de l'existence. Conscient de ce qu'il charrie d'antique dans les structures de l'œuvre, l'auteur fait du présent l'assise d'un renouveau chatoyant ; si *chronos* profère l'ordre de l'univers, la chronique d'une certaine société que l'on nous invite à lire grâce à une double entrée – celle des Guermantes et celle des Verdurin – des ordres culturels contrastés.

L'œuvre principale de Proust est faite de pensée et d'esprit, et, beaucoup moins que l'ont cru certains critiques, d'intelligence ; c'est-à-dire que l'intuition y détient une place de choix. Cette intuition s'exerce, selon nous, avec efficacité sur les rapports de pouvoir opérant au sein d'une société marquée par une transition majeure entre l'ancien et le nouveau. Ce qu'elle organise dans le récit romanesque est la commémoration du temps sacré, du temps qui est début, de ce temps dont tout dépend, mais dont la pratique de l'horloger ne peut rien savoir. Proust est le prestidigitateur du souvenir, le poète élégiaque souffrant de l'accélération des instants de vie et de leur basculement dans l'utilité immédiate, il est le représentant d'une classe sociale définie, le conteur d'une histoire personnelle où une sexualité inversée, et les traces de l'abandon par la mère et à la mère fournissent les fables agencées dans la *Recherche*.

Il existe chez Proust une corrélation de nature entre la rotation fondatrice des cosmogonies à la Hésiode (cf. les généalogies charlusiennes) et la mise en place des ordres sociaux. Aussi ne faut-il pas considérer les descriptions, les fresques vivantes, les anecdotes en rapport avec la vie des familles, des groupes d'individus, des quartiers dans la ville et des places dans les villages, comme une réussite dans le domaine du pittoresque : au même titre que Dante, et à la différence de Balzac, Proust interroge les consciences et les actes des hommes en archéologue. Son ambition le pousse à comprendre l'histoire de l'individu par l'histoire reconstituée de l'espèce à laquelle ce dernier appartient : son travail est donc déductif quant à la série et inductif quant à l'entité personnelle. L'outil qu'utilise ce maître des fouilles qu'est le romancier généalogiste appartient aux discriminations premières de la dialectique : il avance dans ses analyses à l'aide de classements par paires affrontées. On nous présente d'abord les deux territoires contrastés que sont les blasons des Guermantes, d'une part, et les salons brodés de causeries snob des Verdurin, d'autre part ; à l'intérieur de ces deux centres puissamment ramifiés par eux-mêmes apparaissent des personnages adossés en paires adverses, mais qui peuvent s'agréger par ailleurs à d'autres de ces unités duelles, à des petits groupes ou 'coteries'. Les transfuges d'une terre à l'autre renseignent sur ces démarcations profondes qui tissent les êtres. Campant sur leur morgue héraldique ou bien rivés à leur ostracisme salonnier, certains personnages ne franchissent pas les frontières de leur domaine.

L'ensemble de la *Recherche* possède ainsi quelque chose du cabinet d'un l'explorateur de retour des îles lointaines avec des échantillons empaillés que la magie du guide fait ensuite se mouvoir et se colorer le temps d'un chapitre. En fait, c'est au moment même où ils parlent au nom de leurs racines que ce qui menaçait ces objets d'apparaître comme des vieilleries ridicules les transforme en rameaux pleins de sève. Proust, l'archéologue et le généalogiste, n'éclaire pas le présent à l'aide du passé redécouvert, il procède différemment : le passé ne reprend vie qu'à partir d'un présent reconnu comme le continuateur des lignes anciennes. La féerie de l'œuvre tire son efficacité de la certitude – dont le dernier tome sera l'illustration – qu'aucune solution de continuité n'existe entre les ordres du passé et les structures mentales, les réactions et les projets de l'instant présent.

Tant par ses jugements de valeur concernant tel comportement précis, telle sensibilité exprimée, telle opinion politique, et tant par sa façon de placer les pièces sur l'échiquier de sa comédie humaine, Proust organise son ouvrage autour de contrastes culturels que nous interpréterons telles des appartenances indélébiles à des codes reconnus comme naturés ou à l'inverse comme dénaturés. Nous nous référons à cette occasion au modèle théorisé par Claude Lévi-Strauss dans *La pensée sauvage* (1962), tout en gardant à l'esprit que celui-ci ne prétend pas détenir en exclusivité la paternité d'un tel schéma. Dans le chapitre de son ouvrage précisément intitulé *Le temps retrouvé*, Lévi-Strauss donne une définition technique de ce qu'est pour lui la démarche propre à toute classification cohérente au sein de l'histoire culturelle et de l'organisation des sociétés :

> Un axe supporte la structure. Il unit le général au spécial, l'abstrait au concret ; mais que ce soit dans un sens ou dans l'autre, l'intention classificatrice peut toujours aller jusqu'à son terme. Celui-ci se définit en fonction d'une axiomatique implicite pour qui tout classement procède par paires de contrastes : on s'arrête seulement de classer quand vient le moment où il n'est plus possible d'opposer[1].

Dès les premiers tableaux de l'intrigue romanesque, Proust exprime sa 'fidélité chevaleresque'(R² III, 405) au nom du lieu où les individus et leur 'mesnie' fichent à proprement parler en terre leur existence.

Cet ordre ancien du lieu est celui qui possède la puissance déclenchante pour l'écriture : les attaches gentilices de la famille Guermantes exercent sur Proust la première des séductions et passent avant des dépendances amoureuses, qu'elles contribueront d'ailleurs à structurer durablement. La présence répétée des églises, du 'moutier' vide, enveloppe de piété l'espace ainsi ponctué

---

1 Claude Lévi-Strauss : *La pensée sauvage,* Paris, Plon, 1962, 287.

de clochers et quadrillé par les cheminements des êtres. Ce tropisme constant vers ce qui amarre les maillons d'une lignée et, par métonymie, les acteurs de l'ensemble de l'œuvre à leur parcelle de royaume terrestre, cette fascination forge son emblème avec la pratique sanctifiante de l'étymologie : les développements fameux de Brichot concernant l'origine des « noms de pays », lors du voyage en train dans la région d'Hermenonville et de Balbec (R^2 III, 483-486, 490-491), désignent le roman comme l'aire où se forgent les sceaux et les blasons qui départagent les hommes par le sol alleu et par les coutumes associées.

Si, dans le compartiment de première, Brichot émerveille des auditeurs si disparates par le goût, les pratiques sociales et les attentes face à la vie, c'est qu'il égrène la genèse des groupes humains en effeuillant chaque nom de village, jusqu'à ce que surgisse l'illusion de tenir l'acte de naissance d'un trait de culture qui vous appartienne en propre. De correction – « Ainsi dans Thorpehomme il n'y a pas de nom de chef normand, mais des mots de la langue normande. Vous voyez comme tout ce pays a été germanisé. » (R^2 III, 484) – en généralisation induite – « C'est un village fier [...] Vous le trouveriez plus fier encore si au lieu de sa forme française, ou même de basse latinité telle qu'on la trouve dans le cartulaire de l'évêque de Bayeux [...] Tous ces noms sont ceux d'anciens seigneurs [...] » (R^2 III, 485) –, Proust traduit ici les rapports de pouvoir entre les hommes : pour ce faire, il hiérarchise à l'aide de l'histoire de la langue, de celle qu'il feint devant nous d'exhumer, les différents états de son royaume. Il y aura ainsi ceux que l'extraction vraie et le savoir, le savoir et le regret généalogique (Proust lui-même) maintiennent ou mènent dans une proximité d'appui avec la nature (*adminiculatum apud naturam*) – ceux de l'ordre totémique – et ceux que désignent préférentiellement une fonction au sein d'un clan en dehors de toute filiation gentilice – ceux de l'ordre des castes.

La démarcation entre le continent Guermantes et le cercle Verdurin est délivrée de sa rudesse apparente du fait que la figure de Swann est utilisée comme une passerelle mobile entre les fronts ; élément mondain 'à l'ancienne' de par sa fréquentation de la cour du duc, élément mondain 'nouvelle édition' à la suite de ses incursions chez les Verdurin, il est avant tout celui qui confectionne des 'bouquets sociaux', repassant ainsi comme au fusain sur certaines lignes que les pratiques quotidiennes empêchent de remarquer.

> Au reste, Swann ne se contentait pas de chercher dans la société telle qu'elle existe et en s'attachant aux noms que le passé a inscrits et qu'on peut encore lire, un simple plaisir de lettré et d'artiste, il goûtait un divertissement assez vulgaire à faire comme des bouquets sociaux en groupant des éléments hétérogènes, en réunissant des personnes prises ici et là. Ces expériences de sociologie amusante [...]
> R^2 I, 512

Le mouvement rétrograde évident, qui est une des raisons d'être de la *Recherche,* est doublé d'un mouvement de va-et-vient entre les mondes affrontés de l'oriflamme et du carnet d'hôtes. Proust parcourt un pays en cours de banalisation et de nivellement en raison de l'avancée d'une modernité matérialiste : il tente de faire apparaître les encoches entre les morceaux de la marqueterie, le réseau des joints qui fixe toute la mosaïque ; mais au lieu de ruiler tel un artisan, de masquer tel un sophiste, il délave les maquillages et met au jour l'ancien tracé des différences. Opérant par la voie du contraste, Proust est le custode d'organisation en ordres de la société ; l'humour, la satire, l'ironie qu'il manie serviront également à reprendre les aspérités de l'analyse archéologique.

Derrière les *bouquets sociaux* est la question de l'incompatibilité entre les origines : Proust donne des raisons à ces antagonismes, il s'appuie sur la présentation des trois ordres – souveraineté religieuse, force physique, prospérité – représentés par le duché Guermantes, les érudits et quelques artistes pour le premier, Robert de Saint-Loup et son furieux désir de servir comme officier, le cortège des combattants qui l'entoure en filigrane pour le second, la figure emblématique de Françoise, la toute-puissante cuisinière de la tante Léonie, le groupe des cochers et vivandiers annexes pour le troisième.

Un exemple permet de saisir l'intérêt porté par Proust à l'agencement hiérarchisé de cette société complexe. L'épisode se situe au médian du *Côté de Guermantes* et a pour décor un café fonctionnant tel un lieu des partitions sociales entre, d'une part, les salonnards agrippés à l'écume culturelle la plus récente et, d'autre part, les gardiens d'une tradition bien différente :

> La petite coterie qui se retrouvait pour tâcher [...] d'approfondir les émotions fugitives du procès Zola, attachait [...] une grande importance à ce café. Mais elle y était mal vue des jeunes nobles qui formaient l'autre partie de la clientèle et avaient adopté une seconde salle du café, séparée seulement de l'autre par un léger parapet décoré de verdure.
>
> R² II, 694

Marcel a été invité dans ce café par Saint-Loup en permission, servant de *go between* entre les strates sociales et de véritable 'aide de camp' du narrateur ; ce dernier s'étant attardé, l'invité s'essaye seul à passer le seuil de la nouvelle agora. Il devra alors franchir une barrière terriblement déroutante de par son instabilité, sa rotation sans fin et sa nature transparente de cylindre de verre : la porte tournante (dénommée aussi *revolving door*) emprisonne puis désarçonne un jeune Marcel déboussolé et qui, en 'homme du monde débutant qui ne connaît plus son monde' à savoir sa géographie héraldique, va s'asseoir dans la salle réservée à ceux qui portent des noms. Quant à lui, devenu trop exposé dans le tube virevoltant, le voici soudain confronté à un royaume qui lui est pour un temps invisible (le royaume grec des Enfers est l'Άιδης, le lieu de l'invisibilité, α-σκοπτος) ; seul un gardien et passeur féroce – un autre frère d'Orthros (« ... il vint rudement me tirer en m'indiquant avec une grossièreté [...] ») – lui assignera « une place dans l'autre salle. Elle me plut d'autant moins que la banquette où elle se trouvait était déjà pleine de monde et que j'avais en face de moi la porte réservée aux Hébreux. » (R² II, p. 695). C'est le patron du restaurant – un représentant de la fonction trophique – qui instruit le narrateur quant aux différences entre les deux salles, entre les deux groupes qu'un clivage puissant répartit en deux histoires antithétiques.

Lévi-Strauss part de l'affirmation suivante : « Ce n'est pas la même chose, d'introduire une diversité (socialement) constituante au sein d'une seule espèce naturelle : l'espèce humaine, ou de projeter sur le plan social la diversité (naturellement) constituée des espèces végétales et animales » (Claude Lévi-Strauss : *La pensée sauvage* Paris, Plon, 1962, 168).

Cette dissociation mériterait qu'on en recherche les précurseurs les plus anciens : la question de base est en fait assez simple et repose sur le contraste existant entre, d'une part, une culture qui décalque ses hiérarchies internes sur la nature organisée en genres et en espèces, et, d'autre part, une culture qui veut se situer au plus loin de telles marques.

On découvre, chez un penseur de l'antiquité romaine placé d'emblée dans le camp des atomistes sacrilèges une remarque intéressant notre propos sur la partition entre l'instauration d'un ordre par la variété (*dissimilitudo secundum naturam*) et des groupements effectués à l'aide de rôles artificiels. Lucrèce, dans son exposé de la causalité implacable de l'univers, nous livre des tableaux d'une riche poésie sur le spectacle de la nature : il y est fait régulièrement allusion à l'inventivité inépuisable de celle-ci, à laquelle s'oppose la démarche réductrice de l'homme qui produit et régit un monde de la copie. C'est à ce carrefour que nous place l'auteur des *Mythologiques* : c'est ce même thème que le monde bariolé de Proust illustre de chaque côté de ce *léger parapet décoré de verdure* disposé dans le café parisien.

> Enfin, choisis un épi au hasard ; de quelque aspect qu'il soit, tu ne trouveras jamais les grains identiques au point de ne pas pouvoir révéler dans leur forme la moindre différence. Même variété aux coquillages qui colorent diversement le rivage dans les anses où la molle caresse du flot vient aplanir le sable altéré. C'est pourquoi, je le répète, les principes des corps, produits de la nature et non faits de main

d'homme sur un modèle unique, doivent voleter dans l'espace sous des formes diverses[2].

Dans le chapitre IV de *Totem et caste*, Lévi-Strauss s'attache à définir les systèmes d'échanges matrimoniaux et vivriers au sein des peuples 'primitifs' d'Australie (type aranda ; à port Darwin et au cap York) ; il s'appuie sur ses propres observations mais il se réfère, quant à la méthode de collecte ethnologique, aux travaux de James Georges Frazer et de Bronislaw Malinowski. Certaines des thèses structuralistes et des arguments 'ad hoc' contenus dans *La pensée sauvage* ont été partiellement remis en question par la recherche. Nous ne retiendrons de cet ouvrage qu'une sorte de tremplin herméneutique, à savoir l'hypothèse d'une dichotomie entre ce que nous avons précédemment appelé, pour faire court, les codes naturés et les codes dénaturés. Cette taxinomie semble pouvoir éclairer la présence d'emboîtements et d'exclusions contribuant à l'organisation duelle de la société proustienne. La division en territoires sociaux et culturels, les traces des trois fonctions, la riche onomastique des *dramatis personae* en rapport avec cette tripartition, renvoient à un tout déployé en fonctionnalités distinctes.

Il nous faut à présent prendre connaissance de l'argumentaire développé par Lévi-Strauss (en rapport avec les échanges matrimoniaux qu'il considère comme un point de départ à une réflexion plus générale sur les systèmes de pensée), ceci avant de l'adapter à notre propos.

La symétrie entre castes professionnelles et groupes totémiques est une symétrie inversée. Le principe de leur différenciation est emprunté, à la culture dans un cas, à la nature dans l'autre. [...] Il n'existe que deux modèles vrais de la diversité concrète : l'un sur le plan de la nature, c'est celui de la diversité des espèces ; l'autre, sur le plan de la culture, est offert par la diversité des fonctions. [...] Les castes sont hétérogènes quant à la fonction, elles peuvent donc être

---

2 Lucrèce : *De natura rerum* (trad. de Henri Clouard ; Paris, Garnier, 1964, 62)
Postremo quodvis frumentum non tamen omne
quidque suo genere inter se simile esse videbis,
quin intercurrat quaedam distantia formis.
concharumque genus parili ratione videmus
pingere telluris gremium, qua mollibus undis
litoris incurvi bibulam pavit aequor harenam.
quare etiam atque etiam simili ratione necessest,
natura quoniam constant neque facta manu sunt
unius ad certam formam primordia rerum,
dissimili inter se quaedam volitare figura.
liber II, v. 371-380

homogènes quant à la structure : la diversité des fonctions étant réelle, la complémentarité s'établit à ce niveau. [...] Inversement, les groupes totémiques sont homogènes quant à la fonction, puisque celle-ci n'a pas de rendement réel ; ils doivent donc être hétérogènes quant à la structure[3].

C'est bien de deux modes de vie fortement démarqués l'un de l'autre que tente d'approcher l'auteur dans le cas des échanges inter-groupes et des codes hiérarchiques intra-groupes. Proust, quant à lui relate les mêmes différences quant à l'instauration de repères au sein d'un univers social imbriqué aux manifestations de la nature. En cela il use d'une dialectique ancienne que Lévy-Bruhl (*Les fonctions mentales dans les sociétés inférieures*, Paris, 1910) et Roger Bastide (*Le principe de coupure et le comportement afro-brésilien*, San Paolo, 1955) ont décrite, avec d'autres, en trois étapes : le principe de liaison – une adhésion contrainte à la loi de survie, peu transformée en symboles par le vécu commun –, le principe de coupure – une sorte de tmèse pré-symbolique due à un sursaut contre cette fusion –, et le principe d'analogie – véritable introduction à la complexité du symbole et à sa prise de distance face aux destinées de l'espèce.

La rhétorique de l'avancée vers la 'mise en littérature' est toujours placée au service du partage expliqué entre les attitudes vitales : de part et d'autre d'une ligne d'échange et d'exclusion, Proust place, sur une rive, l'univers des Guermantes avec son cortège aristocratique versicolore telle une volière des Indes, et, sur la rive adverse, des mystères bourgeois codifiés par des archives bien plus récentes et que célèbre l'administration sourcilleuse des Verdurin.

Le principe de liaison se manifeste chaque fois que le narrateur décrit l'enracinement (la fidélité) d'un personnage en sa terre historique – le village, le faubourg et son halo de coutumes –, c'est-à-dire son inscription dans la durée ancestrale d'un paysage et l'espace coutumier d'une tribu ancienne. Voici une amorce de raisonnement sur la fonction quasi biologique de l'assimilation puis sur sa version bâtarde, l'imitation :

> Quant aux Guermantes selon la chair, selon le sang, si l'esprit des Guermantes ne les avait pas gagnés aussi complètement qu'il arrive, par exemple, dans les cénacles littéraires où tout le monde a une même manière de prononcer, d'énoncer et, par voie de conséquence, de penser, ce n'est pas certes que l'originalité soit plus forte dans les milieux mondains et y mette obstacle à l'imitation. Mais l'imitation a pour conditions, non pas seulement l'absence d'une originalité irréductible [...]
>
> R^2 II, 752

---

3 *La pensée sauvage*, 164-165.

Le principe de la tmèse est sensible partout où les pratiques de vie des personnes sont privées de rattachement à une tradition géographique ou annalistique.

> L'ignorance où nous étions de cette brillante vie mondaine que menait Swann tenait évidemment en partie à la réserve et à la discrétion de son caractère, mais aussi à ce que les bourgeois d'alors se faisaient de la société un peu hindoue et la considéraient comme composée de castes fermées [...]
> R^2 I, 16

Le principe d'analogie utilise la métaphore, figure d'élection chez Proust, pour s'assurer que les dissemblances ne sont pas éternelles. Il désigne des équivalences rassurantes et incongrues à la fois : il installe pour cela l'événement humain dans le continuum naturé. Grâce aux ressources des correspondances des règnes végétal et animal avec l'*ethos* humain, les déguisements des acteurs acquièrent, un ancrage cosmique bénéfique. La production analogique est le plus souvent le fait de ceux de Guermantes, les plus fortement inscrits dans la sphère imaginaire du totem. Ainsi cette analogie d'allure licencieuse :

> D'ailleurs, au fond, il n'y aurait pas besoin d'aller si loin. Il paraît que, rien que dans mon petit bout de jardin, il se passe en plein jour plus de choses inconvenantes que la nuit ... dans le bois de Boulogne ! Seulement cela ne se remarque pas parce qu'entre fleurs cela se fait très simplement, on voit une petite pluie orangée, ou bien une mouche très poussiéreuse qui vient essuyer ses pieds ou prendre une douche avant d'entrer dans une fleur
> R^2 II, 806

1 L'ordre Selon le Totem

Avec l'*ordo* en question on rencontre une organisation de la société en catégories aux correspondances finement ramifiées. La présence du nom, du groupement de type clanique, l'existence de l'attachement à une grande maison réelle ou imaginaire, de l'axe fédérateur d'un interdit allié à des récits fondateurs, tout ceci renvoie à une union essentielle avec le substrat naturel. Ces caractéristiques ne se retrouvent pas tous dans la manière de vivre, à savoir de se perpétuer, propre au groupe Guermantes, mais l'engravure est visible. Le socle ancestral de la mise en écho du passé :

> Ils redevenaient M. le prince, M. le duc un tel, et n'étaient comptés que d'après leurs quartiers. Un duc presque milliardaire et qui semblait tout réunir en soi, passait après eux parce que, chefs de famille, ils étaient anciennement princes souverains d'un petit pays où ils avaient le droit de battre monnaie, etc.
>
> R² II, 698

la référence à un signe de ralliement vertical, indéfectiblement emprunté à la nature :

> Mais, au milieu de la terre grasse, humide et campagnarde qui eût pu être au bord de la Vivonne, n'en avait pas moins surgi, exact au rendez-vous comme toute la bande de ses compagnons, un grand poirier blanc qui agitait en souriant et opposait au soleil [...] ses fleurs [...]
>
> R² II, 455

demeurent comme les signes immédiats et permanents d'une mise en ordre selon le totem.

En reprenant les vues de Lévi-Strauss et de ceux qui l'inspirèrent, nous retiendrons que le type social 'totem' repose sur l'homologie affirmée entre la série discontinue présidant aux différences dans le règne naturel et la série des créations culturelles ; les échanges exogamiques entre clans sont rendus possibles grâce à l'homogénéité des fonctions voisines de représentation et de prospérité, ceux-ci sont rendus nécessaires en raison de la continuité biologique acceptée comme surpassant les différences entre les familles animales et végétales prises comme modèles.

Le 'totem' proclame la diversité culturelle sur la base des discontinuités naturelles, ce qui souligne chez lui la primauté de la synthèse dynamique sur le découpage en classes culturelles abstraites ; strict et intraitable puisqu'il justifie ses arrêts à l'aide des interdits naturels sur la confusion entre espèces, le totem est le garant d'une circulation métaphorique régulière qui enrichit le groupe sans jamais l'exposer à des métissages délétères.

2 L'ordre Selon la Caste

Cette fois, la source n'est plus naturelle. La fonction devient l'aboutissement 'dénaturé' d'un repli de la camarilla sur une organisation veillant aux éléments vitaux de sauvegarde : le caractère défensif et apotropaïque l'emporte sur la confiance en soi qui soudait entre eux les hommes du 'totem' et que divers actes propitiatoires de type dynastique venaient régulièrement renouveler. Pour ce second *ordo*, les échanges de réciprocité avec l'extérieur ne sont plus possibles, du simple fait que l'hétérogénéité référentielle entre les classes naturelles a été occultée par un besoin de protection dû au sentiment de fragilité venant de la constitution récente de ce système (les Verdurin, et tous ceux qui tentent de s'organiser comme eux, ne connaissent rien de l'infini des saisons passées à exister sur ses terres et auprès de ses voisins, semblables quant au genre et nuancés quant à l'espèce, à savoir au blason). La continuité biologique et cosmique ayant été perdue de vue, seule la contiguïté culturelle compte. Les particularités culturelles, les traits de caractère de leur jeune histoire (le nom même de *Verdurin*) portent les traces de cette attitude oublieuse face à l'histoire du monde : les prérogatives sociales des individus se doublent d'une autarcie sclérosante à l'intérieur de ce qui prend l'allure mercantile d'un club privé.

Ainsi la caste est une construction de type disjonctif ; sa grammaire politique agit à partir de lignes de démarcation entre les diverses unités spécialisées par des fonctions réservées : la caste utilise des distinctions entre les fonctions empruntées au fonds universel animal et végétal. Aux cultes profanes et confiants voués à un totem devenu plus sacré et auguste (*sanctus*) que redoutablement inviolable (*sacer*), répond un esprit de religiosité confite et frileuse à la Verdurin (la patronne est une 'prêtresse', ses invités sont des 'fidèles', les soirées sont des 'grand-messes'). Du point de vue de la rhétorique, le totem utilise la polysyndète entre les clans, et l'espace sylleptique entre les deux lignées générales (nature/culture), la caste s'exprime en revanche par l'asyndète en déplaçant les espaces d'échange (entre les clans devenus des coteries) à l'intérieur des fonctions dévolues à chacun : la caste veut éviter la consanguinité tout en rêvant d'une endogamie stricte, le totem connaît une consanguinité entérinée par l'histoire et conçoit l'exogamie de l'esprit.

Dans la *Recherche*, Proust nous fait certes assister à la fin d'une époque, au passage d'un certain climat ancien régime à l'ère de la massification et de l'écrêtement culturel. Mais, à l'intérieur même de la peinture de ce qui est vécu par lui comme un désastre, il nous fait assister à ce glissement sociologique de première importance qu'est à ses yeux ce bouleversement achevé de la culture : le salon a supplanté la cour.

Au mode de la cour qui sait 'adouber' selon des critères identifiables d'accrétion et d'extension naturelles, a succédé le mode du salon qui commence par exclure avant d'inclure, et dont la loi de croissance est celle d'une ingestion inachevée, d'une boulimie de signes, en lieu et place de la continuité sélective des symboles.

> Pour faire partie du 'petit noyau', du 'petit groupe', du 'petit clan' des Verdurin, une condition était suffisante mais elle était nécessaire : il fallait adhérer tacitement à un Credo dont un des articles était que le jeune pianiste [...] 'enfonçait' à la fois Planté et Rubinstein et que le docteur Cottard avait plus de diagnostic que Potain
>
> R² I, 185

> De même, si un « fidèle » avait un ami, ou une « habituée » [...] on l'engageait à l'essai, pour voir [...] s'il était susceptible d'être agrégé au « petit clan ». S'il ne l'était pas on prenait à part le fidèle qui l'avait présenté et on lui rendait le service de le brouiller avec son ami ou avec sa maîtresse.
>
> R² I, 187

Prenons l'exemple concernant la langue de la duchesse de Guermantes dont la pureté muséale est le signe d'un esprit relevant de la fonction de gardienne du temple attentive aux anciens rites totémiques (celui de la royauté en l'occurrence). Le lignage langagier est bien l'explication d'une société : ici, il s'agit d'une société enrichie par la lente thésaurisation de symboles attachés à un pouvoir continûment transmis par des supports fonctionnels tripartites, d'un pouvoir que les ressauts et les ruptures de l'histoire ont maintenu dans la lisibilité de l'ordre selon la cour rappelé à l'instant. La langue de la duchesse, bien que désuète, est un acte de résistance à la confusion des genres – confusion qu'a toujours exécrée Proust parce qu'elle vient saper ce qui lui tient à cœur dans la construction de sa cathédrale littéraire : l'accès individuel au bonheur.

> [...] Mme de Guermantes, dont le vocabulaire, habituellement limité à toutes ces vieilles expressions, était savoureux comme ces plats possibles à découvrir dans les livres délicieux de Pampille, mais dans la réalité devenus si rares, où les gelées, le beurre, le jus, les quenelles sont authentiques, ne comportent aucun alliage, et même où on fait venir le sel des marais salants de Bretagne : à l'accent, au choix des mots on sentait que le fond de conversation de la duchesse venait directement de Guermantes. Par là, la duchesse différait profondément de son neveu Saint-Loup, envahi par tant d'idées et d'expressions nouvelles ; il est difficile, quand on est troublé par les idées de Kant et la nostalgie de Baudelaire, d'écrire le français exquis d'Henri IV [...]
>
> R² II, 792

Madame Verdurin, de son côté, alimente l'enchaînement des contrastes entre totem et caste en soulignant le caractère d'enclosure de son univers par la nécessité épisodiquement ressentie d'admettre des termes étrangers puis de les ajouter (non pas greffer) au corpus du salon. L'autosuffisance d'ordre totémique propre à l'aristocratie (sur le modèle des variétés naturelles inépuisables) ne distinguant pas les armoiries trop fraîches ornant ses salles de réception, elle doit bousculer son système d'organisation mentale en s'exposant à ce qu'elle croit être des agents pathogènes extérieurs (n'oublions pas que la lignée naturelle, immunisante par stimulation adverse, reste pour Verdurin un modèle irrecevable) : par son aveuglement sur le véritable degré d'enracinement du salon dans la longue perspective historique des mythes fondateurs de son pays, elle fait apparaître de quelles carences est faite la décadence de la modernité – une décadence que Proust prestidigitateur épingle ostensiblement sur les plastrons de quelques Guermantes tandis qu'il la laisse affecter en profondeur l'entreprise des parvenus. Ce glissement, ce transfert du sens signale une rhétorique de l'implicitité, de l'ellipse (ou de l'haplologie), qui dénonce sans vocifération et condamne sans appareil démonstratif ; aussi bien est-ce l'intuition seule – cette fameuse pratique du 'goût' – qui guide avec assurance, sinon sans méprises, le romancier appelé à nous éclairer sur cette zone de rencontre entre l'ancien et le moderne.

> Mais elle prétendait avoir une telle terreur, se faire un tel monstre d'un dîner avec des gens qui n'étaient pas du petit groupe, qu'elle le remettait toujours. [...] elle croyait le petit clan quelque chose de si unique au monde, un de ces ensembles comme il faut des siècles pour en constituer un pareil, qu'elle tremblait à la pensée d'y voir introduits ces gens de province {la marquise et le marquis de Cambremer}[...]
> R² III, 278

Vers la fin de la dernière partie du *Côté de Guermantes*, la duchesse, figure emblématique de sa 'race', refuse de se déguiser à l'occasion d'un bal donné par une personnalité politique venue du bassin méditerranéen. Elle n'entend nullement se travestir pour gommer, le temps d'un rituel de mélange et de nivellement (c'est-à-dire de confusion des genres dans le jugement de Proust), son ancrage social et familial. L'individu comme partie renvoie au tout de la lignée clanique par sa coalescence avec son histoire naturelle, à savoir ancestrale. Nous savons que cette histoire repose sur l'homogénéité due au partage en commun de la fonction à partir de l'acceptation des discontinuités naturelles entre les espèces : ceci fonde, par la possibilité même de classifications discriminantes, l'espace symbolique commun, c'est-à-dire l'homogénéité vitale entre la nature animale et végétale et certains ordres humains différenciés. Voilà pourquoi la duchesse ne portera pas le masque de l'équivalence : non par snobisme mais par affirmation, donc par sauvegarde, de cette continuité qui doit distinguer avant de songer à concilier :

> Mme de Guermantes ne déconcertait pas moins les Guermantes, les Courvoisier, tout le Faubourg et plus que personne la princesse de Parme, par des décrets inattendus sous lesquels on sentait des principes qui frappaient d'autant plus qu'on s'en était moins avisé. Si le nouveau ministre de Grèce donnait un bal travesti, chacun choisissait un costume [...]. Enfin une Courvoisier ayant demandé : « En quoi te mettras-tu, Oriane ? » provoquait la seule réponse à quoi l'on n'eût pas pensé : « Mais en rien du tout ! » [...]
>
> R² II, 766

Le *thesaurus* qu'expose la nature infinie fournit une ligne de distribution entre les deux régimes de positionnement social que sont le totem et la caste. Cette source à la fois inépuisable et rigoureuse d'associations est appréhendée par Marcel Proust comme un révélateur de l'état de bonne ou de mauvaise santé dans lequel se trouvent des pans de la société : la manière que ceux-ci ont de reconnaître le vivier naturel des symboles ou bien de le dédaigner, renvoie à ses yeux à l'antinomie entre la cour et le salon, entre ce qui – pour le féru d'architecture (cette botanique de la pierre) qu'il était – distingue une salle hypèthre (c'est-à-dire ouverte par le haut à la lumière et aux vents) d'une salle hypostyle (dont les colonnades sont recouvertes d'un plafond). Au principe de verticalité et d'ouverture fait face le principe de confinement. Ainsi, à qui écarte patiemment, et pour un moment seulement, les branches précieuses et surabondantes des descriptions, des cortèges de métaphores, des analyses psychologiques raffinées, Proust fait entendre son jugement sur le basculement de la culture contemporaine de la grande guerre, et la nouvelle façon de pratiquer l'histoire. La répartition équitable des mesquineries et des lâchetés diffusées dans le faubourg, aussi bien que dans ses calques, ses annexes bourgeoises, n'est pas le signe d'un sceptique social ou d'un pyrrhoniste de la tradition : Proust ridiculise les Guermantes, mais il anathèmise les Verdurin – non pour ce qu'ils sont dans le commun du présent, mais en raison de ce que les premiers ont été, et des traces qu'ils gardent de leur socle ancien ; puis, concernant le deuxième monde, en raison de ce que ses habitants usurpent. Le principe de continuité l'emporte dans son estime sur le principe de dispersion : en effet le premier féconde d'après la nature, le suivant ne fournit que des décors de serre.

> Un donjon sans épaisseur qui n'était qu'une bande de lumière orangée [...] avait fait place [...] à cette terre torrentueuse où la duchesse m'apprenait à pêcher la truite et à connaître le nom des fleurs aux grappes

violettes et rougeâtres qui décoraient les murs bas des enclos environnants ; puis ç'avait été la terre héréditaire, le poétique domaine, où cette race altière de Guermantes [...] s'élevait déjà sur la France [...]

R² II, 313

Mme Verdurin qui, pour nous recevoir dans son immense salon, où des trophées de graminées, de coquelicots, de fleurs des champs, cueillis le jour même, alternaient avec le même motif peint en camaïeu, deux siècles auparavant, par un artiste d'un goût exquis, s'était levée un instant d'une partie qu'elle faisait [...], nous demanda la permission de la finir en deux minutes [...]. J'étais scandalisé de voir qu'elle et son mari rentraient tous les jours longtemps avant l'heure de ces couchers de soleil qui passaient pour si beaux [...] et pour lesquels j'aurais fait des lieues.

R² III, 296-297

Robert de Saint-Loup, l'ami et le guide mondain de Marcel dans le roman, un des seuls maillons qui relient directement le récit à l'histoire contemporaine, à savoir à la guerre de 14-18, participe de l'esprit de sauvegarde des insignes et des prérogatives entre clans d'un même système. Ce qui apparaîtra comme une humeur mesquine ou comme une étroitesse d'esprit aux yeux des représentants de l'histoire courte, relève en réalité de la survivance, légèrement opacifiée par le présent, d'un courant de pensée et d'une pratique sociale qui n'interpole pas genres et espèces, qui privilégie cette langue chamarrée et claire qui peut en imposer sans effrayer.

Seul, le capitaine de Borodino n'avait que des rapports de service, d'ailleurs excellents, avec Robert. C'est que le prince, dont le grand-père avait été fait maréchal et prince-duc par l'Empereur [...] sentait que malgré cela il n'était pas grand-chose pour Saint-Loup et la société des Guermantes, lesquels à leur tour, comme il ne se plaçait pas au même point de vue qu'eux, ne comptaient guère pour lui. Il se doutait que pour Saint-Loup, il était – lui apparenté aux Hohenzollern – non pas un vrai noble mais le petit-fils d'un fermier, mais, en revanche, considérait Saint-Loup comme le fils d'un homme dont le comté avait été confirmé par l'Empereur – on appelait cela dans le faubourg Saint-Germain, les comtes refaits – et avait sollicité de lui une préfecture, puis tel autre poste placé bien bas sous les ordres de S.A. le prince de Borodino, ministre d'Etat à qui l'on écrivait « Monseigneur » et qui était neveu du souverain.

R² II, 427

D'un côté (Charlus, Saint-Loup), le dédale des marquages totémiques, la diversité et le contraste des panaches, de l'autre la platitude rassurante de l'assimilation à une norme (Verdurin et ses caudataires). Voilà pourquoi Marcel est, dès les premiers instants décisifs du roman, indéfectiblement attiré et conquis par la duchesse de Guermantes, alors qu'il devient obsessionnellement, c'est-à-dire épisodiquement, 'par intermittence', amoureux de Gilberte puis d'Albertine. La première est entourée par le bruit que fait le vent de l'histoire dans les rameaux de son totem dynastique, distributeur et garant des fonctions, les deux autres sont de précieuses friandises disposées sur le guéridon de jeu réservé aux habitués, égaux en statut, d'un jour de la semaine.

L'auteur de la *Recherche* œuvre ainsi en philosophe et en ethnologue[4], il écrit de même en historien des mœurs, dans la mesure où celles-ci sont le reflet d'appartenances décidées à un système de vie, à une vision particulière du monde et des pouvoirs de l'esprit. Il convient, selon Proust, de prendre en compte le temps perdu de l'histoire à part égale avec le temps disparu de la vie affective ; la quête de l'écrivain devient alors une recherche de mémorialiste qui possède ses actes et ses sources, et qui, avant tout, connaît la géographie symbolique et concrète des territoires – qui s'entend à distinguer entre fief et tenure servile, entre franc-alleu et censive – à l'instar de Mme de Cambremer qui trace une fois de plus, en qualité de marquise, de sentinelle des marches (*marka*), les lignes de partage des eaux de la culture vivante :

> Nous avons loué volontiers La Raspelière à Mme Verdurin, dit la marquise. Seulement elle a eu l'air de croire qu'avec la maison et tout ce qu'elle a trouvé le moyen de se faire attribuer, la jouissance du pré, les vieilles tentures, toutes choses qui n'étaient nullement dans le bail, elle aurait en plus le droit d'être liée avec nous. Ce sont des choses absolument distinctes[5].

---

4 Didier Hurson : « La critique de la faculté esthétique chez Proust » in *Revue d'études proustiennes* n° 10, édité par Classiques Garnier, dir. Gérard Bensussan et Luc Fraisse, 2019, 309-329.
5 R² III, 480.

On rencontre une réflexion apparentée à celle de Proust (au travers de la question abordée ici du *mos traditur a patribus, ut...*) dans les notes prises par Stendhal au cours de son voyage en Italie de 1818, et où l'exemple retenu prend valeur générale : « La noblesse en Angleterre a un goût *romantique*, c'est-à-dire tiré de ses intérêts actuels, lorsqu'elle fait donner une façade gothique à ses châteaux. C'est dans le Moyen Âge qu'il valait la peine d'être noble lorsque bien couvert de fer on pouvait piller les vils marchands, et *sans danger.* » (in *Voyages en Italie*, éd. Del Litto, Paris, Gallimard, 1973, 224).

Bibliographie

Claude Lévi-Strauss, *La pensée sauvage*, Paris, Plon, 1962, repris dans *Œuvres*, Paris, Gallimard, 2008, 555-850.

Lucien Lévy-Bruhl, *Les fonctions mentales dans les sociétés inférieures*, Paris, Hachette, 1910.

Roger Bastide, *Le principe de coupure et le comportement afro-brésilien*, San Paolo/Paris, Les classiques des sciences sociales, 1955.

Lucrèce (T. Lucretius Carus), *De natura rerum*, traduction par Henri Clouard, Paris, Garnier, 1964.

Stendhal, *Voyage en Italie*, édition Del Litto, Paris, Gallimard, 1973.

Transposé au siècle de Proust, le jugement de Stendhal sur son propre 'modernisme', garde saveur et pertinence : « Un des grands traits du XIXᵉ siècle, aux yeux de la postérité, sera l'absence totale de la hardiesse nécessaire pour n'être pas comme tout le monde. Il faut convenir que cette idée est la grande machine de la civilisation. Elle porte tous les hommes d'un siècle à peu près au même niveau, et supprime les hommes extraordinaires, parmi lesquels quelques-uns obtiennent le nom d'hommes de génie. L'effet de l'idée nivelante va plus loin ; elle défend d'*oser* et de travailler à ce petit nombre d'hommes extraordinaires qu'elle ne peut empêcher de naître. » (idem, 825).

Critique génétique et astrophysique ; le hors-temps proustien et la physique depuis Einstein

Philippe Willemart

Résumé

Ce texte essaie de saisir dans la première partie les conséquences de la nouvelle vision de l'espace-temps inaugurée par Einstein dans l'étude du manuscrit ; dans un deuxième moment, de percevoir combien le narrateur de *A la recherche du temps perdu*, prévoit sans le savoir une conception de l'espace où le temps est presque aboli, conception très proche de celle de l'astrophysicien Carlo Rovelli. Retrouver ce qui unifie les hommes de sciences et les littéraires, à la recherche de ce que nous ne comprenons pas, vaincre un peu plus notre ignorance est l'un des buts de cet essai.

Malgré les premières découvertes d'Einstein qui ont bouleversé notre conception du temps, nous persistons à maintenir dans nos recherches la conception newtonienne du temps continu, le même pour tous, celui qui coule au fil des heures et des jours. En 1993, j'avais inséré la quatrième dimension dans une théorie de l'écriture à propos de l'étude du manuscrit *d'Hérodias* de Flaubert publiée dans *L'Univers de la création littéraire* (Willemart, 1993, 2017) sans en tirer toutefois toutes les conséquences.

Avec d'autres, Damour (2005) et Karan (2008), j'avais également relevé le lien entre les théories einsteiniennes et le narrateur proustien (Willemart, 2016) qui n'hésitait pas à décrire la quatrième dimension de l'église de Combray :

> Tout cela et plus encore les objets précieux venus à l'église de personnages qui étaient pour moi presque des personnages de légende [...] à cause de quoi je m'avançais dans l'église [...], comme dans une vallée visitée des fées, [. .] tout cela faisait d'elle pour moi quelque chose d'entièrement différent du reste de la ville : un édifice occupant, si l'on peut dire, *un espace à quatre dimensions* – la quatrième étant celle du Temps –, déployant à travers les siècles son vaisseau qui, de travée en travée, de chapelle en chapelle, semblait vaincre et franchir non pas seulement quelques mètres, mais des époques successives d'où il sortait victorieux.
> R^2 I, 1987, 60

Aux folios 93 et 94 du cahier 71 préparatoire à *La Prisonnière*, le même narrateur soulignait comment la quatrième dimension affectait ses rapports avec Albertine :

> *cette quatrième dimension*, celle du Temps que je trouvais autrefois à l'église de Combray combien je la trouvais plus à Albertine tandis que les autres êtres se détachaient pour moi comme à plat, ne projetant devant moi que le faisceau de ce qu'ils me représentaient dans la vie actuelle, elle se modelait tendrement pour moi dans le temps qui lui faisait une sorte de volume, donnant de la profondeur aux ombres qui étaient autour d'elle, et réservant l'intervalle des années où j'étais resté sans la voir et après la diaphane épaisseur desquelles elle avait tout d'un coup resurgi.
>
> R^2 III, 1118-1119

Dans ce court essai, je voudrais aller un peu plus loin et relever les avantages de cette conception de l'espace-temps pour l'étude des manuscrits, en essayant toutefois de ne pas mélanger les théories restreinte et générale de la relativité qui traite de l'infiniment grand chez Einstein (1905-1915) avec la mécanique quantique qui traite de l'infiniment petit, développée entre 1900 et 1930 par plusieurs scientifiques, titulaires pour la plupart du Prix Nobel[1]. Dans un deuxième point, j'irai plus loin encore en essayant d'aller au-delà d'Einstein avec l'astrophysicien Carlo Rovelli.

Autrement dit, en osant toucher à ce sujet délicat et si savant, j'y entre très prudemment, en espérant me faufiler à peine dans ces théories pour y retrouver ce qui unifie les hommes de sciences et les littéraires, la recherche de ce que nous ne comprenons pas, pour vaincre un peu plus notre ignorance.

---

1 « La mécanique quantique a été développée à partir du principe des quanta de Plank et du principe d'incertitude de Heisenberg de 1900 à 1930 ». (Hawking, 1989, 224) « La physique quantique permet de comprendre ce qu'est la matière et comment elle interagit. Elle est peu intuitive mais tout à fait cohérente. Les étrangetés ne manquent pas : certaines grandeurs ne peuvent plus prendre que des valeurs discontinues ; la lumière est à la fois une onde et une particule ; une indétermination fondamentale empêche de mesurer certaines grandeurs avec une précision arbitraire ; les résultats des mesures ne peuvent se prévoir que *modulo* un certain aléa indépassable ; des objets sont simultanément dans plusieurs états ; certains systèmes sont tels que la mesure de l'état d'un des constituants influe instantanément sur l'état de l'autre ». futura-sciences.com/2323//2/.

1   Temps et espace

Situons d'abord le contexte de la nouvelle conception du temps selon Einstein. L'astrophysicien Thibaut Damour lui a consacré un excellent volume d'initiation : *Si Einstein m'était conté*. Évoquant la visite d'Einstein à Paris et sa conférence au Collège de France le 31 mars 1922 devant de nombreuses personnalités scientifiques, philosophiques et littéraires : Paul Langevin, Henri Bergson, Marie Curie, la princesse Edmond de Polignac, la comtesse Henri Greffuhle et la comtesse Anna de Noailles (des amies de Marcel Proust), Damour rappelle la répercussion de cet événement dans la presse : « Pendant tout le séjour d'Einstein, un leitmotiv va revenir dans les journaux : « Le Temps n'est plus ! », « Le Temps n'existe pas ! », « Le Temps Illusion », « ... le temps n'est qu'un songe ... ». (Damour, 2016, 56)

Se distançant de la lecture trop rapide des journalistes cependant, Damour rappelle la dernière phrase de *La Recherche* qui se rallie à la conception d'Einstein :

> Si du moins il m'était laissé assez de temps pour accomplir mon œuvre, je ne manquerais pas de la marquer au sceau de ce Temps dont l'idée s'imposait à moi avec tant de force aujourd'hui, et j'y décrirais les hommes comme occupant une place autrement considérable que celle si restreinte qui leur est réservée dans l'espace, une place au contraire prolongée sans mesure – puisqu'ils touchent simultanément, comme des géants plongés dans les années, à des époques si distantes, entre lesquelles tant de jours sont venus se placer – dans le Temps.
> R^2 IV, 625

Le temps existe toujours bien sûr, mais ne peut être séparé de l'espace, ce que Proust soupçonnait comme le rapporte une lettre à son ami Armand de Grammond, duc de Guiche, en décembre 1921, quelques mois avant la visite d'Einstein à Paris :

> Que j'aimerais vous parler d'Einstein ! On a beau m'écrire que je dérive de lui, ou lui de moi, je ne comprends pas un seul mot à ses théories, ne sachant pas l'algèbre. Et je doute pour sa part qu'il ait lu mes romans. Nous avons paraît-il une manière analogue de déformer le Temps.
> DAMOUR, 2016, 64

Le temps absolu universel, semblant coïncider naturellement avec la durée psychologique vécue par tous, était détrôné et remplacé par une multiplicité de temps relatifs individuels, discordants entre eux. (Minkowski cité par Damour, 2016, 67) Le paradigme des jumeaux illustre cette relativité du temps : Le premier voyageant à grande vitesse dans un vaisseau spatial vieillit beaucoup moins que son frère resté sur la Terre. (Damour, 2016, 52 et 67) Le temps est relativisé et fait place au temps einsteinien qui joint à l'espace, constitue la quatrième dimension de l'espace à trois dimensions.

L'histoire d'un homme ou mieux « la vie d'un homme est décrite par un tube d'espace-temps (Damour, février 2010) qui correspond à ce que le narrateur proustien appelle les « échasses » du duc de Guermantes :

> Je venais de comprendre pourquoi le duc de Guermantes, dont j'avais admiré, en le regardant assis sur une chaise, combien il avait peu vieilli bien qu'il eût tellement plus d'années que moi au-dessous de lui, dès qu'il s'était levé et avait voulu se tenir debout, avait vacillé sur des jambes flageolantes comme celles de ces vieux archevêques sur lesquels il n'y a de solide que leur croix métallique et vers lesquels s'empressent des jeunes séminaristes gaillards, et ne s'était avancé qu'en tremblant comme une feuille, sur le sommet peu praticable de quatre-vingt-trois années, comme si les hommes étaient juchés sur de vivantes échasses, grandissant sans cesse, parfois plus hautes que des clochers, finissant par leur rendre la marche difficile et périlleuse, et d'où tout d'un coup ils tombaient.
>
> R^2 IV, 624-625[2]

---

[2] Un auteur contemporain, Mia Couto, rassemble dans un même corps différents espaces et cultures qu'il superpose lui aussi : Germano de Melo à Imani : « Cependant, notre relation n'a été détruite par aucun des motifs que j'ai invoqués précédemment. Elle a été détruite bien avant de nous connaître, bien avant que nous ne soyons nés. Le même réseau qui a favorisé notre rencontre, a rendu possible notre amour [...] tu seras coupable parce que tu es noire. Et je serai haï parce que je suis le mari d'une noire [...] ».

Imani à l'écrivain qu'elle prend pour son petit-fils : « tu peux enregistrer, mais non me photographier. Regarde-moi bien mon petit-fils. Cette créature que tu vois devant toi est faite d'un corps unique. Ce sont beaucoup de corps collés, chacun fait dans un temps chacun fait dans une terre différente. Le cœur est de ce village, les bras sont de Multimati, les jambes ont oublié d'où elles sont [...] mon corps est un monde entier », (Mia Couto, *O bebedouro de horizontes* (São Paulo : Cie das Letras, 2018, 251 et 305). De même le narrateur proustien concentre dans la grand-mère l'histoire de l'évolution de l'homme : « Alors ma grand-mère éprouva la présence, en elle, d'une créature qui connaissait mieux le corps humain que ma grand-mère, la présence d'une contemporaine des races disparues, la présence du premier occupant – bien antérieur à la création de l'homme qui pense ; elle sentit cet allié millénaire qui la tâtait, un peu durement même, à la tête, au cœur, au coude, il reconnaissait les lieux, organisait tout pour le combat préhistorique qui eut lieu aussitôt après. [...] Et elle restait émue de cette entrevue qu'elle venait d'avoir à travers tant de siècles, avec un élément antérieur à la création même des plantes ». (R^2 II, 596)

Décrire la vie d'un homme comme la superposition de tranches d'espace-temps pose le problème de la mémoire ou de la rature, – de quel espace-temps nous souvenons-nous ? –, mais n'élimine pas les espaces-temps successifs qui nous constituent et qui sont toujours là, même si nous ne nous en souvenons plus[3]. La genèse de l'homme existe bel et bien, mais est composée d'éléments quadridimensionnels soumis aux aléas du contexte que nous traversons et qui nous emmène dans des voies imprévisibles. Ce ne sera donc pas une genèse ordonnée, mais suivant les événements, une genèse pleine de bifurcations où dominera la non-linéarité. Une guerre, une maladie, la mort d'un proche, un concours réussi, un voyage heureux, la naissance d'un fils, un changement de continent seront des occasions de bifurcations très fréquentes qui feront de la genèse de la vie d'un homme une route à déchiffrer à chaque étape[4].

D'un autre côté, si « l'espace-temps est une structure élastique qui est déformée par la présence en son sein, de masse-énergie » (Damour, 2016, 112), l'homme qui est une unité de l'espace-temps, ne subit-il pas l'impact des événements et des autres dans sa vie jusqu'à en être déformé, ce qui bizarrement est ici synonyme de « ayant fait l'objet d'une formation » ; toute éducation ou formation déformerait l'individu d'une certaine façon[5].

Ne serait-ce pas pousser un peu trop loin le rapprochement entre l'espace-temps Univers et l'espace-temps individu sachant qu'une déformation est possible dans l'espace-temps de l'Univers sous l'effet des ondes gravitationnelles, mais que sur Terre, nous constatons « à peine des déformations minuscules » ? (Damour, 2016, 112)

Non, si nous tenons compte de l'invention de la nouvelle psychologie proustienne qui m'encourage à approfondir leurs rapports et à considérer la structure élastique de l'espace-temps constitué par un individu qui souffre les

---

3 De quel espace-temps nous souvenons-nous ? « En fait, les souvenirs ne correspondraient à aucune trace concrète fixée, mais seulement au souvenir du frayage neuronal lié à l'expérience de l'événement considéré. Pour dire les choses autrement, il y aurait, à l'occasion d'un événement particulier, sélection d'un groupe neuronal (notion de « darwinisme neuronal ») et de ce fait, le renforcement des zones synaptiques crée ce que Edelman appelle « un répertoire secondaire, constitué de groupes neuronaux qui répondent mieux à certains stimuli parce qu'ils ont été sélectionnés et leurs connexions renforcées ». Edelman (1992) cité par Bernard Golse, (2017, 102). Qui dit neurones ou groupes neuronaux, dit ensemble d'atomes.

4 Il y a donc une opposition flagrante entre nos souvenirs et les faits réellement vécus. Ces derniers et leurs traces se superposent d'année en année alors que nos souvenirs sans fixation temporelle, s'associent selon nos expériences, ce qui dénote l'intervention de la singularité ou du désir de chacun.

5 N.B. Déformer serait suivre une ligne courbe et non droite. Suivre une ligne droite reviendrait à sortir de l'Univers.

impacts des rencontres successives sur sa ligne d'univers ou dans son histoire. Voyons comment.

2 Par quel mécanisme, la vie d'un homme peut-elle être « déformée » ?

Le narrateur proustien y répond dans *Le temps retrouvé*, quand il invente la psychologie dans l'espace qui considère l'univers à quatre dimensions.(R^2 IV, 608 et Willemart, 1999, 153) Il imagine un nouveau rapport entre les hommes où circulant les uns autour des autres comme la Terre autour du Soleil, ceux-ci forment un nouvel espace qui augmente au fur et à mesure des révolutions autour de l'être aimé, de l'objet lu, de la statue admirée ou de la peinture remarquée, sachant que tous les hommes et les objets sont des espaces-temps, ambulants ou pas, et constituent l'espace-temps de l'Univers.

L'augmentation de rotations entre le sujet et l'objet sera donc due non pas à l'attirance ou à la gravité de Newton sur l'objet, mais à l'intensité ou à la masse de leur lien. Les tours autour de l'objet seront plus ou moins rapides suivant la déformation imprimée par l'objet sur l'espace-temps de l'autre. Plus l'objet aimé ou désiré prend du poids ou de l'importance pour le sujet, plus l'espace-temps sera déformé facilitant ainsi les révolutions plus ou moins rapides autour de l'objet. Un rapport de plus en plus intense entre le sujet et l'objet provoque à la fois plus de révolutions et un attachement progressif à cet objet tout comme la Terre est inévitablement rattachée au Soleil par la gravitation. Chaque tour est une tranche d'espace-temps vécue par le sujet dont l'accumulation semblable aux échasses du Duc du Guermantes, l'élève à un niveau extrêmement haut qui peut l'effrayer, mais qui augmente aussi son assise, l'espace occupé, contrairement à ce que décrit le narrateur qui y voit un espace réduit. Par ailleurs à l'opposé de la disposition de la Terre autour du Soleil, les révolutions peuvent cesser si l'objet tombe dans l'oubli, même si ces moments vécus resteront dans la mémoire de l'aimant.

3 Que devient l'étude du manuscrit dans cette perspective einsteinnienne ?

Considérons d'abord le manuscrit en lui-même. Constitué de plusieurs versions qui tout comme les années de chacun d'entre nous, se superposent les unes aux autres, chacune dans son environnement. Aucune n'est oubliée, mais n'importe quel folio ou fait raconté sur le folio peut surgir[6] et obliger l'auteur ou le critique à reconsidérer son inclusion ou non dans les versions suivantes. Souvenons-nous de la découverte par Nathalie Mauriac Dyer d'une autre version d'*Albertine* qui prise en considération, modifierait le reste du récit, ce que les éditons Gallimard de La *Recherche*, ont préféré ignorer.

Nous prenons pour base l'hypothèse de l'astrophysicien Hugh Everett (1930-1982) qui essayait de comprendre l'expérience de Schrödinger (1887-1961) sur la co-habitation dans une caisse d'un chat mi-mort mi-vivant. Fidèle à la célèbre phrase d'Einstein, « seule la théorie décide ce qui est observable », il inventa la théorie des mondes multiples où il situe les événements dans leur amplitude d'existence et non dans leur amplitude de probabilités (Damour, 2016, 243 et s.) répondant ainsi à l'exigence du respect du principe de non-contradiction.

Dans ce sens, tous les états du manuscrit existent parallèlement et changent à chaque rature se superposant les uns aux autres. Ils existent vraiment et uniquement transcrits sur le papier ou sur l'écran mais autant l'écrivain que le critique ne perçoit globalement qu'une partie de ces changements vu leur nombre.

Nous ne pouvons supposer un univers de versions qui se superposeraient dans la tête de l'écrivain comme nous le pensions au départ, sachant que tout comme la mémoire, l'esprit ne maintient que des traces mnésiques associées à un groupe de neurones qui ne sont ravivées qu'à l'occasion d'une circonstance nouvelle ou d'un rapprochement inattendu qui surgit sous la plume de l'écrivain qui l'endosse ou non suivant son désir.

Ainsi, nous prenons acte de la complexité de la création dans notre cerveau qui avec ses millions de neurones et de connexions qui interagissent entre eux par les synapses sous l'action des événements vécus, est capable de suggérer non des versions différentes, mais des insight qui modifieront les versions transcrites sur le papier ou sur l'écran. En cela, notre cerveau ne ressemble pas à un ordinateur ni à l'Univers aux milliards de galaxies et d'étoiles qui suivent des lois précisées de plus en plus et traduites en équations mathématiques par ceux que j'appellerais, les scrutateurs du ciel, Aristote, Ptolémée, Newton, Einstein, Damour et autres.

Considérant le rapport entre l'écrivain et son objet, que ce soit un roman, un poème ou une pièce à écrire, comment l'envisager dans la conception de l'espace-temps à quatre dimensions ?

---

6 Surgir comme le souvenir suite à une expérience qui rappelle l'événement raconté sur un folio, qui ne suivra pas non plus l'ordre calendaire, mais celui des associations qui manifestent la subjectivité de l'écrivain. Le signifiant « Ansermet » me rappelle les différentes sortes de traces, par exemple.

Nous avons deux blocs, d'un côté l'écrivain, de l'autre, les manuscrits superposés, le premier tournant autour du second. Au fur et à mesure des révolutions, le manuscrit s'épaissit ou prend de la masse, forçant l'écrivain à tourner de plus en plus autour de son objet, c'est-à-dire, à remplir de plus en plus de folios qui sont autant de tranches d'espace-temps et à définir chaque fois plus son objet dont il ignorait la matière au départ en les raturant, y ajoutant des mots ou des phrases ou transposant les trouvailles sur d'autres folios. Chaque jour daté comme c'est le cas chez Henry Bauchau, constituerait une tranche d'espace-temps dans la pensée classique, mais comme je le disais plus haut, peu importent les dates, mais bien les ratures qui provoquent l'accumulation de traces mnésiques non pas rattachées à leur tranche d'espaces-temps d'origine, mais au contraire, détachées et libres d'être rappelées par l'écrivain à l'occasion d'une association quelconque. Elles ne s'accumulent donc pas et ne se superposent pas les unes au-dessus des autres dans un même tube espace-temps. Pourrai-je dire qu'elles nagent dans un même espace sans précision temporelle ? Je le croirais volontiers comme je le montre plus loin.

4   **Quels sont les avantages de cette description pour la critique génétique par rapport à l'ancienne vision où le même temps s'écoule pour tous et constitue à peine une toile de fond des espaces parcourus ?**

L'écrivain comme nous tous, bien que biologiquement déterminé en beaucoup de points, choisit entre la suppression ou l'ajout du mot, de la phrase ou du chapitre, se sachant enserré dans plusieurs filets dont il doit s'échapper comme le poisson qui se libère de l'hameçon. Pour ce faire, il continue à révolutionner autour du sujet choisi et laisse de temps à autre des empreintes sur le manuscrit suivant son rythme de travail, empreintes qui peuvent se rattacher ou non à des traces mnésiques ou psychiques dans le cerveau. Une zone d'ombre constituée par les tours autour de l'objet sans effet sur le manuscrit se forme et s'agglomère dans la mémoire de l'écriture échappant ainsi à la sélection immédiate de l'écrivain. Cette zone d'ombre, est distincte des insight venant du cerveau en ce sens que ses éléments constituants, des mots, des phrases, des gestes, un rythme sont déjà définis et proches de la mémoire immédiate de l'écrivain. Leur sortie de la zone dépendra d'un insight du cerveau qui les repêchera et les fera transcrire sur le manuscrit.

J'en veux pour preuve le contenu des folios 9v° à 12v° du Cahier 8 de Marcel Proust qui avait regagné la zone d'ombre comme si son contenu avait été oublié et n'attendait qu'un signe pour émerger :

Ce sera seulement au folio 40 r° que le narrateur reprend la même lamentation du folio 11v° qui disait : « jamais plus les bras qui pouvaient m'aider ne s'ouvriront pour moi [...] La possibilité de telles heures (la mère dormant dans la chambre du héros avec la permission du père et lisant *François le Champi*) est anéantie à jamais », c'est-à-dire que c'est seulement sur ce folio 40 r° que [...] la pensée écrite de ces folios, retrouve le récit comme si le scripteur s'était endormi jusque-là et se réveillait croisant la pensée du folio 40 ou, comme s'il avait parcouru la distance entre le folio 12 v° et le folio 40 r° bien avant et avait attendu le drame du coucher pour apparaître. (Willemart, 2019, 44)

Apparaissant tout à coup, la nouvelle phrase pourrait être considérée soit sans lien immédiat avec celle qui précède vu les intervalles entre elles dans la mémoire de l'écriture, soit comme la métaphore des événements précédents, soit si nous suivons Prigogine (1996), Rovelli (2015, 71) et d'autres, comme résultant du calcul des probabilités des révolutions opérées par l'écrivain autour de son objet après la phrase précédente.

Ce sont donc trois conséquences de cet encadrement dans l'espace-temps einsteinien.

1. Le remplaçant de la rature sera une condensation des révolutions qui le précèdent
2. Ou il n'aura aucun lien nécessaire immédiat avec ce qu'il remplace
3. Ou il sera le résultat d'un calcul non maitrisable de probabilités à insu de l'écrivain.

La rature qui peut aussi être assimilée à l'oubli d'un mot, d'une expression, d'une phrase voire d'un chapitre, ne sera pas ou jamais définitive et manifeste à peine la mise au rancart provisoire d'une tranche d'espace-temps que représente le raturé qui pourra revenir en force à la prochaine ligne ou dans un prochain chapitre. Le raturé est toujours là, disposé à ressurgir à l'appel du narrateur ou, en d'autres mots, les versions précédentes contenues dans la mémoire de l'écriture, seront toujours prêtes à modifier le texte du moment, les interactions entre elles étant toujours possibles. C'est comme si les ratures n'existaient plus ou comme si elles étaient le signe d'un changement et non plus un refus ou un déni du mot raturé. Nous modifions ici le sens de la rature qui ne correspondrait plus à un refoulement ou à une dénégation mais à un choix qui inclut implicitement le raturé.

C'est une quatrième différence puisqu'avec le temps newtonien, les espaces du passé sont clos, la dernière version rejette les précédentes et les raturés oubliés sont remplacés par leur substitut. C'est sans doute dans ce sens que j'avais imaginé le concept de « mémoire de l'écriture » qui maintient présent à la mémoire de l'écrivain les versions du manuscrit, concept qui rejoint d'une certaine manière l'absence de « maintenant uniforme » de la physique einsteinienne pour qui « le temps ne coule pas, son passage est une illusion et n'est pas irréversible si nous le considérons dans toute son ampleur. Le temps, fondamentalement réversible, fait corps avec l'espace et n'est pas une donnée séparée des événements ». (Damour, septembre 2011, 14)

Le temps réversible ou l'espace-temps réversible fait comprendre pourquoi des événements[7] écrits à une telle date, reviennent à la surface et sont repris dans le récit. En fait, les événements ont toujours été là, mais le narrateur qui les a retenus, leur donne une autre coordonnée temporelle, ou mieux, leur donne rigoureusement une double dimension temporelle : $xyzt_1$ et $xyzt_2$, sachant que « xyz » représente les trois dimensions de l'espace dans lequel est arrivé l'événement et « t », la dimension temporelle. J'en ai donné un exemple plus haut pour le Canier 8 de Proust où des événements racontés au folio 10 sont oubliés et réapparaissent au folio 40 r°.

5 Mise en garde

Nous savons par ailleurs qu'un événement quelconque est énoncé par un ensemble comportant un signifiant, le signifié ou son interprétation du moment et éventuellement une odeur, une image, un son, un sentir, moyennant l'action des pulsions orale, visuelle, olfactive ou auditives, etc.

La mémoire de l'écriture conserve-t-elle l'événement intégralement avec toutes ses nuances ou à peine son signifiant ? Souvenons-nous du *Temps retrouvé* où subitement le héros se rappelle différents événements appelés plus tard par la critique 'expériences privilégiées'. (Quaranta, 2001)

> Mais qu'un bruit, qu'une odeur, déjà entendu ou respirée jadis, le soient de nouveau, à la fois dans le présent et dans le passé, réels sans êtres actuels, idéaux sans être abstraits, aussitôt l'essence permanente et habituellement cachée des choses se trouve libérée, et notre vrai moi qui, parfois depuis longtemps, semblait mort, mais ne l'était pas entièrement, s'éveille, s'anime en recevant la céleste nourriture qui lui est apportée.
> R^2 IV, 451

La mémoire de l'écriture ne maintiendra pas qu'un son ou qu'une odeur, pour le moins dans le cas de *La Recherche*. Le premier élément déclencheur d'une longue chaîne de souvenirs surgira peu à peu jusqu'à apparaître avec toutes

---

[7] Événement au sens physique du terme qui situe une action au croisement des quatre coordonnées, les trois dimensions de l'espace et celle du temps.

ses nuances. Il suffit de nous reporter au rappel des faits suscités graduellement par l'odeur alliée à la saveur de la madeleine dans *Du côté de chez Swann* (R^2 1, 44) pour le saisir, bien que dans d'autres cas, un signifiant au sens large du terme, un geste, un bruit ou un sensation, sera le seul élément qui restera du « passé » et déclenchera le rappel comme dans les autres exemples d'expériences privilégiées.

Jusqu'à présent, nous comprenons que tous les événements sont situés dans le même espace-temps comme le soulignait aussi l'astrophysicien Schrödinger, « car 'éternellement' et 'toujours' n'existent que maintenant ; l'unique et le même maintenant. Le présent est la seule chose qui n'ait pas de fin ». (Damour, février 2010, 31)

Cependant, le narrateur proustien non seulement rapproche deux événements dans un même espace-temps, mais les met hors-temps. Comment le comprendre à la lumière de la physique post-einsteinienne ?

6   Le hors-temps proustien ne brise-t-il pas l'espace-temps einsteinien ?

> Une minute affranchie de l'ordre du temps a recréé en nous pour la sentir l'homme affranchi de l'ordre du temps. Et celui-là, on comprend qu'il soit confiant dans sa joie, même si le simple goût d'une madeleine ne semble pas contenir logiquement les raisons de cette joie, on comprend que le mot de « mort » n'ait pas de sens pour lui ; situé hors du temps, que pourrait-il craindre de l'avenir ?
>
> R^2.IV, 451

Projetés dans le hors-temps, les événements – la madeleine trempée dans le thé un jour d'hiver rappelle au héros la madeleine de tante Léonie et la ville de Combray quand il était enfant –, s'affranchiraient-ils de la prison de la mémoire de l'écriture ou de l'espace-temps de chacun de ses éléments et vivraient-ils à peine dans l'espace ? Vivre à peine dans l'espace, est-ce concevable pour la physique qu'elle soit newtonienne, einsteinienne ou quantique ? Oui, bien sûr !

Rappelons-nous le paradigme des frères-jumeaux cité plus haut (Damour, 2016, 59) : si le vaisseau spatial réussissait à atteindre la vitesse de la lumière, le temps s'arrêterait. Autrement dit, une horloge tournant très lentement, freinerait le temps de telle manière que le temps disparaîtrait, rejoindrait « la minute affranchie de l'ordre du temps » et le jumeau dans l'espace vieillirait beaucoup moins que son frère resté sur la Terre.

Une deuxième analogie pour comprendre le hors-temps proustien découle de la notion de temps dans le cadre de la gravité quantique à boucles, théorie récente qui essaie d'unifier la relativité générale d'Einstein avec la physique quantique de l'infiniment petit, inventée par le Canadien Lee Smolin et l'Italien Carlo Rovelli en 1988 :

> La prédiction centrale de la théorie des boucles est [...] que l'espace physique n'est pas continu, il n'est pas divisible à l'infini, il est formé de grains, d'« atomes d'espace ». Ces grains sont très petits : un milliard de milliards de fois plus petit que le plus petit des noyaux atomiques. [...]. La théorie décrit ses atomes d'espace de façon mathématique et fixe les équations qui déterminent leur évolution. On les appelle boucle, ou anneaux, parce que chaque atome d'espace n'est pas isolé, mais relié à d'autres, formant un réseau de relations qui tissent la trame de l'espace physique comme des anneaux de fer d'une cotte de mailles.
> ROVELLI, 2015, 51

Il faut nous demander comment l'événement t^1 que Rovelli nomme « grain d'espace » ou « atome d'espace » qui pour nous est un élément du folio ou de la mémoire de l'écriture, situé par exemple vingt folios avant dans l'écriture ou rappelé 10 jours avant par un signifiant de la mémoire de l'écriture, parvient à un autre grain d'espace, le t^0 du folio en train d'être écrit ? Si tous les folios ou les événements sont dans le même « maintenant », comment se fait la jonction de l'un à l'autre pour cette théorie ?

Le narrateur proustien répondait « par le miroitement de la sensation[8] » qui ayant surgi tout à coup a réuni les deux sensations hors du temps. Pour les astrophysiciens, ce miroitement situé dans le « maintenant » ou dans le « présent » comporte des milliers d'atomes dont à peine quelques-uns sont perçus par l'œil. Précisons que le miroitement suppose un rayon de lumière qui est nécessaire à la réunion des deux événements.

Plus tard, Rovelli en arrive à éliminer le temps d'une certaine façon quand il affirme que : « le temps est une façon de parler de changement » (Rovelli, 21 mars 2018) ou « si rien ne se passe, il n'y a pas de temps (Rovelli, 2015, 53), il n'y aura pas de t^1 ni de t^0, mais un remaniement dans la constitution de l'ensemble à boucles avec l'ajout de plusieurs éléments. Le contact entre les deux

---

[8] « Et voici que soudain l'effet de cette dure loi s'était trouvé neutralisé, suspendu, par un expédient merveilleux de la nature, qui avait fait miroiter une sensation – bruit de la fourchette et du marteau, même titre de livre, etc. – à la fois dans le passé, ce qui permettait à mon imagination de la goûter, et dans le présent où l'ébranlement effectif de mes sens par le bruit, le contact du linge, etc. avait ajouté aux rêves de l'imagination ce dont ils sont habituellement dépourvus, l'idée d'existence, et, grâce à ce subterfuge, avait permis à mon être d'obtenir, d'isoler, d'immobiliser – la durée d'un éclair – ce qu'il n'appréhende jamais : un peu de temps à l'état pur ». (R^2 IV, 450)

événements se fera immédiatement sans souci d'ordre ou de réorganisation sachant que « chaque processus danse indépendamment de ses voisins à son propre rythme ». (Rovelli, 2015, 52)

Soyons clair, cependant. Pour la relativité, ce n'est pas parce qu'un événement est situé dans un temps t^1 qu'il est contemporain du t^0 de l'écriture. Même si les deux temps sont situés dans le présent quantique, qui est un volume et non un instant, la distance existe, mais la vitesse étant extrêmement rapide, 1/300000 de seconde, ils peuvent se rapprocher dans ce qui nous paraît un instant. (Damour, 2016, 78) Ce que j'écris à l'instant et ce que j'écrirai demain seront de nouveaux objets d'espaces-temps qui entreront dans 'la danse' aussitôt créés, et pourront se rejoindre.

Pour ces nouvelles théories physiques, il n'y a donc pas de hasard comme Proust le supposait dans la rencontre des deux événements, mais grâce à leur autonomie, chacun d'eux « travaille » hors du temps et hors d'un ordre pré établi pour se connecter sous le couvert d'un soi-disant hasard qui n'est autre que notre ignorance que le calcul des probabilités permettrait de vaincre en partie. (Rovelli, 2015, 64)

Une troisième manière de comprendre le hors-temps pour les physiciens serait de nous rappeler le *big-bang* ou même le *Big bounce*[9] où en quelques secondes arrive une série de transformations qui donneront naissance à l'univers (Damour, février 2010, 35) ou au multivers.(Hawking, 1989, 5) Le temps y est présent, – quelques secondes ou quelques minutes –, mais les événements, – l'émergence des protons, des électrons, des neutrons, etc. – s'accumulent à une telle vitesse, la vitesse « c » de la lumière, qu'ils ne paraissent pas tenir compte du temps et pourraient entrer dans la catégorie du hors-temps.

Le résultat de ce voisinage instantané est assez étonnant dans la *Recherche*. Non seulement, la collision, si je peux ainsi caractériser leur rencontre, semble instantanée, mais le deuxième élément paraît doué d'une telle masse-énergie qu'il entraîne le héros dans un monde différent qui n'est pas affecté par la mort. « Il ajoute aux rêves de l'imagination une idée d'existence et [...] (permet) d'obtenir la durée d'un éclair [...] un peu de temps à l'état pur ». (R^2 IV, 451)

Le temps à l'état pur qui n'est autre que le hors-temps, entraîne le héros à faire exister ses rêves, à s'affranchir de l'ordre du temps et à vivre une minute

---

9 « La grande explosion initiale pourrait avoir été un *Big Bounce*, un grand rebond : notre monde pourrait être né d'un univers précédent en train de se contracter sous son propre poids, jusqu'à s'effondrer dans un espace plus petit, avant de rebondir et de recommencer à se dilater, pour devenir l'univers en expansion que nous connaissons autour de nous. » (Rovelli, 2015, 57).

extrêmement féconde qui voit le surgissement du vrai moi, minute comparable par sa richesse à ce qui se passe dans l'espace aux premiers moments de l'univers.

Le hors-temps proustien, lui aussi, semble en effet éliminer le temps, « l'espace » d'une minute, et l'espace lui-même comprend au maximum deux événements.

Nous avons donc affaire à des éléments comparables où le temps est réduit à presque zéro dans un immense espace constitué par le « maintenant », mais où les deux événements sont presque collés l'un à l'autre dans ce même espace comme si le temps paraissait ne pas avoir existé. Reliés par des particules semblables, les deux événements interagissent à partir de leurs sensations identiques, mais non sans motif ni par hasard.

7   Ne serait-ce pas une nouvelle manière de considérer le manuscrit ?

Pouvons-nous généraliser la loi proustienne et en déduire que les rapprochements entre folios ou entre événements de même nature dans la mémoire de l'écriture souffrent le même processus durant l'écriture, à savoir la mise hors temps des événements qui permet au narrateur de rapprocher les choses qu'il juge essentielles sans souci de chronologie ni d'ordre quelconque ?

C'est à travers la sensation entre autres éléments pour Proust, mais pour d'autres auteurs, comment se déclenche ce rapprochement ? Chaque généticien répondra pour son auteur.

Les nombreux essais proustiens quant à eux seraient les traces **de vastes ensembles virtuels**, – ce terme est meilleur que **mémoire d'écriture** –, palpitant de vie et d'articulations possibles où le scripteur-écrivain joue le rôle non pas de chef d'orchestre, mais d'articulateur, circulant dans l'ensemble virtuel à boucles, autre nom de la mémoire de l'écriture, à une vitesse extrême pour faire atterrir les informations dans l'écriture sur le support papier ou virtuel afin qu'elles soient retravaillées par l'instance de l'auteur.

8   Et quant à nous, lecteurs du manuscrit ?

Si nous regardons un manuscrit de loin dans son état macroscopique, pour employer un terme de physique, nous en aurons une vision globale sinon floue et il paraîtra cohérent et en ordre dans le temps, mais plus nous entrons dans les détails et distinguons les états microscopiques, plus le désordre apparaîtra sans souci de date, le temps semblera aboli et les dates éventuelles mises par l'écrivain seront traitées comme un trompe-l'œil.

Dans ce sens, tous les détails du manuscrit sont indispensables et doivent être minutieusement retranscrits parce qu'ils pourront être l'écho de beaucoup d'autres pour le critique et l'aider dans la lecture sinon dans l'interprétation du texte, ce qui est un énorme avantage pour le généticien sur son collègue qui ne connait que le texte publié. Ces échos pourraient-ils atteindre l'essence des choses qui éveille le vrai moi comme chez le narrateur proustien ?

Ces quelques pages montrent suffisamment que la physique autant que la littérature tiennent compte non pas seulement de calculs mathématiques ou d'expériences psychologiques personnelles, mais de l'imaginaire et de la rêverie qui autorisent les littéraires et les scientifiques à imaginer un réel qui devient ou qui pourrait devenir réalité.

Rapprochements qui ici se sont révélés aptes à bouleverser nos conceptions habituelles sur l'espace-temps et à envisager l'étude du manuscrit d'une autre manière.

Bibliographie

François Ansermet, *Continuité et discontinuité, entre neurosciences et psychanalyse* (Fondation Agalma : 2018) disponible sur https://www.youtube.com/watch?v=-3GNY_BKif4, consulté le 15 décembre 2019.

François Ansermet et Pierre Magistretti, *À chacun son cerveau : plasticité neuronale et inconscient*, Paris, Odile Jacob, 2004.

Henry Bauchau, *Œdipe sur la route*, Arles, Arles Sud, 1990.

Sabine Cornudet, Entre les neurosciences et la psychanalyse, la fin des hostilités Mia Couto, *As areias do imperador 3, O bebedor de horizontes*, São Paulo, ed. Schwartz, 2018.

Thibaut Damour, *Si Einstein m'était conté*, Paris, Le Cherche Midi, 2005.

Thibaut Damour, disponible sur. http://www.ihes.fr/~damour/Conferences/ Damour _amisIHES_fev2010.pdf, consulté le 15 décembre 2019.

Thibaut Damour, disponible sur http://www.ihes.fr/~damour/Conferences/CDC sept2011.pdf, consultéle 15 décembre 2019.

Thibaut Damour, ihes.fr : Thibaut Damour : Physique et Réalité : le temps existe-t-il ? disponible sur https://www.youtube.com/watch?v=wDwELlFPFL0, consulté le 15 décembre 2019.

Thibaut Damour, *Si Einstein m'était conté*, Paris, Flammarion, 2016.

Gerald Edelman, *Biologie de la conscience*, Paris, Odile Jacob, coll. « Sciences », 1992.

Albert Einstein, *La relativité*, Paris, Payot, 1956.

Futura science, disponible sur https://www.futura-sciences.com/sciences/dossiers/astrophysique-gravitation-quantique-boucles-theorie-fascinante-2323/page/2/, consulté le 15 décembre 2019.

Bernard Golse, Olivier Putois, Alain Vanier, *Épistémologie et méthodologie en psychanalyse et en psychiatrie, Pour un vrai débat avec les neurosciences*, Paris, Érès, 2017.

Goulu, disponible sur https://www.drgoulu.com/2007/02/07/le-temps-une-4eme-dimension-imaginaire/#.WvIZa9Mvx-U, consulté le 15 décembre 2019.

Stephen Hawking, *Une brève histoire du temps*, Paris, Flammarion, 1989.

Henriete Karan, *Espaço-tempo e memória : a subjetividade em Le Temps retrouvé*, de Marcel Proust, Porto Alegre, Université Fédérale de Rio Grande do Sul, 2008. (thèse inédite)

Jacques Lacan. "Le temps logique et l'assertion de certitude anticipée", 1945, in *Écrits*, Paris, Seuil, 1966.

Jacques Lacan, *Ou pire Séminaire 1971-1972*, Paris, Association freudienne internationale, 2000.

David Louapre, Science étonnante : disponible sur https://www.youtube.com/watch?v=3MJJvXGuDag, consulté le 15 décembre 2019.

Nathalie Mauriac, *Proust inachevé*, Paris, Champion, 2005.

Ilya Prigogine, *La fin des certitudes*, Paris, Odile Jacob, 1996.

Marcel Proust, *Du côté de chez Swann*, Paris, Gallimard, 1987.

Marcel Proust, *Le côté de Guermantes*, Paris, Gallimard, 1988.

Marcel Proust, *La Prisonnière*, Paris, Gallimard, 1988.

Marcel Proust, *Le Temps Retrouvé* T.IV, Paris, Gallimard, 1989.

Jean-Marc Quaranta, *Les expériences privilégiées dans « A la recherche du temps perdu » et ses avant-textes : éléments de la genèse d'une esthétique*, disponible sur http://www.theses.fr/2001MARN0094, consulté le 15 décembre 2019.

Carlo Rovelli, disponible sur https://www.cnrs.fr/publications/imagesdelaphysique/couv-PDF/IdP2011/06_Rovelli.pdf, consulté le 15 décembre 2019.

Carlo Rovelli, *Sept brèves leçons de physique*, Paris, Odile Jacob, 2015.

Carlo Rovelli, disponible sur https://www.youtube.com/watch?v=YlRT8Z2cXlY, Conférence le 07/04/2015, consulté le 15 décembre 2019.

Carlo Rovelli, disponible sur https://www.youtube.com/watch?v=Kh1yGh5yoAg. Interview au salon du livre, 21/03/2018. A, consulté le 15 décembre 2019.

Carlo Rovelli, *L'ordre du temps*, Paris, Flammarion, 2018 B.

Laurent Saco, disponible sur https://www.futura-sciences.com/sciences/actualites/cosmologie-hawking-multivers-buzz-fake-news-70583/, Futura science, 22. 03 2008, consulté le 15 décembre 2019.

Philippe Willemart, *Universo da criação literário*, São Paulo, Edusp, 1993.

Philippe Willemart, *Proust, poète et psychanalyste*, Paris, L'Harmattan, 1999.

Philippe Willemart, « Le mystère du temps creusé au fond d'un être : Pourquoi raturer *Les intermittences du cœur* et le remplacer par *A la recherche du temps perdu* ? », *Marcel Proust aujourd'hui*, Amsterdam, Rodopi, 2016.

Philippe Willemart, *L'Univers de la création littéraire*, Oxford, Peter Lang, 2017.

Philippe Willemart, *L'écriture à l'ère de l'indéterminisme*, Oxford, Peter Lang, 2019.

Le paysage chez Proust et Gracq : poésie contre philosophie ?

Dominique Defer

Résumé

La thématique du paysage, commune à Proust et à Gracq met en évidence de nombreuses convergences : le paysage, création artificielle naissant d'une vision subjective et esthétique, se circonscrit en « territoires », se révèle intimement lié à la durée, entre en interaction avec les personnages et souligne le goût pour les Noms des deux auteurs. Mais là où Proust, poursuivant sa démarche spiritualiste, incluant le paysage dans sa quête globale de sens et sa théorie du souvenir, en fait un rouage de son système, Gracq en prône une approche plus sensitive et immédiate qui donne libre cours à son écriture poétique, sur fond d'attente et de départs toujours renouvelés.

De persistantes impressions de lecture peuvent conduire à rapprocher les deux écrivains. Voire à établir une sorte de jeu de piste au fil des pages, tant les résonances, les effets de miroir sont séduisants et tendent parfois à l'évidence. La rivière Èvre des *Eaux étroites* de Julien Gracq, qui semble remonter le cours des souvenirs de l'auteur n'aurait-elle pas à voir avec la Vivonne de la *Recherche* ? Tel ou tel passage aux nombreux replis ne fait-il pas penser au phrasé de Proust ? La subjectivité qui baigne les deux œuvres ne signe-t-elle pas leur communauté de vues ? Gracq, comme écrivain et comme critique, n'a certes pu manquer, comme tant d'autres qui ont succédé à Proust, de subir son empreinte. Et les entrelacs qui semblent émerger d'une œuvre à l'autre sont d'autant plus intéressants et problématiques que, en apparence très prégnants, ils résistent tout d'abord aux tentatives de différenciation. Le traitement du paysage, par exemple, dans les textes respectifs de Proust et de Gracq, qui en font tous deux une thématique centrale, semble à première vue entériner l'influence du premier sur le second.

Même manière commune *a priori* d'appréhender le paysage, qui dépasse la définition géographique « d'étendue d'un pays qui s'offre à l'observateur, d'ensemble d'éléments observables à partir d'un lieu précis », et naît plutôt d'une création artificielle et subjective, circonscrite par la vision de manière esthétique. Le paysage se change ainsi en un objet artistique, bien loin de la simple fonction de cadre inaugural et statique que lui accordaient nombre d'écrivains du dix-neuvième siècle. Les deux auteurs, qui partagent une même sensibilité sur le sujet, conçoivent à l'envi des paysages, en les modélisant et les mettant en scène. Certaines analogies, échos ou rappels des paysages proustiens semblent alors émerger à la première lecture des récits de Gracq. Ce dernier, amoureux des paysages depuis l'enfance et porté vers eux par ses études, développe une véritable culture paysagère, mais se heurte bel et bien à « un Proust involontairement géographe, donnant la configuration des sites », comme l'a signalé Luc Fraisse (2008) (étudiant les emprunts faits par le second au premier), qui met au jour une utilisation, quasi plagiaire parfois, de certains motifs de la *Recherche*. Que penser en effet, de résurgences lexicales très précises, comme, par exemple, la « lande jaune » et « la petite forêt triangulaire » dessinées par la lanterne magique de Combray et les « landes jaunes » et « l'échancrure triangulaire » décrites au début de *Au Château d'Argol* ?

Mais si le calque de certaines situations, de certaines postures d'auteur ou choix narratologiques est clairement repérable et se retrouve concentré dans le traitement du paysage, omniprésent dans l'œuvre de Gracq, de fortes dissemblances percent aussi dans l'étude comparée des passages qui y sont consacrés chez les deux écrivains. En effet, si la mer dans *Le Beau ténébreux* entre en résonance avec celle de Balbec, si les vues surplombantes de Moriarmé dans *Un Balcon en forêt* rappellent celles de la Raspelière, ces paysages parmi tant d'autres, évoqués dans les œuvres respectives, s'opposent aussi par la vision différente du statut et de la fonction que leur accordent Proust et Gracq. À l'aune de ce motif récurrent, se font jour des points de convergence mais s'affirment aussi des différences, parfois radicales, qui dévoilent *in fine* des poétiques opposées.

1 Du lieu au paysage

Une typologie similaire des paysages se dessine, certes, dans les deux œuvres : des « paysages-phares », des « macro-paysages », assimilables aux « territoires » mis en évidence par Michel Erman (2011), délimitent l'espace. Même importance de l'élément aquatique, qu'il soit maritime ou fluvial et mêmes campagnes un peu mornes, animées par les métaphores qui s'y écrivent. L'environnement sylvestre se voit quant à lui, à la fois chez Proust et Gracq, doté de références aux contes et aux mythes. Le paysage urbain prend à maintes reprises des connotations semblables de mystère, d'exotisme et de fantasme, et les zones frontalières évoquent le même danger, tel le viaduc de Combray qui semble matérialiser le passage vers des territoires non civilisés ou, chez Gracq, la frontière des Syrtes qui ouvre sur un *no man's land* inquiétant.

La mise en scène spatiale, la manière de structurer, de profiler le paysage, révèle en revanche des techniques différentes. Si les paysages matriciels, de jeunesse, (de campagne et de mer), dessinent un horizon qui libère l'imagination et l'écriture, et permet de donner du sens au « plat » pour les deux écrivains, la verticalité n'est pas prise en charge de la même manière. Elle est toujours tracée après l'axe horizontal chez Gracq, qui, géographe de formation et influencé par son professeur Édouard de Martonne, est soucieux de géométriser le paysage, d'en percevoir les directions et les différentes masses, à la manière de Cézanne. À la différence de Proust qui crée des paysages-mosaïques, sans nécessaire symétrie, où le vertical est souvent pris en charge par des bâtiments faisant corps avec l'environnement (églises ou clochers par exemple) alors que, pour Gracq, le bâti est souvent l'intrus, le surgi, à la présence tellurique incongrue qui crée un effet de rupture de l'osmose entre le personnage et le paysage.

Certaines divergences apparaissent aussi si l'on envisage les liens entre paysage et lumière, ne serait-ce qu'aux différents moments de la journée. Si les deux auteurs apprécient les aubes associées à la promesse (doublée chez Gracq de la notion de départ, d'attente, survalorisée dans les récits), là où Proust joue avec l'éclairage propre à chaque période de l'année, qui colore le paysage, Gracq opère des choix : il préfère le boréal à l'heure méridienne, les arrière-saisons et leurs tons neutres ou brunâtres. Dans ses récits, les perturbations atmosphériques sont souvent le présage ou le cadre de l'Événement que le personnage attend ou redoute alors qu'elles sont pour Proust, toujours soucieux de prendre en compte et de jouir de tous les aspects de la réalité, autant d'occasions de faire varier la lumière et d'alimenter sa vision globalisante.

Chaque paysage a donc sa temporalité propre. Les deux auteurs s'accordent d'ailleurs pour associer le paysage et la durée dans « un mode universel de confluence » (Gracq, 1989) qui partage le même courant de conscience. La confusion espace/temps s'établit dès les premières pages de la *Recherche*, et si chaque lieu entre en résonance avec une période particulière, l'ensemble est projeté, réinvesti dans l'espace/temps du roman et sert « le temps retrouvé ». De même, cette interdépendance est totale chez Gracq chez qui tout paysage mesure l'écoulement du temps dans toute sa lenteur ou même sa fin : eaux stagnantes, villes mortes et cimetières abondent, témoignant de la posture expectante, que certains exégètes relient à la pulsion de mort, qui domine ses écrits.

Ce dernier prend pourtant en compte l'historicité dans certains de ses textes, conscient peut-être que le seul paysage ne peut satisfaire aux exigences narratives. Le cadre du *Balcon en forêt* devient alors un paysage-histoire et la forêt ardennaise semble « faite pour la guerre ». L'auteur utilise pour ce faire les souvenirs du sous-lieutenant Poirier qu'il était en 1939. De même, Proust remodèle certains de ses paysages, de manière parfois fantaisiste, en fonction des événements de la Première Guerre mondiale. Le bourg de Combray sera, par exemple, dans *Le Temps retrouvé*, déplacé de Beauce en Champagne, pour le faire entrer dans la zone de combats et inclure ainsi la guerre dans la narration.

Le temps s'inscrit alors dans le paysage et en signe par là même la mobilité consubstantielle, bien perçue par les deux écrivains qui mettent toujours en place des paysages « en action », jamais statiques mais enregistrés par « l'œil-caméra » du personnage. Gracq sait que tout est mouvement sur terre et Proust donne à voir des paysages kaléidoscopiques qui se construisent en fonction des déplacements de l'observateur. Les espaces paysagers sont en effet souvent traversés dans les deux œuvres, ce qui permet à l'auteur de la *Recherche* de leur assurer une continuité, de leur conférer ainsi l'unité tant recherchée tout au long du roman, et à Gracq de confirmer sa vision du paysage comme une structure qui perdure au-delà des changements apparents, après la prise en compte de ces derniers. Les personnages rêvent alors de départs vers de nouveaux lieux, même s'ils sont dans un premier temps éprouvants pour le Narrateur de Proust. Quant à Gracq, on peut considérer son œuvre comme une perpétuelle fuite en avant, réitérant le départ en vacances inaugural de l'enfance. Ses récits sont faits de déambulations incessantes, aux parcours parfois très précis, en temps réel même, comme dans *La Presqu'île*, alors qu'on a pu s'interroger sur la réalité ou la faisabilité des trajets dans les textes de Proust. Les moyens de locomotion varient : Gracq convoque son expérience de grand marcheur tandis que les voyages en voiture ou en train permettent à Proust des réflexions sur la distance et la vitesse, ou l'accélération qui modifie la perception.

Dès lors, l'espace paysager n'est jamais figé, il oscille au gré du temps. Les personnages des deux auteurs dessinent eux aussi une autre variable mouvante du paysage, évoluent eux-mêmes en fonction de ce dernier et y trouvent parfois leur raison d'être. « Les lieux sont des personnes » (Proust, 1971, 336). Même s'ils sont peu nombreux chez Gracq, ils dessinent une configuration actancielle inchangée. Entouré de quelques satellites, un personnage central, correspondant toujours aux mêmes caractéristiques d'un roman à l'autre et dont le point de vue guide le récit, interagit avec le paysage : l'environnement automnal de *La Presqu'île*, par exemple, répond au sentiment de solitude éprouvé par Simon. Quant aux personnages proustiens, ils sont associés aux territoires paysagers de la *Recherche* : les figures familiales sont, par exemple, agrégées à l'univers de Combray. Le paysage, suivant une approche systémique, apparaît aussi dans l'œuvre comme une construction sociale : un certain type de bourgeoisie hante Balbec, et le Narrateur va lui-même adopter un positionnement d'ordre sociologique par rapport à la nature normande environnante, située pour lui aux antipodes de la vulgarité humaine ambiante.

Si Gracq ne partage pas cette conception spécifique, ses personnages adoptent toutefois le même mode d'apparition que ceux de Proust : ils demeurent inséparables du paysage dans lequel ils ont surgi. « Évoquer un être humain [...] revient chez Proust à rendre visible une forme en la plaçant dans un cadre » (Poulet, 1982, 42). Mais là où le lecteur du premier les suit au gré de leurs déplacements, celui du second peut les voir transposés en un autre lieu, de manière elliptique, obéissant à l'esthétique de la fragmentation qui traverse l'ouvrage. Les deux écrivains dessinent en revanche la même figure du « paysage-bulle » qui enferme par exemple, de manière quasi-mortifère, le soldat Grange dans sa forêt du *Balcon* ou Simon dans les terres de Guérande dans *La Presqu'île*. Une fusion/assimilation s'opère alors, qui efface l'opposition du « moi » et du monde sensible, personnifie les paysages qui calquent les états d'âme du personnage, et dessine un paysage-sujet. Tendance qui se confirme au fur et à mesure de l'avancée de l'œuvre : « Les figures humaines qui se déplacent dans mes romans sont devenus graduellement des *transparents*, à l'indice de réfraction minime, dont l'œil enregistre le mouvement, mais à travers lesquels il ne cesse d'apercevoir le fond de feuillages, de verdure ou de mer contre lequel il bouge sans vraiment se détacher » (Gracq, 1995, 293). Légèrement autre est la solitude du Narrateur de Proust dans le paysage qui l'enveloppe. Plutôt source d'exaltation et de lyrisme, elle est recherchée pour mieux jouir de l'environnement, pour que son esprit « pût ainsi se rassembler » (R^2 II, 77) et analyser au mieux les sensations éparses éprouvées. Georges Poulet (1982, 72) insiste d'ailleurs sur la « déficience » qui interdit au personnage proustien de « s'unir immédiatement à l'ensemble de l'étendue ».

Le personnage féminin entre quant à lui en résonance avec le paysage de manière spécifique. Mais là où l'assimilation du visage ou des parties du corps de la femme avec des éléments paysagers est fréquente chez Proust, elle produit dans certains récits de Gracq des notations érotiques plus glauques, mêlant fascination et répulsion. Cependant, le désir sous-tend souvent, dans les deux œuvres, le rapprochement paysage/femme : le Narrateur de la *Recherche* souhaiterait posséder une femme qui émanerait des lieux visités ou, en convoitant une femme, désire le paysage qui y est associé : Mlle de Stermaria et sa Bretagne ne font qu'un. Quant aux personnages de Gracq, leur approche du paysage se fait souvent du large vers l'étroit, leur conquête procède par paliers qui vont se rétrécissant, où l'on peut voir peut-être une métaphore de l'acte sexuel.

2 Le paysage mental

Comment cette intrication de l'espace, du temps et des personnages romanesques qui modèlent le paysage prend-elle forme dans l'esprit de ces deux auteurs qui en ont fait une figure de proue de leurs écrits ? Le paysage imaginé (par la lecture par exemple), devancé ou deviné, donc enchanté, est valorisé dans la *Recherche*. La confrontation ultérieure à la réalité, toujours morcelée, se fera immanquablement sur le mode déceptif du désenchantement, étape cruciale de la poétique proustienne. Le paysage rêvé permet seul l'unité recherchée, juste pressentie comme enclose dans la forme mouvante des clochers de Martinville, par exemple. L'effet de distanciation est en revanche moins prégnant chez Gracq, où coïncide davantage la disposition de l'imaginaire et de la réalité, qui se nourrissent l'un l'autre. Car, ni chez Proust ni chez Gracq, les paysages ne sont créés *ex nihilo*. Même les lieux rêvés appartiennent toujours à une géographie de référence, qui fonctionne souvent par analogie, amalgame ou rappels autobiographiques. Les paysages des deux écrivains puisent dans la culture ou le vécu de ces derniers (jusqu'à devenir parfois auto-référentiels chez Gracq qui réinvestit fidèlement ses paysages d'enfance dans certains textes) : Illiers et Auteuil engendrent Combray, certains paysages vénitiens nourrissent ceux du *Rivage des Syrtes*.

Mais le paysage, pour les deux auteurs, peut se métamorphoser aussi en pensée ou sous l'effet d'états de demi-conscience, d'images hypnagogiques et s'enter alors à d'autres, par glissements métaphoriques ou associations. Paris en guerre se change en Venise ou Constantinople dans *Le Temps retrouvé*, ou bien la route du *Balcon* devient fantomale. Toute une fantasmagorie littéraire est parfois convoquée pour enrichir la mise en scène paysagère : lanterne magique dans la première partie de la *Recherche* ou rappels des récits arthuriens dans *Argol*.

Proust et Gracq abordent toutefois différemment le ressenti face au paysage. Si Gracq prône l'adéquation totale de l'homme au monde, en mettant en avant une approche essentiellement sensitive du paysage qui mobilise même les muscles de la marche par exemple, Proust privilégie le plus souvent le sens le plus intellectuel, la vue, tendant vers une vision panoptique, qui s'avère pourtant inopérante et ne fournit que des éclats épars que le Narrateur, soucieux d'épuiser la sensation jusqu'à l'os, décortique méticuleusement, quitte à interrompre un temps le cours de la narration : la contemplation des pommiers en Normandie est, par exemple, l'objet d'une digression qui suspend le récit de la promenade faite aux alentours de Balbec avec Mme de Villeparisis. Ces éléments paysagers seront cependant réinvestis dans la suite de la *Recherche*, re-présentés : les paysages-phares sont réactivés de manière cyclique, trouvent un écho dans d'autres parties du roman, à des saisons différentes par exemple. Ou bien c'est un état d'esprit identique qui s'applique à des paysages dissemblables. Les arbres d'Hudimesnil convoquent les clochers de Martinville. Ou encore le paysage est doublé, réfracté dans la conscience d'autrui, par avance (Legrandin ou Swann vantent Balbec au Narrateur qui doit s'y rendre bientôt) ou *a posteriori* (rentrant de promenade, son père parle des aubépines devant tante Léonie). Le paysage peut être aussi reflété, comme la mer dans les vitres de la bibliothèque du Grand-Hôtel ou mis en abyme dans une œuvre d'art, comme cette même mer dans les tableaux d'Elstir, dévoilant ainsi, selon Proust théoricien de l'art, sa véritable essence. La tendance à doubler le paysage par son artialisation est d'ailleurs récurrente dans toute l'œuvre. Sous forme de comparaisons ou de manière explicite, le Narrateur rattache souvent ce qu'il a sous les yeux à un référent esthétique. « Je vois que tu veux regarder tout cela, être poétique » (R^2 II, 455) lui dit Saint-Loup, le trouvant en contemplation devant un paysage aux alentours de Balbec. « Grand art » et beautés du paysage sont rapprochés, selon un ordre essentiellement pictural, même si la musique est parfois convoquée. Les citations abondent : japonisme, impressionnisme, Art nouveau, primitifs, orientalistes, (le paysage est toujours travaillé, ou retravaillé, en fonction des nouveaux acquis de l'écrivain ou des courants qui l'ont influencé) et le lexique de la peinture trouve alors place dans la description littéraire.

Cette volonté de duplication donne aussi à lire des paysages qui se retrouvent encadrés comme des tableaux dans les montants d'une fenêtre par exemple, ce qui leur confère alors un supplément de valeur : celui de Combray dans lequel le personnage est immergé au début de l'œuvre est vu au travers des croisées chez Gilberte dans *Le Temps retrouvé* et s'en trouve comme enfin immortalisé. Ou bien c'est le désir de voir ce qui a plu à l'artiste au point d'en faire un tableau, qui pousse le personnage à la découverte de tel ou tel paysage. Ou encore il a envie de Balbec après avoir vu les reproductions des statues de son église, de Parme après la lecture de *La Chartreuse* ou de la mer après celle de Baudelaire ou de Leconte de Lisle. L'artialisation du paysage est un autre tremplin pour Proust pour viser l'unité, toujours différée et souvent trompée.

C'est précisément à cause de cette « fixation », dont il se méfie, imposée par la peinture, que Gracq en ce qui le concerne limite fortement les références artistiques et fuit par exemple les descriptions impressionnistes du paysage. Même si tout son travail littéraire sur le sujet est construit à la manière de Cézanne, aucune référence explicite au peintre n'est faite. Cette mise à distance de l'art pictural se vérifie aussi dans le rejet de la couleur opéré par l'auteur. Il n'y a donc pas de souci dans l'œuvre gracquienne de « doubler » la vision première d'une sorte de caution esthétique, alors que la réitération constante du paysage par divers moyens nourrit quant à elle la vision globalisante qui sous-tend toute la *Recherche* et culmine avec la réminiscence qui re-présente à la conscience le paysage initialement perçu et le parachève. Les principales réminiscences de l'œuvre font d'ailleurs renaître un cadre paysager : la madeleine ressuscite Combray, le pavé inégal rappelle Venise ou le bruit de la cuiller un environnement forestier. Ce rappel du paysage n'est pas à l'œuvre de la même manière chez Gracq, même si un fonds paysager inchangé est utilisé, comme par paramnésie, au fil des récits. Si les paysages de Loire-Atlantique constituent en effet la trame latente et tacite de plusieurs textes, surtout les derniers, Gracq, qui ne produit pas, à l'inverse de Proust, une œuvre cyclique, a le souci de la déflagration première et non d'une quelconque correspondance. Il y a permanence de certains éléments globaux mais les lieux précis sont toujours différents, seul le motif du départ perdure. L'auteur du *Beau ténébreux* dénie donc toute valeur à la réminiscence dans le processus mnésique qui ressuscite un fragment du passé : il ne s'agit pas simplement pour lui d'en faire « l'économie » comme le note Luc Fraisse (2008, 19) à propos des *Eaux étroites* (rappel autobiographique des souvenirs émerveillés de l'enfance) qui peuvent effectivement faire songer à l'enchantement de Combray. Les théories du souvenir n'intéressent pas Gracq, soucieux d'appréhender le paysage de manière instantanée et toujours neuve.

On le voit, le paysage fait sens chez les deux écrivains. Mais le rapport à la connaissance qui peut y être lié est totalement différent. Dans les récits gracquiens, le personnage cherche des signes dans le paysage qui jalonneront sa découverte de lui-même, comme le font pour Aldo la forteresse des Syrtes, les ruines de Sagra ou l'île de Vezzano : « [...] forêts et villes [...] sont le labyrinthe, l'espace du rituel et de l'initiation » (Haddad, 2004, 185). Le personnage est bel et bien poussé en avant par le paysage, mais pas dans un but de connaissance de ce dernier, plutôt tendu vers l'Événement, l'inconnu, indéfiniment repoussé, et l'union sans cesse renouvelée de l'âme et du monde, sans souci d'analyse d'une *psychè* qui rendrait compte d'une expérience humaine universelle. L'auteur met à distance la vérité « qui dépossède », alors qu'elle est pour Proust un but à atteindre : le paysage ignoré est d'emblée détesté, parce qu'incomplet. Puis, éprouvé, déchiffré, conscientisé, il acquiert enfin du sens et une individualité. « un monde déjà connu du moi (ce qui ne lui donnait que plus de vérité), [...] » (R^2 II, 642). Comme tous les autres domaines de la *Recherche*, le paysage émet des signes dont le Narrateur diffère l'interprétation, par la procrastination de l'écriture. Et comme les autres champs de l'œuvre, il peut être une clé de l'herméneutique : une conversation entre le Narrateur et Gilberte à la fin du *Temps retrouvé* mêle la haie d'aubépines de Combray et une révélation tardive de Mme de Saint-Loup. Le paysage participe donc de l'univers mental du Narrateur, au même titre que ses expériences personnelles ou ses réflexions sur l'art, et sert la finalité de l'œuvre.

3 Écrire le paysage

De manière attendue, ces deux approches différentes affectent l'espace, le paysage même des deux œuvres, où le projet commun aux deux auteurs se déploie différemment. Si le paysage occupe une place croissante en termes d'importance thématique et de volume dans l'œuvre de Gracq, ce sont en revanche les premières parties de la *Recherche* qui concentrent les paysages-matrices, lesquels renaîtront ensuite sous forme d'échos ou de parallélismes, tandis que les pages consacrées aux relations amoureuses se centrent sur l'intériorité et les affres du doute et de la jalousie. Cet effacement progressif de l'espace extérieur dans l'œuvre culmine avec la claustration parisienne d'Albertine.

Mais si l'on pénètre dans les passages consacrés aux paysages, leur transcription littérale, leur lisibilité, paraissent à maints endroits des textes, utiliser des « ingrédients » similaires. Des titres « paysagers » sont choisis pour certains ouvrages, parties ou chapitres : *Un Balcon en forêt, Le Rivage des Syrtes, La Presqu'île, Combray, Du Côté de chez Swann, Le Côté de Guermantes* ... De même, si les *incipits* des récits de Gracq immergent d'emblée un personnage central dans un paysage dont il va en quelque sorte prendre possession, dans *Combray II*, c'est aussi le point de vue du Narrateur qui dévoile les alentours. Même importance encore accordée aux toponymes, qui entrent en interaction avec les espaces parcourus chez Gracq, très soucieux alors de leur cohérence phonétique, et l'on connaît chez Proust la toute-puissance première des Noms qui créent l'individualité des lieux. Noms de lieux qui s'écrivent aussi sur les cartes, pour lesquelles Gracq éprouve une sorte de fascination et qui vont jusqu'à participer à la progression narrative, comme les cartes d'état-major dans *Le Balcon* ou bien comme la ligne rouge, infranchissable, tracée sur le papier dans *Le Rivage*. Les colonnes de noms et de chiffres des indicateurs de chemin de fer, qui mettent elles aussi, en quelque sorte, l'espace en abyme, jouent-elles le même rôle dans la *Recherche* ?

Au fil du texte, on note également un même projet concernant les pages descriptives consacrées au paysage : parfois imaginaires ou irréférentielles, elles s'entrelacent à l'état d'âme du personnage, affirment leur subjectivisme et adoptent souvent les mêmes longues phrases sinueuses aux nombreuses incises. Gracq nourrit de plus cette vision spécifique à l'aide d'une sur-ponctuation et d'italiques qui transcrivent l'impression naissante, le flux de l'inconscient, qui le mettent parfois dans les pas des surréalistes. La description (toujours centrée sur le paysage, rarement sur les personnages ou les objets) se fait toute-puissante, « monde qui ouvre ses chemins, qui devient chemin » (Gracq, 1985, 14, 15) et décide des étapes narratives. Le paysage, conçu d'emblée par Gracq comme l'élément déclencheur qui nourrit son projet affirmé de « matérialiser l'espace » (Gracq, 1985, 14, 15), écrit alors l'histoire (Grange lit par exemple l'imminence du danger militaire dans « le comportement » de la forêt) et colonise d'ailleurs peu à peu les récits au fil de l'œuvre, jusqu'à en devenir le sujet principal. La veine romanesque proprement dite s'épuise. Les personnages tendent vers l'absurde et Gracq écrit dès lors « dans l'absence de tout souci d'intrigue » (Gracq, 1995, 1418). Seul advient l'événement suprême, la mort, qui sous-tend le motif de l'attente, de la promesse qui court dans tous les récits. Cette « phagocytation » du récit par la description paysagère n'a pas lieu dans la *Recherche* : bien que très présente, elle n'en est pas le motif principal. Le paysage s'y présente plutôt sous forme de pans incluant la pensée du personnage central et intercalés dans la narration principale, qu'ils peuvent interrompre pendant de nombreuses pages. Témoignant des découvertes et de l'émerveillement enfantins, ils suppléent parfois, dans les premiers volumes, une tension dramatique moindre.

Si cette « écriture de la Terre », commune aux deux écrivains, présente des modes opératoires parfois similaires, ces derniers visent *in fine* un but tout autre. Les descriptions paysagères qui envahissent peu à peu les textes de Gracq résultent en fait de la « fatalité poétique » (Haddad, 2011, 15, 16)) qu'il pressent peu à peu dans le paysage (héritée du goût que son père lui en a donné), et qui déterminera progressivement l'unique objet de ses récits, aboutissement inéluctable après les tentatives romanesques de ses premiers textes. Poésie nullement entravée par la science géographique de l'auteur, bien au contraire, et perçue comme une grâce, liée à l'errance, à la mémoire, au déchiffrement ou au surgissement, à l'éveil que l'auteur transfère à ses personnages souvent contemplatifs et disponibles. « Réalisme poétique », poésie comme appel à une manière de vivre, accord homme/monde, de l'ordre de l'illumination (Rimbaud n'est pas loin) ou de la révélation, pour lesquelles immédiateté et instantanéité sont requises, qui font naître des notations sans cesse renouvelées au gré des rencontres paysagères et induisent selon l'auteur une « négation de tout vouloir-écrire défini et prémédité », alors que Proust, au contraire, est toujours dans une tension vers l'écriture, qui fait indéfiniment gonfler l'œuvre de l'intérieur. Vocation tôt perçue par son personnage face aux clochers de Martinville, mais sans cesse ajournée. Là où Gracq livre sa vision *hic et nunc*, en de flamboyantes images, Proust tisse lentement sa toile, construit pierre à pierre son édifice, selon ce projet architectural que Gracq remet d'ailleurs en cause, jugeant au contraire Proust peu soucieux « de l'agencement des parties de son œuvre entre elles », sous-estimant sans doute ainsi la volonté théorétique de celui dont on a voulu parfois le rapprocher. Visée philosophique de Proust qui exclut la soudaineté épiphanique. Même si une tentation de ce genre subsiste chez le Narrateur, face au paysage qui suggère évidemment cette posture : « Et vous trouvez cela beau ? » (R^2 II, 81) lui dit ironiquement Mme de Villeparisis à Balbec, moquant ainsi sa jeunesse et sa naïveté. Les images poétiques sont certes présentes dans la *Recherche*, mais le personnage central n'a pas d'emblée une vision totale, « embrassante », du paysage. La démarche spiritualiste qui est celle de l'auteur requiert temps et réflexion et le paysage s'inscrit alors dans le vaste système proustien, en devient un rouage, une marionnette que l'auteur manipule comme ses personnages, par exemple. Il subit les mêmes lois de fragmentation, de discontinuité en recherche d'unité. Les paysages s'excluent d'ailleurs les uns les autres : côté de chez Swann/côté de Guermantes, paysage de plaine/rivière, vues mer/campagne à Balbec, ou sont *a priori* inaccessibles comme les sources de la Vivonne. La fusion des paysages ne se fera qu'à la fin de l'œuvre et la réalité est toujours retravaillée par le temps et l'écriture qui rassemble les facettes initiales, processus métaphorisé par les vues successives de la Raspelière qui finissent par s'unifier en une vue panoramique qui peut illustrer le surplomb philosophique, idéaliste. De même, le curé de Combray déplore de ne voir à Jouy- le- Vicomte les canaux qu'un par un : ce n'est que de la position dominante du clocher qu'il en aura une vision globale.

4   Poésie contre philosophie ?

Gracq avait sur Proust une opinion ambivalente :

> Je l'admire. Mais l'émerveillement qu'il me cause me fait songer à ces sachets de potage déshydraté où se recompose dans l'assiette, retrouvant même sa frisure, soudain un merveilleux brin de persil. J'admire mais je ne sais pas si j'aime ça. L'aspect et même le mouvement récupéré de la vie ne laissent jamais oublier la dessication préalable.
>
> GRACQ, 1995, 157

L'auteur de cette cocasse métaphore s'investit quant à lui dans le paysage de manière plus immédiate, s'y unit, l'expérimente, le « travaille au corps », face à son prédécesseur qui l'intériorise, en fait un médiateur, et remet sans cesse l'ouvrage sur le métier, par les perceptions successives, les rappels mémoriels ou les réminiscences, pour nourrir son projet sommatif. S'il y a bien « des épisodes et des phrases du romancier [qui] apparaissent à la surface de la narration assez textuellement pour être objectivement reconnus [...], un paysage de Proust dans l'œuvre de Julien Gracq [...] » (Fraisse, 2008, 13), les rapprochements (hommage déguisé ? imitation inconsciente ?) trouvent leurs limites si l'on envisage les poétiques foncièrement opposées qui les soutiennent, mais qui créent somme toute une tension dynamique entre fréquentation poétique et sollicitation philosophique du même objet-paysage.

Bibliographie

Michel Erman, *Le Bottin des lieux proustiens*, Paris, La Petite vermillon, 2011.

Luc Fraisse, « Changement de paysage : les réécritures de Proust dans les récits de Gracq » in *Marcel Proust aujourd'hui*, n°6, 2008.

Julien Gracq, *Lettrines 2*, Paris, Gallimard, Bibliothèque de la Pléiade II, 1995.

Julien Gracq, *En lisant en écrivant*, Paris, José Corti, 1980.

Julien Gracq, entretien radiodiffusé avec Philippe Colas, 9 juin 1970.

Hubert Haddad, *Julien Gracq, la forme d'une vie*, Paris, Zulma, 2004.

Marcel Proust, *À la recherche du temps perdu*, Paris, Gallimard, Bibliothèque de la Pléiade, 1988.

Marcel Proust, *Jean Santeuil*, Paris, Gallimard, Bibliothèque de la Pléiade, 1971.

Veilleurs de toutes les nuits du monde

Mathieu Jung

Résumé

Proust, Joyce, Kafka, Bousquet : veilleurs de toutes les nuits du monde. On doit cette formule à Hubert Juin ; elle consacre la poésie du gisant de Carcassonne, Joë Bousquet. Cette étude pose la question de l'écriture insomniaque, de ses effets de veille et de somnolence dans une sorte d'éternel matin, de nuit qui répugne à finir[1].

pour Eddy

∴

Senza sonno io giacea sul dì novella
[Sans sommeil je gisais au jour nouveau]
LEOPARDI

⁘

Par où commencer ? On l'a dit et répété, la *Recherche* décrit une vaste boucle, encore que les modalités exactes de ce bouclage, celles de l'imbrication du roman de Proust et d'un hypothétique livre à venir, soient loin d'être clairement définies. Sans doute qu'elles constituent un des grands mobiles de l'écriture proustienne.

Combray s'ouvre et se ferme sur l'insomnie du Narrateur, tandis que le volume de *La Prisonnière*, non moins traversé par un sommeil impossible, est compris entre deux éveils. Et si, de manière significative, la *Recherche* débute sur l'évocation du sommeil, les derniers fragments extraits de *La Prisonnière* publiés par Proust furent « La regarder dormir » et « Mes réveils »[2] en novembre

---

[1] Le présent article est basé sur la conférence donnée à Amsterdam pour la Marcel Proust Vereniging le 16 juin 2018.
[2] *Nouvelle Revue Française*, novembre 1922, respectivement aux pp. 513-519 et 520-522. Albertine y est nommée Gisèle.

1922, quelques jours avant la mort de l'écrivain : la *Recherche* telle que parue du vivant de Proust est donc cernée de sommeil.

Où se passe la *Recherche* ? On peut répondre en énumérant de nombreux endroits fictifs ou réels, « réels sans être actuels » (R^2 IV, 451) : Balbec, Paris, Venise, Combray, etc. Si la question de la géographie sensible du roman de Proust exige une réponse plurielle, la Veille fournit son espace au déploiement véritable de la *Recherche*. Celui d'un temps vécu selon la phénoménologie propre à l'« hésitation du réveil » dont il est question dans *La Prisonnière* (R^2 III, 583). Dans l'espace de la chambre à coucher s'énonce la question du lieu (« Où suis-je ? », se demande Albertine à son réveil (R^2 III, 582)), aussi bien dans *La Prisonnière* que dans les premières pages de la *Recherche*. À cette notable différence près que dans *La Prisonnière*, la chambre à coucher devient la geôle de toutes les inquiétudes, résumées dans l'insoluble cryptogramme d'Albertine endormie, lui-même annonciateur de la cruelle énigme qui fait l'objet d'*Albertine disparue* ; celle du sommeil qui se verrouille dans la mort, pour se reformuler une dernière fois à la fin du *Temps retrouvé* : « Profonde Albertine que je voyais dormir et qui était morte. » (R^2 IV, 624).

Par où commencer ? La chambre de Proust, tout comme celle de Joë Bousquet, pourrait faire office de point de départ à ma rêverie, à mon *rêve éveillé*. Rappelons brièvement les faits pour ce qui est de Joë Bousquet. Il est blessé une première fois, en 1917, en Lorraine. À Vailly, le 27 mai 1918, il est blessé d'une balle allemande dans les vertèbres et aux poumons. Dès lors, il vivra alité, menant une existence de gisant dans sa chambre à Carcassonne, à de rares sorties près dans le domaine familial de Villalier. Hubert Juin dira de Bousquet qu'il fut le « veilleur de toutes les nuits du monde[3] ».

Dans la *Recherche*, les chambres du Narrateur jouent un rôle essentiel. Ainsi, la chambre de Combray, par exemple, ou encore celle de Tansonville, au début du *Temps retrouvé*, à la fenêtre de laquelle le Narrateur croit reconnaître l'église de Combray, son clocher. La chambre chez Madame de Saint-Loup, qui est déjà évoquée au début de la *Recherche*, est un lieu non pas de long et profond sommeil, mais de « sieste » (R^2 I, 7). La chambre à coucher est ce lieu que le Narrateur habite pour ainsi dire poétiquement, toujours une autre jamais la même, *le lieu proustien de tous les lieux* : espace idéal où il est donné à la conscience du moi créateur de se développer[4]. Il s'agit du lieu, j'ai la faiblesse

---

3 « ... Joë Bousquet devient lui-même : un corps ruiné, un amoureux pervers, un écrivain nouveau, un lecteur cannibale, un veilleur de toutes les nuits du monde. » (Préface à Joë Bousquet, *La Connaissance du Soir* (1947), Paris, Gallimard, coll. « poésie », 1981, p. 10.

4 Je fais référence ici à l'étude d'Annelise Schulte Nordholt : *Le moi créateur dans À la recherche du temps perdu* (Paris, L'Harmattan, coll. « Critiques littéraires », 2002). Plus récemment,

de le croire, auquel rêve tout lecteur de Proust, de même que tout lecteur de Jules Verne rêve au *Nautilus* de Nemo.

Quels pourraient être les points de communication – les *passages*, dirait Julio Cortázar – entre la chambre de Proust et celle de Bousquet ? C'est une des questions qui anime ma réflexion : mettre en communication ces lieux de veille et d'immobilité. Et, partant, tâcher de circuler dans le terrier, qui n'est pas sans figurer l'espace de cette Veille que connurent aussi bien Joyce et Kafka, ou encore Perec.

Circularité sans fin, ou alors encerclement, dès l'ouverture du grand roman : « Un homme qui dort, tient en cercle autour de lui le fil des heures, l'ordre des années et des mondes. » (R^2 I, 5). Il est donné à cet homme, qui est vous, qui est moi, qui est Marcel, qui est tout autre – il est loisible à cette personne, et peut-être encore plus au lecteur de Proust, de parcourir et de traverser ces cercles, à la manière du Dormeur éveillé des *Mille et Une Nuits*. Georges Perec nous l'enseigne à son tour, de manière poignante dans *Un homme qui dort* (1967), roman au titre éminemment proustien, qui s'ouvre, lui aussi, sur le sommeil : « Dès que tu fermes les yeux, l'aventure du sommeil commence[5]. » Suit une description quasi proustienne de la chambre du personnage anonyme. Et l'homme qui dort partage son anonymat avec le Veilleur.

De même que chez Proust ou Bousquet, la chambre de l'homme qui dort figure le cœur du monde, mais la dérive somnambulique du protagoniste de Perec, à travers Paris notamment, se fait selon un espace qui peut tout aussi bien faire songer au terrier. Ce d'autant que, comme chez Kafka, le personnage perecquien devient un animal, tour à tour vache, rat ou huître – une sorte de créature informe à mesure qu'il évolue dans sa veille mélancolique. « Tu ne sors qu'à la nuit tombée, comme les rats, les chats et les monstres. Tu traînes dans les rues, tu te glisses dans les petits cinémas crasseux des Grands Boulevards. Parfois tu marches toute la nuit ; parfois, tu dors tout le jour[6]. » Veille, dérive, somnambulisme – plutôt qu'en le sommeil, il est licite de voir en la *somnolence généralisée* un principe romanesque sinon poétique chez les auteurs que je convoque ici.

Ayano Hiramitsu a consacré une étude sur cette thématique dans *Les Chambres de création dans l'œuvre de Marcel Proust* (Paris, Champion, coll. « Recherches proustiennes », 2019).

5 *Un Homme qui dort* (1967), Georges Perec, *Œuvres*, volume 1, Paris, Gallimard, coll. « Bibliothèque de la Pléiade », vol. 1, 2017, p. 173.

6 *Un Homme qui dort, op. cit.*, p. 180. Les références à Kafka sont par ailleurs nombreuses dans le roman de Perec.

Pour déchiffrer *Finnegans Wake*, il convient idéalement de perdre le sommeil, comme il est écrit dans cette œuvre de nuit où l'on invoque « *that ideal reader suffering from an ideal insomnia* » (FW 120.13-14). L'insomnie conditionne la lecture « idéale » du *Wake*; insomnie des insomnies, tout est somnolence dans la Veille de Finnegan. « *Insomnia, somnia somniorum* » (FW 193.28-29).

Dans *Ulysse*, Molly Bloom ne quitte jamais son lit. Si elle se réveille, au quatrième épisode, ce n'est que pour mieux s'endormir à la fin du roman. La *Weib* joycienne émet une parole féminine autant que somnolente juste après que son époux se soit décidé à la rejoindre. C'est une nuit en compagnie de Sinbad, nouvel avatar d'Ulysse :

> Going to a dark bed there was a square round Sinbad the Sailor roc's auk's egg in the night of the bed of all the auks of the rocs of Darkinbad the Brightdayler[7].

Ou bien, dans l'admirable traduction de Bernard Hœpffner :

> Allant dans le lit sombre il y avait l'œuf carré rond d'alque de roc de Sinbad le Saleur dans la nuit du lit de tous les alques des rocs de Sombrinbad le Jourbrillanteur[8].

Là encore, tout comme chez Proust, l'allusion aux Contes arabes vient clore le livre (l'épisode comme adventice de Pénélope formant une boucle autonome). Et cette clôture ne ferme à vrai dire rien ; elle est hiatus, rupture ou promesse de nuit.

L'œuf de l'oiseau roc qui apparaît à la fin d'*Ulysse* est issu des *Mille et Une Nuits*, plus précisément du cinquième voyage de Sinbad, histoire racontée lors des quatre-vingt-deuxième et quatre-vingt-troisième nuits[9]. Sans doute que cet œuf énorme figure une image réflexive de tout *Ulysse*, mais il annonce également l'énormité d'un livre à venir, roue carrée sans rayons qui pourtant tourne[10], ou encore grand œuf cosmique issu du *Kalevala*. Ce sera en tout cas un grand livre de nuit, « long à écrire » (Joyce nécessitera plus de seize ans),

---

7   James Joyce, *Ulysses*, édition de 1922, p. 871.
8   James Joyce, *Ulysse* (nouvelle traduction sous la direction de Jacques Aubert), Paris, Gallimard, coll. « Folio », 2014, p. 1129.
9   *Les Mille et Une Nuits*, traduction par Antoine Galland (1704-1717), Paris, GF Flammarion, 1998, pp. 265-268.
10   Joyce au sujet de son *Work in progress* : « I am making an engine with only one wheel. No spokes of course. The wheel is a perfect square. » (James Joyce, *Letters* I, Stuart Gilbert éd., New York, Viking, 1957, p. 251).

pour reprendre les mots du Narrateur de Proust (R² IV, 620), ouvrage auquel la parole somnolente de Molly tient en quelque sorte lieu de prologue. La mélopée de Molly, toute de reprises et de répétitions, peut faire penser au long récit de Shéhérazade, personnage auquel il est arrivé à Proust de se comparer[11].

La fidèle gouvernante de Proust, Céleste Albaret, témoigne du sommeil de son maître : « Savoir quand et combien d'heures il travaillait est aussi difficile à dire que de répondre à la question : quand dormait-il ? Je me suis toujours demandé s'il prenait jamais du sommeil. Il se reposait, oui ; il somnolait sûrement ; mais quant à abandonner complètement sa veille[12]... » Proust, Joyce, Kafka, Bousquet : quatre auteurs fort dissemblables, que la Veille vient ici rassembler. Proust, Joyce, Kafka, Bousquet : *veilleurs de toutes les nuits du monde*, pour reprendre la formule d'Hubert Juin.

Le point de départ de mon propos est aussi bien celui de son impossible aboutissement. Ce point idéal où le monde se renverse, d'où émerge la voix de Shéhérazade. Proust a superbement pris acte de cette parole en faisant de la *Recherche* le grand roman de la Veille. Joyce, Kafka et Bousquet s'inscrivent eux aussi dans cet espace sans sommeil, proposant, chacun, une écriture à contre-jour, des projets nocturnes et infinis.

Par où commencer ? Comme le souligne si justement Jacques Derrida, ne sommes-nous pas toujours, toujours déjà, lus par Joyce ? pris en mémoire de lui[13] ? « emmémorés[14] » dans son grand livre de nuit ? dans la veille infinie,

---

11   C'est ce qui est signalé dans l'appareil critique de la *Recherche* (R² IV, 1315). Proust écrit à Gaston Calmette, directeur du *Figaro*, le 14 juin 1906, pour le remercier de l'article d'André Beaunier sur sa traduction de *Sésame et les lys* de John Ruskin – ce qui explique ce début de lettre : « C'est de plus en plus les *Mille et Une Nuits*. Ce n'est plus Sésame d'Ali Baba. C'est le Dormeur Éveillé qu'on traite en roi, qu'on mène dans un palais inouï, qu'on enivre des vins les plus délicieux » (*Correspondance*, t. VI, p. 117).

12   Céleste Albaret, *Monsieur Proust* (1973), souvenirs recueillis par Georges Belmont, Paris, Robert Laffont, coll. « Documento », 2014, pp. 318-319.

13   « Être en mémoire de [Joyce] : non pas nécessairement vous souvenir de lui, non, être en sa mémoire, habiter une mémoire désormais plus grande que votre souvenir et ce qu'il peut rassembler, en un seul instant ou en un seul vocable, de cultures, langues, mythologies, religions, philosophies, sciences, histoires de l'esprit ou des littératures. Je ne sais pas si vous pouvez aimer cela, sans ressentiment et sans jalousie. Peut-on pardonner cette hypermnésie qui par avance vous endette ? D'avance et à jamais elle vous inscrit dans le livre que vous lisez. » (Jacques Derrida, « Deux mots pour Joyce », *Ulysse Gramophone*, Paris, Galilée, 1987, p. 22).

14   Cf. le verbe forgé à la dernière page de *Finnegans Wake* : « *mememoremee !* » (FW 628.14), que l'on peut traduire par : « emmémore-moi », littéralement : « emmène-moi dans ta mémoire ».

circulaire, dans les « thousands of years of the nights[15] » de *Finnegans Wake* ? ou encore emportés par la parole somnolente de Molly Bloom ? Proust nous place de même en mémoire de son grand livre à venir, cet ouvrage « long à écrire », comparable aux *Mille et Une Nuits*, dont il est question à la fin de la *Recherche* (R² IV, 620). Et cette fin n'est en somme que le véritable recommencement, point d'arrivée et de départ de toutes les nuits du monde – or, il ne fera jamais assez noir. La Veille est indissociable d'un travail que le Narrateur situe dans une très longue durée, trempée « nuit après nuit » dans le sommeil (R² II, 384).

Bousquet propose une œuvre-rhizome, une abondante correspondance qui se mêle à un vaste journal lyrique, mi-roman mi-poème, parcouru de fulgurances philosophiques – une sorte de *Zibaldone di pensieri* qui témoigne de ce qu'il convient de nommer une expérience intérieure. Celle, déchirante, d'un corps brisé, voué au désir et à la volupté. Une œuvre de nuit aussi bien, traversée par des amours en souffrance, que Bousquet, pour tout dire, ne fait que *rêver*. Sans doute que, Proust nous l'enseigne, le monde des possibles est plus vivable, mais non moins risqué, car plus « ouvert » (R² III, 553). Il y a incontestablement chez Bousquet quelque chose que l'on peut nommer le malheur du célibataire, comme chez Kafka. Or, et en dépit de tout l'Ouvert que le rêve peut proposer, le désespoir du grabataire Bousquet lui fait répéter qu'il ne fait « pas assez noir[16] ».

Le Veilleur de Carcassonne, ce rêveur immobile et définitif, réduit à l' « aumône du noir[17] », fait l'expérience d'une nuit lourde, gravative et aveuglante. « Il fait noir en moi, mais je ne suis pas cette ténèbre bien qu'assez lourd pour y sombrer un jour. Cette nuit est : on dirait qu'elle a fait mes yeux d'aujourd'hui et me ferme à ce qu'ils voient[18]. » Bousquet est cet Aveugle de l'aube qui dans sa chambre médite un « jour d'avant ses yeux[19] ». Si ouverture il y a, elle est accès au grand dehors, à la nuit du Veilleur ; l'espoir impossible y est fondé d'une aurore éternelle : « L'aube !!! Linette ... vous allez venir, dès que mes yeux seront fermés, je sais, maintenant, appeler votre présence à l'entrée du sommeil[20]. »

---

15 « A hundred cares, a tithe of troubles and is there one who understands me ? One in a thousand of years of the nights ? » (FW 627.14-15).
16 Il s'agit notamment du titre d'un ouvrage de Bousquet paru chez Debresse en 1932.
17 Joë Bousquet, *La Connaissance du Soir*, op. cit., p. 30.
18 Joë Bousquet, *Lettres à une jeune fille*, Paris, Grasset, 2008, p. 319.
19 Voir le poème intitulé « L'Aveugle de l'aube » : « Il est le jour d'avant ses yeux où son regard fut son asile l'amour de son amour durera sans le voir » (*Connaissance du soir, op. cit.*, p. 40.)
20 Joë Bousquet, *Un amour couleur de thé* (1984), Paris, Gallimard, coll. « L'Imaginaire », 2007, p. 227.

Alors même que le Veilleur est en proie à l'horreur de l'être, un rêve de légèreté subsiste ; il est déposé dans le regard de l'Aimée : « Je pèserai dans votre vie ce que pèse la lumière dans le jour[21]. » L'image est pure et belle ; c'est une image du matin et de l'éveil. Il en est une semblable dans la *Prisonnière* : « ... son réveil [...] sortirait de son sommeil comme de la nuit sort le matin. » (R² III, 622). Mais le réveil d'Albertine, pour ce qu'il peut comporter d'ouverture, n'en débouche pas moins sur les craintes liées à la jalousie. Tout se passe comme si le matin donnait de plain-pied sur le grand labyrinthe de l'angoisse.

Largement thématisé dans la *Recherche*, le lit constitue l'endroit par excellence de la rêverie : « ... rester immobile dans mon lit, c'était laisser tourner les ombres autour de moi comme d'un tronc d'arbre. » (R² III, 590). On peut aussi bien songer à la première page du *Temps retrouvé* où il est question d'heures « hallucinées » passées au lit (R² IV, 275). Walter Benjamin a saisi les enjeux de la Veille chez Proust, et il va jusqu'à comparer le lit de ce dernier à l'échafaudage qu'employa Michel-Ange pour peindre le plafond de la Sixtine[22]. Plus encore que la chambre, le lit constitue le lieu proustien de la création. Rêvons plus avant, risquons une nouvelle image : il faudrait pouvoir comprendre et restituer la forme que prend l'oreiller de Proust ou de Bousquet. « Laissez-moi m'appuyer à des rêves trompeurs comme un malheureux roulant dans la chaleur de l'oreiller sa tête privée de sommeil[23]. » Ainsi s'exprime Bousquet, dans une lettre à Fany, un mercredi soir de 1927.

On a beaucoup remarqué le *clinostatisme* de Proust ; à savoir, sa faculté à garder le lit. L'écrivain insomniaque s'en ouvre, souvent, et non sans une certaine théâtralisation, dans sa correspondance. « ... voilà plus de deux ans que je n'ai pu déjeuner en ville, mes détestables nuits m'immobilisant le jour au lit. » ; « Depuis quinze ans je vis couché. J'entends tout à fait couché, je ne me lève pas une minute dans ma chambre[24]. » ; « J'ai passé plus d'un an dans mon lit sans me lever même ½ heure par jour, et bien mieux portant maintenant je suis encore forcé souvent de garder le lit plusieurs jours de suite[25]. » Il s'agit-là

---

21   Joë Bousquet, *Lettres à une jeune fille, op. cit.*, p. 115.
22   « Pour la deuxième fois se dressa un échafaudage comme celui sur lequel Michel-Ange, la tête en arrière, peignait la Création au plafond de la Sixtine : le lit sur lequel Proust malade, à main levée, couvrait de son écriture les innombrables feuilles qu'il consacra à la création de son microcosme. » (Walter Benjamin, « L'image proustienne » (1929), Walter Benjamin, *Œuvres* II, Paris, Gallimard, coll. « Folio Essais », 2013, p. 155.
23   Joë Bousquet, *Un amour couleur de thé, op. cit.*, p. 14.
24   Lettres à Douglas Ainslie et à Rosny aîné, citées dans le livre de Dominique Mabin, *Les Sommeils de Marcel Proust*, Paris, Presses Universitaires de France, 1992, pp. 10 et 23.
25   Lettre à Pierre Lavallée datée de 1903, citée par Dominique Mabin, *op. cit.*, p. 16.

d'une tendance qu'il partage bien évidemment avec Bousquet, qui ne quittait guère son lit, dans sa chambre à Carcassonne. Il existe de nombreuses photographies montrant Bousquet alité, lisant, écrivant, rêvant, vaticinant dans la grande nuit qui fut la sienne, ou encore fumant de l'opium. « Et toute la nuit j'ai somnolé, bercé par le bruit de la pluie qui tombe sans interruption depuis trois jours. Sur le matin, le besoin d'opium m'a arraché de ma torpeur[26]. » Et il arrive quelquefois que les draps du Veilleur prennent feu à force d'opium. Cette drogue a pour effet de maintenir le poète éveillé. Bousquet écrit, sans doute vers 1937 : « Voici où j'en suis : sept à huit pipes prises coup sur coup, chaque jour vers minuit. Le premier effet de cette intoxication légère est de me tenir éveillé toute la nuit[27]. »

On se souvient des pages sur les barbituriques dans la *Recherche*. Ainsi, notamment, dans *Sodome et Gomorrhe*, Cottard, dont l'épouse est couramment soumise à « un sommeil vaste et léger » (R^2 III, 350), nous livre quelques éléments de son savoir relatif aux somnifères : « le trional relève parfois d'une façon remarquable le tonus nerveux. Vous parlez de trional, savez-vous seulement ce que c'est ? » (R^2 III, 351). Mais c'est à vrai dire au fil de la correspondance de l'écrivain que l'on s'aperçoit que la pharmacopée proustienne relève du vertige. L'usage massif et quotidien de barbituriques et de caféine sous toutes ses formes ; auxquels produits s'ajoutent toutes les poudres anti-asthmatiques (Escouflaire, Espic, Legras, etc.) – les « sales fumigations » dont il est question dans *La Prisonnière* (R^2 III, 530) – font de Proust, non seulement un insomniaque capable de faire se succéder de nombreuses nuits sans sommeil, mais aussi un fervent toxicomane :

> ... je me suis empoisonné (pas par désir de mort, aimant beaucoup l'affreuse vie à laquelle je ne tiens plus que par un fil, mais par une rage de ne plus dormir qui m'a fait prendre en une fois une boîte entière de cachets de véronal, en même temps de dial et d'opium), je n'ai pas dormi mais terriblement souffert[28].

Aux formes cycliques ou circulaires d'*Ulysse*, de *Finnegans Wake* et de la *Recherche* répondent, à leur manière inchoative et brisée, Kafka et Bousquet. L'œuvre de Kafka, on le sait, est placée sous le signe de l'inachevé. Celle de Joë Bousquet lui est assez comparable sur ce point : elle se présente comme un journal où s'esquissent des romans, des histoires, des rêves. Mais aussi des

---

26   Joë Bousquet, *Traduit du silence* (1941), Paris, Gallimard, coll. « L'Imaginaire », 2010, p. 190.
27   Joë Bousquet, *Un amour couleur de thé*, *op. cit.*, p. 123.
28   Lettre de 1920, citée par Dominique Mabin, *op. cit.*, p. 85.

poèmes. Ces œuvres, pas davantage que le *Wake*, n'ont de véritable commencement. Elles ont débuté bien avant moi, elles me dépassent. Elles excèdent mon pouvoir et, pour tout dire, ma faculté de nuit. Elles me font penser à cette créature étrange nommée Odradek : elles me hantent. Dans le récit de Kafka intitulé « Le Souci du père de famille » où il est question de cet Odradek, ce qui tient en alerte et en éveil, n'est autre que la question du lieu. Celui-ci est indéfini, et suscite l'inquiétude du narrateur de Kafka. Car Odradek, créature informe, « bobine de fil plate en forme d'étoile[29] », achevée autant qu'inachevée, parachevée dans son incomplétude, « se tient tantôt au grenier, tantôt dans l'escalier, tantôt dans les couloirs et tantôt dans le vestibule[30] ».

Dire d'un écrivain qu'il est insomniaque, c'est à la fois tout dire et ne rien dire. La correspondance de Proust témoigne largement d'un sommeil difficile, voire impossible : « ... je n'ai rien mangé depuis quatre jours, pas dormi depuis dix, pas une minute sans souffrir et je suis là bien fatigué[31]. » ; « Et je n'ai pas dormi depuis plus de 50 heures[32] » ; « Je ne dors jamais que quelques minutes ... (puisque ce sommeil si court a lieu le jour, la nuit je n'essaie même pas de dormir)[33] ... ». Il est une évidente continuité symbolique entre le sommeil et la mort. L'insomnie touche quant à elle à l'agonie. On peut songer à celle du Christ au mont des Oliviers, qui s'oppose au sommeil des apôtres. Dans une esquisse d'*À l'ombre des jeunes filles en fleurs* relative au sommeil, Proust évoque d'ailleurs la passion du Christ :

> Ce n'était plus la prison où l'on est seul, où tout le monde dort, où l'on ne pourrait appeler personne près de soi. Comme j'adossais mieux mon sommeil au bruit formidable de la mer, qu'au vide d'un silence où l'esprit ne peut s'appuyer pour s'endormir, je m'endormais plus facilement en pensant que près de moi au lieu de cette prison de mon enfance où l'on était seul et où tous dans la chambre voisine gisaient frappés par le sommeil comme les disciples au mont des Oliviers tandis que le Fils de l'Homme ne peut dormir, souffre, s'inquiète, je sentais autour de moi

---

29 « Le Souci du père de famille », Alexandre Vialatte trad., Franz Kafka, *Œuvres complètes*, vol. 2, p. 523.
30 Franz Kafka, *Œuvres complètes*, vol. 2, p. 524.
31 Lettre à Louis Albuferra (*Correspondance* VIII, n° 156), cité par Dominique Mabin, *op. cit.*, p. 27.
32 Lettre à Reynaldo Hahn (*Correspondance* X, n° 144), cité par Dominique Mabin, *op. cit.*, p. 12.
33 Lettre à Jacques Boulenger (*Correspondance* XIX, n° 17), cité par Dominique Mabin, *op. cit.*, p. 13.

> la ronde des vierges vigilantes dont l'une à mon appel se détacherait et viendrait si je le voulais en me préparant quelque consommation, en venant causer avec moi changer la nuit et le jour, et même si elle ne venait pas, pour me l'avoir offert avait ôté à la nuit son caractère d'isolement forcé, inéluctable qui en faisait pour moi la caractéristique et la terreur.
>
> R² II, 1012

Dans la *Recherche*, le récit des insomnies de Bergotte précède de peu celui de sa mort. Celle-ci, si peu vraisemblable (quelques pommes de terre pas assez cuites ...), ne semble être là que pour mieux annoncer la « résurrection » de l'écrivain par les livres. Ce d'autant que la mort de Bergotte n'est peut-être que passagère : « Il était mort. Mort à jamais ? Qui peut le dire ? » (R² III, 693).

La grande leçon du *Temps retrouvé* est célèbre : « la vraie vie » n'est autre que la littérature. (R² IV, 474). Et, de manière curieuse, les livres viennent à *veiller* Bergotte la nuit de sa mort. L'écrivain mort d'une mort improbable accède alors à sa vraie vie. « On l'enterra, mais toute la nuit funèbre, aux vitrines éclairées, ses livres disposés trois par trois, veillaient comme des anges aux ailes éployées et semblaient pour celui qui n'était plus, le symbole de sa résurrection. » (R² III, 693). La mort de Bergotte n'étant en somme qu'une mort pour de rire (quelques pommes de terres pas assez cuites ...), on assisterait, pour un peu, lisant l'épisode de la mort de Bergotte, à une joyeuse veillée mortuaire digne de *Finnegans Wake*.

Nuits d'Idumée ou de Getshémani, la Veille est autant une propédeutique à la mort que, dans le cas de Proust, une sorte de préparation au roman. À la fin du *Temps retrouvé*, il est question du rôle de la mémoire quant à l'œuvre à venir. On y apprend aussi que la vigile créatrice – c'est d'agonie dont il est question – se poursuivra jusque dans la mort : « ... la mémoire de mon œuvre veillait et allait employer à poser mes premières fondations l'heure de survivance qui m'était dévolue. » (R² IV, 617).

Les nuits d'insomnie se succèdent chez Kafka (« Trois nuits sans sommeil » (16 novembre 1911[34])). Le *Journal* de Kafka est traversé par l'absence de sommeil, laquelle a des effets dévastateurs : « Je n'ai plus assez de force pour faire une phrase ... » (27 décembre 1910). Le 16 janvier 1922, Kafka note : « effondrement, impossibilité de dormir, impossibilité de veiller, impossibilité de supporter la vie ou plus exactement le cours de la vie. » Il arrive que le Veilleur

---

[34] Traduction de Marthe Robert, cf. Franz Kafka, *Œuvres complètes*, 3, Paris, Gallimard, coll., « Bibliothèque de la Pléiade », 1984. Je cite cette édition dans l'ensemble de cette étude.

pratique une sorte de forage ou d'excavation au sein de sa nuit même. Il ne fait pas assez noir. L'inquiétude le dispute alors à l'impouvoir et à l'insomnie :

> Je n'arrive à rien, je manque de temps et je suis intérieurement trop bousculé. Si toute ma journée était libre, si cette inquiétude du matin pouvait croître en moi jusqu'à midi et se fatiguer ensuite jusqu'au soir, je pourrais dormir. Mais dans ces conditions, mon inquiétude ne dispose tout au plus que d'une heure au crépuscule, elle prend un peu de forces, puis se déprime et creuse inutilement et dangereusement un trou dans ma nuit. Y tiendrai-je encore longtemps ? Et cela vaut-il la peine d'essayer, aurai-je donc jamais le temps ?
> 17 octobre 1911

Bousquet constate pour sa part qu'il y a une « nuit dans la nuit[35] ». Sans aucun doute – qui d'autre que lui ? – a-t-il entrevu l'accès, ce trou, vers l'*autre* nuit dont nous parle Maurice Blanchot.

Quelquefois, chez Kafka, ce sont les rêves mêmes qui entravent le sommeil : « C'est encore la puissance de mes rêves qui m'a empêché de dormir, car ils brillent déjà dans l'état de veille qui précède au sommeil. » (3 octobre 1911) ; « C'est à ces dernières nuits gaspillées en rêves fous qui m'ont à peine permis quelques instants de sommeil que je dois mon incohérence de ce matin ... » (22 novembre 1911). On peut penser ici à *Combray*, où il est question d'un semblable entre-deux, où le sommeil se voit dérangé par une pensée ou un rêve : « une demi-heure après, la pensée qu'il était temps de chercher le sommeil m'éveillait » (R² I, 3), ou encore aux cauchemars de Bergotte.

Il convient pour Kafka de traverser le miroir de la fatigue : « Je ne laisserai pas la fatigue s'emparer de moi. Je sauterai en plein dans ma nouvelle, et dussé-je en sautant me couper le visage. » (15 novembre 1910). Quelquefois, le Veilleur semble néanmoins touché par une forme de grâce. Il se trouve que *Le Verdict* a été écrit en une seule nuit, dans la nuit du 22 au 23 septembre 1912, en « fendant les eaux », comme Kafka l'écrit dans son *Journal*.

Deux récits parmi les plus célèbres de Kafka s'ouvrent sur un éveil : *La Métamorphose* et *Le Procès*. Mais, daté de l'automne 1920, la courte prose intitulée « Nocturne » va, quant à elle, dans le sens d'une éthique de la Veille : « Et toi, tu veilles, tu es un des veilleurs, tu découvres le prochain veilleur en agitant le tison enflammé que tu prends au tas de brindilles, près de toi.

---

35   Joë Bousquet, *Traduit du silence* (1941), *op. cit.*, p. 12.

Pourquoi veilles-tu ? Il faut que quelqu'un veille, dit-on. Il faut quelqu'un[36]. »
Il est comme un destin du Veilleur, une nécessité voire une fatalité de la Veille. *Il faut quelqu'un.* Ce quelqu'un, c'est bien entendu Franz Kafka, qui dans la nuit du 2 au 3 octobre 1911 ne trouve pas le sommeil, et qui note : « Je crois que cette insomnie tient uniquement au fait que j'écris. » L'écriture ou l'insomnie. D'autres passages du *Journal* nous éclairent sur ce point, mais sans doute que chez Kafka, l'espace par excellence de l'insomnie est figuré par le terrier où évolue une créature aux abois, en proie à l'intranquillité :

> ... je ne suis pas devant ma maison, mais devant moi-même, devant un moi-même en train de dormir, et que j'ai à la fois le bonheur de sommeiller profondément et de veiller sur moi comme une sentinelle. Il me semble que j'ai le don non seulement de voir les fantômes de la nuit dans l'impuissance et le voluptueux abandon du sommeil, mais encore, et en même temps, de les rencontrer réellement, en pleine lucidité, en plein calme d'esprit. [...]
>
> Je me trompais en me figurant que je veille sur mon sommeil, c'est plutôt moi qui dors pendant que l'ennemi veille. [...]
>
> J'ai dû dormir très longtemps, je ne me réveille que dans le dernier sommeil, un sommeil qui s'évanouit déjà de lui-même ; il faut en effet qu'il ait été extrêmement léger, car c'est un imperceptible sifflement qui y met fin[37].

Peut-être que le terme d'insomnie ne convient pas tout à fait. Il n'est pas question de la seule privation, de la seule impossibilité du sommeil. La Veille serait un état transitif ; veiller, dans le terrier, c'est toujours surveiller, bien que l'objet de la surveillance puisse être voué à trembler dans l'indéfini, à se border de néant.

Le terrier de Kafka est l'espace par excellence de l'« *autre* nuit » de Blanchot. Le monde se renverse, le haut et le bas se confondent, le jour se vide dans la nuit[38]. Bousquet ne dit pas autre chose : « Tu es l'œuvre de la nuit dans une image du jour[39]. »

---

36   Franz Kafka, *Nocturne*, Claude David trad., *Œuvres complètes, op. cit.*, vol. 2, pp. 570, 749, 756.

37   Fragments pris dans *Le Terrier*, Alexandre Vialatte trad., Franz Kafka, *Œuvres complètes, op. cit.*, vol. 2, p. 747.

38   « Mais travailler pour le jour, c'est trouver, à la fin, la nuit, c'est alors faire de la nuit l'œuvre du jour, faire d'elle un travail, un séjour, c'est construire le terrier et construire le terrier, c'est ouvrir la nuit à l'*autre* nuit. » (Maurice Blanchot, Paris, Gallimard, coll. « Folio essais », 2005, pp. 222-223).

39   Joë Bousquet, *L'homme dont je mourrai*, Mortemart, Rougerie, 1974, p. 27.

Face à Albertine, le héros de la *Recherche* est mis dans un état de vigilance inquiète, et sans doute que la Veille offre une superbe voie d'accès à la conscience malheureuse. Ce d'autant que la jalousie vrille Marcel dans l'insomnie, à mesure même qu'Albertine peut se laisser aller au sommeil : « Ayant [...] demandé que l'on préservât le sommeil d'Albertine, je ne pus moi-même en trouver aucun. » (R² III, 863). Il s'agit, bien en vain, de décrypter la « table de logarithmes » d'Albertine endormie (R² III, 862). Joë Bousquet, autre amoureux malheureux, parle quant à lui de « l'équation écrite sur [l]a chair » de Fany[40]. Mais la Veille n'aboutit à aucune signification stable. Opalescence du sommeil d'Albertine. L'interprétose, mal par excellence du jaloux, guette le Veilleur dont le monde, sursaturé par les signes mensongers de l'amour, se résorbe en l'angoisse. On n'arrête pas le sens, on ne saurait fixer le vertige nommé Albertine.

Le jaloux chez Proust s'enlabyrinthe dans la Veille, élabore son propre terrier. Pire encore, il devient Shéhérazade, se voit contraint de la surpasser en ruse.

> Une fois Albertine sortie, je sentis quelle fatigue était pour moi cette présence perpétuelle, insatiable de mouvement et de vie, qui troublait mon sommeil par ses mouvements, me faisait vivre dans un refroidissement perpétuel par les portes qu'elle laissait ouvertes, me forçait – pour trouver des prétextes qui justifiassent de ne pas l'accompagner, sans pourtant paraître trop malade, et d'autre part pour la faire accompagner – à déployer chaque jour plus d'ingéniosité que Shéhérazade. Malheureusement, si par une même ingéniosité la conteuse persane retardait sa mort, je hâtais la mienne.
> R² III, 638

Au reste, *Les Mille et Une Nuits* partagent avec la *Recherche* le mobile de la jalousie, qui entraîne avec lui le récit foisonnant de l'insomnie.

Par où commencer ? Où finit la nuit ? *Il ne fait pas assez noir*, répète l'Aveugle de l'aube. « Un peu d'insomnie n'est pas inutile pour apprécier le sommeil, projeter quelque lumière dans cette nuit. » (R² III, 52). Ce n'est pas moi, ni même Marcel qui veille. Mais qui ? Personne, tout le monde, l'idéal insomniaque. L'anonymat règne dans cet espace sans lieu véritable, par cette effroyable durée sans fin ni commencement.

Ce Marcel qui veille dans la *Recherche* ne se retrouve pas dans le « je » qui préside à ce grand roman du souvenir, mais correspond davantage à cet « on »

---

40 Joë Bousquet, *Un amour couleur de thé, op. cit.*, p. 21.

impersonnel, pronom postiche, personne grammaticale sans sujet spécifique sur laquelle s'articule la parole du moraliste plutôt que du mémorialiste. C'est ici, faut-il le rappeler ? un vrai roman, non de l'autobiographie où la première personne supposée transparente désigne, définit, délimite et pour tout dire, *invente* un sujet plein de sa propre parole, sinon de son hystérie. Vérité romanesque s'il en est. Mais bien davantage : tout se passe comme si le « je » de la *Recherche* était celui du philosophe ; ce « je », par exemple, qui attend son ami Pierre au café dans *L'être et le néant*. Écriture plus pensive et inquiète que proprement biographique.

Pronom pur – sans référent stable – de la Veille : ce n'est pas moi, ce n'est pas Marcel, c'est tout le monde et ce n'est personne. C'est « on », pronom aussi référentiellement vide que l'« il » du *il pleut*, comme le remarque Emmanuel Levinas. « Il n'y a pas *ma* vigilance dans la nuit, dans l'insomnie, c'est la nuit elle-même qui veille. Ça veille[41]. » Chez Joyce, dans la nuit indéterminée du *Wake*, le grand veilleur, c'est HCE, *Here Comes Everybody*, sorte d'ectoplasme totalisant et indifférencié (« ça » veille) : ici-vient-tout-le-monde, dans l'idéale insomnie qui fait l'objet d'un livre sans fin. Car l'insomnie, constate là encore Levinas, ne connaît ni commencement ni fin[42]. La Veille se présente par le milieu, ne se laisse saisir par aucun bout, n'a pas de terme.

La Veille est un espace ambigu entre la vie et la mort. On aimerait que ce vertige sans sommeil se fixe sur « quelque chose comme un mystique chant du coq, un appel ineffable mais suraigu, de l'éternel matin » (R² III, 754). Or, la Veille est surtout un entre-deux, et il conviendrait peut-être de se risquer à parler, avec l'Innommable beckettien, de « demi-insomnie[43] » plutôt que d'insomnie. Le Veilleur connaît-il la même nuit que l'Épuisé dont parle Gilles Deleuze[44] ? Le Veilleur est-il l'Écarquillé ? La Veille, en tout cas, est davantage que l'insomnie. Elle n'est l'insomnie qu'à moitié, pour la mieux déborder.

---

41   Emmanuel Levinas, *De l'existence à l'existant*, Paris, Vrin, pp. 96-97.

42   « Seuls les bruits extérieurs qui peuvent marquer l'insomnie, introduisent des commencements dans cette situation sans commencement ni fin. » (Emmanuel Levinas, *Le Temps et l'autre* (1979), Paris, Presses Universitaires de France, 2019, p. 27).

43   « Je dois piquer un somme de temps en temps, les yeux ouverts. Pourtant tout est continu, je ne pars pas, je ne reviens pas. Ne serait-ce pas plutôt des insomnies, des demi-insomnies ? Mais rien ne change, jamais. C'est-à-dire qu'on oublie. » (Samuel Beckett, *L'Innommable* (1953), Paris, Minuit, 1998, p. 137).

44   Gilles Deleuze, *L'épuisé*, postface à Samuel Beckett, *Quad et autres pièces pour la télévision*, Paris, Minuit, 1992, pp. 57-106.

Cela ne saurait commencer, pas davantage qu'il n'est de fin à cette parole de nuit. *Cognitio vespertina*, connaissance du soir, pour reprendre le titre du recueil de Bousquet inspiré de Saint Bonaventure. *Cognitio matutina* aussi bien, désir d'un « éternel matin » (R^2 III, 754). La Veille en appelle au recommencement, sans cesse, nuit après nuit dans l'attente du matin. « Une aube perpétuelle dans mes yeux ouverts essuie le front du jour et c'est tout le temps l'heure et ce n'est jamais l'heure. Mon cœur sonne minuit dans les abîmes du jour toujours levant[45]. »

---

45 *La Tisane de sarments* (1936), Joë Bousquet, *Œuvres romanesques complètes*, vol. 1, Paris, Albin Michel, 1979, p. 299.

PARTIE 3
Comptes rendus

L'Évolution de l'univers floral chez Proust. De La Bible d'Amiens à La Recherche du temps perdu, par Yasué Kato, dans la collection 'Recherches proustiennes' N° 43, Paris, Champion, 2019, pp. 233.

Dans la première partie de cet ouvrage, l'auteur retrace l'historique de la genèse de l'esthétique de Proust dès la préface de *La Bible d'Amiens*, en étudiant les manuscrits de la traduction, conservés à la BnF. Ces derniers se caractérisent par l'abondance des notes, non seulement à propos du discours de l'esthète anglais John Ruskin, mais l'annotation du traducteur révèle plusieurs thèmes qui seront élaborés dans le futur roman. La première tâche de l'annotateur consiste, selon Proust, à signaler dans les différents textes d'un même auteur des expressions et des thèmes qui reviennent. Dans le processus de mémorisation, Proust privilégie la réminiscence des sens, la « poésie de la mémoire » qui consiste à traverser « toute l'atmosphère de la vie que nous avons vécue ». Il s'agit, selon Tadié, dans sa biographie *Marcel Proust*, du plus ancien des textes qui illustrent la théorie chez Proust des deux mémoires.

L'analyse des folios montre qu'un ton ironique se substitue à l'enthousiasme naïf du début, notamment le moment ou le jeune Proust dévore *Modern Painters*, l'ouvrage de Ruskin destiné à défendre la supériorité de la modernité picturale, incarnée surtout par Turner. Le chapitre 'John Ruskin' révèle aussi que Proust a lu attentivement les autres critiques français de l'esthète anglais, Robert de La Sizeranne, Joseph Milsand et Jacques Bardoux. Les thèses de ces derniers jalonnent le développement des réflexions de Proust, donnant lieu à une notion essentielle de sa théorie esthétique « l'idolâtrie », mais le motif le plus important, c'est l'admiration des fleurs d'aubépine, même si en vérité elles manquent dans les cathédrales d'Amiens et de Bourges. Il semble que Proust ait suivi cette erreur du maître qui relève sans doute, selon Kato, d'une stratégie esthétique certaine. Ruskin n'adhère qu'à une seule religion, celle de la Beauté, la définition qu'il donne de l'esthétique remonte à l'étymologie grecque de 'theoria' : « la contemplation respectueuse du Beau que nous offre Dieu ». Les écrivains français se montrent sceptiques au sujet de la nouvelle terminologie ruskinienne, qui serait ni intellectuelle, ni sensuelle, mais morale.

Même si la passion de Proust pour le maître vénéré diminue au cours des années, la préface de *La Bible d'Amiens* constitue la matrice de sa création romanesque, les brouillons forment un laboratoire ouvert du futur roman car les remaniements constants (la mère transpose les pages, le fils les retranscrit) permettent à l'écrivain d'élaborer son propre style. Certains passages reviennent transformés dans le roman de Proust, comme par exemple l'évocation de Chardin et la beauté des natures mortes, plus tard révélée par Elstir ; le sourire de la Vierge dorée, située au portail sud de la cathédrale d'Amiens : sa parenté avec la Joconde et les fleurs d'aubépine engendre le motif du mystère féminin ; les mosaïques de la basilique Saint Marc représentant le baptême du Christ sont admirées par le narrateur lors du séjour à Venise. Et finalement, même si le linteau d'aubépines en fleurs de la Vierge dorée semble imaginaire, Proust rattachera ces fleurs, comme plus tard les roses à Balbec, à l'amour d'une femme dès leur première apparition. L'auteur de la *Recherche* aborde la beauté des fleurs en recourant aux métaphores artistiques, mais remplace les artistes comme Maeterlinck, James et Monet par les artistes fictifs Bergotte et Elstir. La fleur d'idolâtrie, le péché intellectuel favori des critiques d'art effleure dans l'admiration de Proust pour un vers de Montesquiou évoquant la violette de Vinci. Dans la conclusion, Kato se pose la question si Proust, même en dépassant le maître vénéré, décédé en 1900, parvient à se délivrer de l'idolâtrie, notamment devant la beauté des fleurs réelles que l'auteur ne peut plus admirer qu'à distance depuis la terrible crise d'asthme provoquée par le pollen à l'âge de neuf ans. La seule façon d'évoquer le paradis de l'enfance, qui sort de la tasse de thé, sera par l'artefact des fleurs japonaises.

Dans 'Les fleurs d'Elstir et les peintres impressionnistes', l'auteur de l'univers floral étudie l'influence de Manet dans la genèse du peintre Elstir, visible notamment dans le portrait des 'magnifiques roses' qui ornent le salon de Mme Verdurin. Ensuite l'influence de Whistler retentirait dans le portrait de 'Miss Sacripant', révélant son style d'autrefois, tandis que les cathédrales et les nymphéas de Monet, observés suivant le changement du temps, reviennent entre autres dans l'étang de la Vivonne. Kato consacre le dernier chapitre de cette troisième partie aux fleurs qu'Elstir est en train d'achever dans son atelier au moment où le héros désire ardemment joindre les jeunes filles à la plage après le passage d'Albertine. Après avoir étudié la métamorphose d'Albertine dans un cahier très ancien d'une rose de plage à la prisonnière élégante devant la pianola, elle montre de façon convaincante que le nom des fleurs, biffé par l'auteur sur les épreuves Gallimard pour la publication de 1918, sera révélé plus tard lors d'un dîner mondain à la fin du *Côté de Guermantes* : « Je reconnus une plante de l'espèce de celles qu'Elstir avait peintes devant moi ». (R^2 II, 805) Le peintre à Balbec terminait donc un tableau d'orchidées[1], fleurs de luxe et d'élégance et symbole de la sexualité maudite. Dans l'appartement parisien, Albertine se rapproche de plus en plus de la catégorie des femmes élégantes comme Mme de Guermantes et Mme Swann.

---

1 Anecdote ajoutée dans une longue paperole collée sur le manuscrit de mise au net du *Côté de Guermantes* (NAF 16707 : début 1916).

Dans l'année du centenaire de la publication du deuxième roman de Proust, l'analyse du Cahier 64, montre fort à propos l'influence de la poésie originale de Leconte de Lisle sur l'épisode des Jeunes Filles au bord de la mer (Querqueville/Balbec), un cycle qui se composait à l'origine de trois séjours. Proust admire la vive sensibilité et le coloris du poète, qui a passé son enfance sur l'Ile de la Réunion et surtout la sensualité florale, celle de roses, dont l'écho retentit dans la roseraie de Balbec, située sur la falaise, embrassant un autre motif, c'est-à-dire le sentiment de l'altitude pour évoquer la cristallisation de l'amour comme chez Stendhal. On y trouve aussi le motif des amours ancillaires, le charme passager des jeunes filles du peuple et les lieux de leur poursuite Paris, Balbec et Venise. Pour terminer, l'auteur établit des parallèles entre les trois stades du sommeil d'Albertine, la fleur cueillie, et l'épisode de l'agonie de la grand-mère. Dans l'épisode de la mort maternelle : « le sculpteur du Moyen Âge l'avait couchée sous l'apparence d'une jeune fille » (R^2 II, 641), le souvenir de l'art médiéval est sans doute évoqué par l'influence des iconographies médiévales de la Vierge Marie décrites par Émile Mâle, tandis que le thème du 'grand voile' revient dans le baptistère de Saint Marc : « Ma mère me jetait un châle sur les épaules ».(R^2 IV, 225) Rappelons qu'Elstir, lors de la première visite du héros à son atelier, explique longuement la beauté architecturale de l'église de Balbec et en particulier la délicatesse des bas-reliefs du porche qui représentent la vie de la Vierge, notamment la scène où l'âme de la mère, sous la forme d'un petit enfant, s'envole dans les bras de son Fils.

Dans sa conclusion, la généticienne de l'Université de Nagoya, se redemande si le traducteur parvient à se dégager tout à fait lors de la rédaction de son long roman des théories esthétiques de Ruskin. Les manuscrits de la préface de *La Bible d'Amiens* montrent comment sont nées et élaborées ses théories essentielles concernant la mémoire involontaire, le rôle de l'art dans la vie et la philosophie du sensualisme. De nombreux épisodes sont inspirés par le souvenir de l'esthète anglais, notamment l'amour des aubépines, même si l'auteur de la *Recherche* élaborera et élargira ce motif de façon tout à fait personnelle et originale, tandis que la description de plusieurs églises réelles ou fictives sera enrichie par la lecture intensive d'Émile Mâle.

Nell de Hullu-van Doeselaar

Marcel Proust et Reynaldo Hahn. Une création à quatre mains. Par Philippe Blay, Jean-Christophe Branger et Luc Fraisse. Paris, Classiques Garnier, « Bibliothèque proustienne n° 21 », 2018, 229 p.

De la correspondance entre Marcel Proust et Reynaldo Hahn nous ne connaissons que les lettres de Proust, celles de Hahn sont jusqu'à ce jour restées introuvables. Proust partageait avec son ami ses émotions, ses expériences de la vie mondaine, ses goûts littéraires et musicaux, ses progrès lors de l'écriture de *Jean Santeuil* et plus tard de la *Recherche*. Mais nous ne pouvons que deviner le contenu des lettres de Hahn.

La présente étude, parue en 2018, permet de combler en partie cette lacune. Luc Fraisse, éminent spécialiste proustien, et les musicologues Philippe Blay et Jean-Christophe Branger y ont rassemblé leurs connaissances pour tenter de reconstituer les relations esthétiques, créatrices entre le compositeur et l'écrivain. Dans ce double portrait, ils éclairent les échanges féconds entre les deux artistes qui, après une brève relation amoureuse entre 1894 et 1896, sont restés liés par une amitié durable. À l'aide notamment de correspondances inédites, les trois auteurs situent Reynaldo Hahn dans le monde musical de la belle époque, ils mettent en relief la présence du musicien dans l'œuvre de Proust et le rôle que Proust joue à son tour dans les écrits de Hahn. Parmi leurs sources se trouve la correspondance de Hahn avec Jules Massenet, son professeur au conservatoire de Paris, avec le pianiste Édouard Risler, son ami du conservatoire, et avec les dames Lemaire, dans le salon desquelles Proust et Hahn se sont rencontrés en mai 1894. Puis il y a encore trois textes ultérieurs de Hahn – *Du chant* (1920), *La grande Sarah : souvenirs* (1930), *Notes : Journal d'un musicien* (1933) – ainsi que la documentation mise à la disposition des chercheurs par ses ayants droit. Et, bien entendu, l'œuvre de Proust. Quand il commence *Jean Santeuil*, en 1896, Proust écrit à Hahn : « Je veux que vous y soyez tout le temps mais comme un dieu déguisé qu'aucun mortel ne reconnaît ». Et c'est ainsi que Hahn figurera dans l'œuvre proustienne, invisible mais, en dépit de la subtilité des allusions, reconnaissable. Certainement après la lecture de ces études qui témoignent de la fécondité d'une démarche interdisciplinaire, réunies dans un beau volume illustré de la « Bibliothèque proustienne ».

Dans le premier chapitre, Philippe Blay, principal spécialiste de Hahn, décrit la période brève mais heureuse et pleine de promesses durant laquelle les deux artistes ont travaillé ensemble. Dans le château de Réveillon, une des résidences de l'hôtesse parisienne et aquarelliste Madeleine Lemaire, Hahn est en train d'orchestrer *L'Île du rêve*, opéra inspiré d'un roman de Pierre Loti, auteur cher à Proust. Annotés par Hahn de ses réflexions et émotions, les manuscrits de *l'Île du rêve* témoignent des différents stades de sa relation avec Proust.

Évoquant la genèse de cette « Idylle polynésienne » d'après Loti, Blay dresse un tableau très détaillé de la vie musicale au tournant du siècle.

Dans l'intimité studieuse à Réveillon, Proust rédige un second volet à « Sa Mondanité » de Bouvard et Pécuchet (parue dans *La revue blanche* l'été précédent) ainsi que la nouvelle « La mort de Baldassare Silvande, vicomte de Sylvanie » dont il dédicacera la première publication à « Reynaldo Hahn, poète, chanteur et musicien », et qu'il placera ensuite en tête des *Plaisirs et les Jours* (1896). Au Louvre, les deux amis admirent Cuyp, Potter, Van Dijck et Watteau, auxquels Proust avait consacré en 1891 ses *Portraits de peintres*. Accompagnés de quatre pièces pour piano composées par Hahn, ces poèmes sont récités en 1895 chez Madeleine Lemaire en présence d'Anatole France et Robert de Montesquiou, et également inclus dans *Les Plaisirs et les jours*. Madeleine Lemaire a illustré cette édition de 1896, la seule « création à quatre mains » des deux amis, dont la relation intime, minée par la jalousie de Proust, prend fin au printemps de 1896.

Musicologue et spécialiste de la vie et l'œuvre de Reynaldo Hahn, Blay se montre également lecteur perspicace de Proust. Son anthologie de citations où transparaissent des souvenirs de Hahn se conclut sur une scène dans *Le temps retrouvé*. Le docteur Cottard assiste aux réceptions chez Mme Verdurin, affublé du costume de l'officier de marine de *L'Île du rêve*, comme un héros d'opérette. Comment, se demande Blay, interpréter cette référence au premier opéra de Hahn ? Faut-il y voir un ressentiment involontaire, un jugement rétrospectif défavorable qui ne pouvait être explicitement énoncé, ou bien le « fil d'or » qui ramène vers un passé où l'alliance entre musique et littérature faisait encore partie d'une « vie vraiment vécue » ? Blay penche pour cette dernière interprétation. Ne pouvant évoquer le passé sans détours, Proust l'aurait déformé de manière caricaturale, tout comme il a doué les invités à la matinée de la Princesse de Guermantes de traits grotesques, marqués par l'âge, presque méconnaissables.

Proust est fortement impressionné par Hahn, son cadet de trois ans, né à Caracas, qui, à l'âge de dix-neuf ans, élève du célèbre Massenet, avait su mettre les salons parisiens à ses pieds avec ses *Chansons grises*, sur des poèmes de Verlaine. De son côté, Hahn est convaincu d'emblée de l'immense talent de Proust, comme le montre Luc Fraisse de sa manière érudite et vivante, dépouillant dans le chapitre « Du côté des Verdurin », la correspondance de Hahn avec Madeleine Lemaire et sa fille Suzette[1]. Outre des détails sur les séjours au

---

1 Cette correspondance inédite (45 lettres autographes de Reynaldo Hahn à Madeleine Lemaire, et 218 lettres autographes à Suzette Lemaire) se trouve à la Houghton Library de Harvard. La contribution de Luc Fraisse a précédemment paru dans la revue *Marcel Proust*

château de Réveillon, la vie mondaine à Paris, les vacances passées à Beg-Meil, ces lettres révèlent des ressemblances frappantes entre le salon de Madeleine Lemaire et la coterie de Mme de Verdurin. Le portrait de la patronne tyrannique se révèle moins chargé que l'on est parfois enclin à le penser.

Luc Fraisse relève également dans cette correspondance les remarques de Hahn sur les différences de comportement, de tempérament et d'idées qui l'opposent à Proust. Hahn a moins de goût pour la mondanité que son ami, il essaie de le convaincre de ne pas perdre son temps dans les salons. Plus significatif est son rejet du « mélancolique regard jeté en arrière, du plaisir trouvé dans les regrets » et l'analyse à outrance qui résulte de cette tournure d'esprit. Mais la plus grande opposition entre les deux artistes réside dans leurs conceptions divergentes de l'essence de la musique. Opposition qui sera élaborée dans deux autres contributions de Luc Fraisse et de Philippe Blay.

Dans « Mondanité et mélomanie » (*Les plaisirs et les jours*), Proust met en scène le duo Bouvard et Pécuchet qui dressent un panorama de l'art musical contemporain. Dans leurs discussions au sujet des préférences musicales de Reynaldo Hahn. Bouvard commente avec sarcasme l'intimité de Hahn avec Jules Massenet, et Pécuchet se moque de son admiration pour Verlaine. Dans le chapitre intitulé « Intermittences massenétiennes », Jean-Christophe Branger, spécialiste du monde musical de la belle époque, avance que le « grand musicien, membre de l'Institut » qui rencontre chez les Verdurin le baron de Charlus et le violoniste Morel (*Sodome et Gomorrhe*), ressemble comme deux gouttes d'eau à Massenet tel qu'il a été portraituré par Maupassant[2]. La relation triangulaire entre le compositeur, Charlus et Morel serait une transposition de la relation croisée entre Massenet, Proust et Hahn.

À une exception près – un article de Françoise Leriche dans le *Dictionnaire Marcel Proust* –, Massenet n'a pas retenu l'attention des exégètes proustiens. A tort, selon Branger. La musique sensuelle et élégante de Massenet était très en vogue dans les salons parisiens, ses opéras (25 au total) suscitaient l'enthousiasme. À l'aide de quelques passages dans les lettres de Proust, Branger montre la relation ambiguë que celui-ci avait avec la musique de Massenet et peut-être également avec celle de son élève. Proust était sensible au charme simple des arias et chansons mélodieuses, que Reynaldo Hahn interprétait de manière si séduisante. Mais cette sensibilité était en contradiction avec la vision avant tout philosophique, universaliste, qui était la sienne à cette époque.

Aujourd'hui (n° 9, 2012, 9-29) sous le titre « Un Témoignage rapproché sur Marcel Proust : la correspondance inédite de Reynaldo Hahn avec les dames Lemaire ».

2   Guy de Maupassant, *Fort comme la mort* (1889) et *Notre cœur* (1890).

La musique doit permettre d'accéder à une appréhension approfondie de l'essence des choses, du mystère de la vie. Ses compositeurs favoris étaient Beethoven, Chopin, Schumann et Wagner. Dans *La Prisonnière*, Madame Bontemps qualifie avec dédain la chanson « Pensée d'automne » de « vieille rengaine de Massenet dont la petite (Albertine) lui rebat les oreilles ».

Dans la conclusion de ses réflexions sur cette ambiguïté proustienne, Branger nous réserve une surprise. On le sait, Proust fait commettre par Swann l'erreur d'associer à son amour pour Odette le sentiment de bonheur ou de nostalgie qui l'envahit à l'écoute de la sonate de Vinteuil. Dans le brouillon du *Carnet* I (1909), l'évocation de la « petite phrase » se trouve associée au *Werther* de Massenet. Cela mène Branger à attribuer une source de plus à la sonate de Vinteuil : le célèbre « Clair de lune » qui sous-tend la dernière scène réunissant Charlotte et Werther à l'acte I. Proust a eu recours à une multiplicité de souvenirs musicaux dans son évocation des créations de Vinteuil. Outre les sonates pour violon et piano de Saint-Saëns et César Franck, il mentionne également « Le prélude » de *Lohengrin*, et « L'Enchantement du Vendredi Saint » de *Parsifal*. Mais en 1909, Proust avait assisté à la représentation d'un acte de *Werther*. Illustrée de passages de la partition, cette hypothèse de Branger semble bien plausible et permet de mieux percevoir la dimension ironique de l'engouement de Swann pour Vinteuil : Massenet serait alors Vinteuil, Proust Swann et Reynaldo Odette.

Suite à ce chapitre très éclairant, Branger consacre encore quelques pages aux relations entre Hahn et Proust, telles que celles-ci apparaissent dans la correspondance Hahn/Massenet datant des années 90, et dans celle de Hahn avec Yvonne de Sarcey, auprès de qui il défend, en 1913, la publication de *Du côté de chez Swann*. Cet ajout cherche également à suppléer à l'absence des lettres que Hahn a adressées directement à Proust.

Dans le chapitre qu'il a intitulé « Portraits de musiciens » avec une allusion en clin d'œil à la seule « création à quatre mains » de Proust et Hahn, Philippe Blay souligne les vues divergentes des deux artistes. Comme Proust, Hahn admirait le génie du « colossal » Wagner, mais il restait fidèle à ses maîtres français plus modestes, Massenet et Saint-Saëns. Hahn se considérait comme un « musicien littéraire » et aimait lier sa musique au texte, poétique ou théâtral. La voix et le chant passaient pour lui en premier. En cela se manifeste l'influence de Massenet dont l'enseignement au conservatoire visait en premier lieu à former des musiciens qui pouvaient écrire pour la scène lyrique française.

Blay cite une lettre de Proust à Suzette Lemaire (Novembre 1894), dans laquelle l'écrivain explique en quoi sa conception de l'art musical diffère de celle de son ami. Blay esquisse ensuite l'évolution de la poétique musicale de Proust, reprenant l'analyse que Luc Fraisse en a faite dans *L'éclectisme philosophique de Marcel Proust* (2013)[3]. La conception de la musique chez Proust s'inscrirait bien dans un premier temps dans le prolongement de l'esthétique schopenhauerienne. Selon Schopenhauer, la puissance de la musique procède de sa capacité à exprimer dans le monde un pur « sentiment », une pure « volonté », en dehors de toute manifestation d'une affectivité particulière. Cette conception sous-tendrait *Un amour de Swann*. Mais à partir de 1911/1912, la musique est, pour Proust, plutôt l'art qui permet d'accéder au « moi profond » de l'artiste. Il décrit Vinteuil comme un artiste solitaire, autonome, irréductiblement individuel, qui cherche à exprimer dans ses compositions un monde intérieur unique. Dans les premières versions de la *Recherche*, Proust fait exécuter *Parsifal* lors de la matinée de la Princesse de Guermantes, sans se soucier de l'invraisemblance d'une telle représentation dans un salon. Ensuite, il y substitue un quatuor (sous l'influence des derniers quatuors de Beethoven), une symphonie et un sextuor pour finalement aboutir au septuor. L'évocation de l'œuvre posthume de Vinteuil, le Septuor, constitue un moment décisif dans *La Prisonnière*, et anticipe sur les révélations dans *Le temps retrouvé*. Ce n'est alors pas Swann (déjà disparu) mais le narrateur qui ressent la musique comme une révélation et une incitation à écrire. Par ailleurs, selon Blay, le septuor est un ensemble instrumental favori chez Reynaldo Hahn, qui admirait beaucoup celui de Berlioz dans *Les Troyens* et en a composé un lui-même en 1891.

Proust cherche une musique qui exprime « la patrie intérieure » de l'artiste, proche de ce que les innovations de Debussy, les harmonies mystérieuses et les timbres énigmatiques de *Pelléas et Mélisande*, pouvaient lui suggérer. Dans ses compositions, Hahn n'a pas d'emploi pour l'intellectualisme de Proust. Blay : « Plus que la suggestion, il (Hahn) cherche la transparence, plus que l'insaisissable, l'authenticité ». La précision du phrasé et de la dynamique, le raffinement des nuances prévalent chez lui sur le renouveau de la syntaxe musicale. Hahn ancre sa musique, dans l'en deça de l'univers sonore et tente de faire résonner la beauté du monde.

Dans leurs conceptions de l'art musical, Hahn et Proust ne se sont pas rapprochés. Que leur amitié et leurs échanges intellectuels aient survécu non seulement à la passion mais encore à cette divergence de vues, c'est ce que montre Luc Fraisse dans sa deuxième contribution « Le périscope de Proust ». Les notes de Hahn dans *Le Journal d'un musicien* et *La Grande Sarah, souvenirs de Sarah Bernard,* révèlent que Proust était pour lui un point de repère incontournable, indispensable, irremplaçable. Mais l'influence de Hahn sur Proust était également considérable. Présent dans *Les Plaisirs et les jours*, dans *Jean*

---

3 Luc Fraisse, *L'éclectisme philosophique de Marcel Proust*, Presses de L'Université Paris-Sorbonne, 2013, 819-845.

Santeuil, et, bien entendu, dans la *Correspondance*, il a inspiré aussi plusieurs passages dans la *Recherche*.

Hahn et Proust ont échangé leur vie durant des idées sur leurs autres préférences artistiques et littéraires, tantôt partagées tantôt opposées. Fraisse relève les échos de ces discussions dans leurs ouvrages respectifs. Comme par exemple l'essai de Proust sur Chardin et Rembrandt à la suite d'une visite partagée au Louvre en 1896, et la méditation du héros de la *Recherche* sur les natures mortes qu'il voit sur les tables desservies du grand Hôtel à Balbec. La lecture de *La grande Sarah* révèle combien la Berma de la *Recherche* doit aux conversations de Hahn avec la célèbre actrice. Il est très intéressant aussi de lire que les considérations techniques de Hahn sur le chant, par exemple celles sur la question des pauses dans la phrase chantée, ont nourri une réflexion détaillée sur la respiration de la phrase chez Proust. Et d'apprendre que le principal différend littéraire des deux amis concernait Sainte-Beuve. À l'encontre de Proust, Hahn était convaincu de l'utilité d'une approche qui lie la connaissance de l'œuvre d'un artiste à celle de sa vie. Il a lui-même songé à écrire une *Vie de Chopin* et était d'avis que les jeunes compositeurs devaient étudier la vie de leurs modèles afin de mieux comprendre leur musique.

Hahn visitait les expositions, fréquentait les salons musicaux, assistait aux représentations théâtrales et partageait ensuite ses informations et réflexions avec son ami de plus en plus reclus. Ce qui explique que, malgré la vie d'ermite de Proust, la *Recherche* est remplie de références à la vie mondaine de l'époque. Dans une plaisante métaphore, Fraisse nomme Hahn le « périscope » ou le « Pariscope » de Proust.

Entrecroisant l'exégèse méticuleuse et érudite des ouvrages et écrits laissés par Hahn et leurs connaissances vertigineuses de l'œuvre de Proust, les trois auteurs font sortir de l'ombre celui qui a été le témoin le plus proche du plus grand génie littéraire de son temps. Un homme qui aimait la clarté et la modération du XVIIIe siècle, qui était capable de faire des choix, et d'éviter l'excès dans sa musique. Hahn était pleinement conscient du génie de Proust, mais, écrit Luc Fraisse, « il ne pouvait pas se couler dans l'identité du théoricien de la mémoire involontaire, de l'implacable analyste du travail de la conscience, de l'esthéticien déposant en système une réflexion esthétique continue dans l'avant-première section du *Temps retrouvé*, « L'Adoration perpétuelle ».

Manet van Montfrans
Université d'Amsterdam

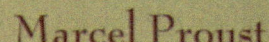

FIGURE 1   Copyright Stéphane Heuet

Marcel Proust, Adaptation et dessin de Stéphane Heuet. *A la recherche du temps perdu. A l'ombre des jeunes filles en fleurs. Autour de Mme Swann 1/2*

On trouve ci-dessus en transposition 'diplomatique' le titre et autres mentions figurant sur la couverture du dernier volume en date (2019) de la version bd de la *Recherche* telle que l'a créée Stephane Heuet aux éditions Delcourt depuis bientôt 25 ans.[1] L'auteur nous promet la suite (Autour de Mme Swann 2/2) pour bientôt. Il faut ajouter à ces remarques sur la couverture que la hiérarchie auctoriale est accentuée par la coloration qui donne à Proust la patine foncée du temps et à Heuet le noir de l'actualité. Ce que nous avons pu signaler pour les précédents volumes en ce qui concerne la présentation complète de la couverture et des autres éléments paratextuels se retrouve fidèlement dans le cas actuel[2]. La couleur 'jaune d'œuf' du fond aura son écho dans les citations littérales du texte proustien à l'intérieur du livre. Le cadre intérieur de la page de couverture se redouble en entrée quasi-théâtrale pour ouvrir au centre sur l'image du théâtre illuminé devant lequel stationne une longue file de carrosses. C'est l'hiver et la place est enneigée[3]. A une certaine distance se tient 'Marcel', bien emmitouflé, qui comme pour les autres entrées en scène est à la limite de l'image intérieure, enjambant ainsi le cadre, soulignant de la sorte sa double position d'acteur et de narrateur. Est accentué également ainsi l'événement capital de cette partie de la *Recherche* que constituera le représentation de *Phèdre* par la Berma. C'est une étape essentielle dans l'apprentissage esthétique du 'je' et le fait que Heuet met en relief cet aspect peut se lire aussi comme valorisation plus générale de la re-présentation dont il participe à sa manière.

L'intérieur de la couverture présente (comme d'habitude chez Heuet) une scène contrastive (reprise à la fin du volume) en noir et blanc, ici une scène où on voit Françoise aux Halles faisant ses courses parmi les marchandises entassées, près de ses sous. Promesse donc des plats dont on va se régaler, figurément, mais encore littéralement, comme avec le bœuf froid aux carottes

---

1 Prix France Télévisions 2020.
2 « À la recherche des images perdues : Proust et Heuet ». *RELIEF – Revue Électronique de Littérature Française*, 2(3), 2008, pp.398–423.
 https://www.revue-relief.org/articles/abstract/10.18352/relief.238/. Voir également https://www.hotelslitteraires.fr/2020/03/10/entretien-avec-stephane-heuet-auteur-de-ladaptation-de-la-recherche-en-bd/
3 Clin d'oeil : une petite pelle dans la neige (en droite ligne de la perspective du garçon) invite peut-être à une détente plus ludique que celle que promet le théâtre. Les planches de Heuet méritent souvent un regard scrutateur.

(p. 20). Sur la quatrième de couverture figure traditionnellement l'auteur au lit qui 'hume sa future fumée'.

Le livre reprend donc en respectant le texte proustien les scènes clé de cette partie de la *Recherche*, tout en privilégiant comme ailleurs les scènes principales et en sautant les longues réflexions esthétiques et philosophiques. Dans ce sens il s'agit d'une simplification qu'on retrouve au niveau des personnages. Ces scènes sont successivement : la visite de Norpois (avec des 'excursions' sur Swann et Cottard), la représentation de *Phèdre*, les commentaires au sujet de Bergotte, avec Gilberte aux Champs Elysées et la visite des 'cabinets', Marcel malade, Marcel chez les Swann, pour se terminer avec la sonate de Vinteuil jouée par Odette ce qui permet de renouer avec *Un Amour de Swann*. Dans le livre ne figure qu'une seule page pleine (comportant une seule image) : c'est une image de l'intérieur de l'Opéra Garnier où les invités montent l'escalier d'honneur dans un grand luxe vestimentaire et architectural. Image d'une époque et d'une société où évoluent les personnages qui fascinent Marcel. Les autres pages présentent de manière variée entre cinq et dix cases auxquelles s'ajoutent de nombreux rectangles remplis de citations. Le fait que Heuet reprend littéralement les longues phrases proustiennes permet d'une part au lecteur de déguster la richesse stylistique de la *Recherche*, tandis que d'autre part la lecture risque de se substituer souvent à la contemplation des images. Dans les autres albums l'auteur s'est régulièrement servi de dessins en silhouette pour alléger les somptueuses descriptions ; ici on ne les rencontre que sporadiquement (p.42, sorte de rappel). La variété de la page est augmentée par plusieurs procédés : les discours en direct (dans des phylactères blancs) ; les documents reproduits (lettre, article de journal) ; les focalisations diversifiées (américaine, zoom, gros plan, plongée, de 'grenouille') ; les poses des personnages ; les cadres des salons bourgeois avec leurs peintures, pendules, porcelaines.

Le personnage de la bd est souvent de nature répétitive, reconnaissable, voire stéréotypée. La physionomie est en général simplifiée chez Heuet, ce qui accentue tel trait caractéristique : morgue de Norpois, autorité du père (s'imposant dès la première page[4]), dandysme de Swann, air cocotte d'Odette, ingénuité de Marcel. Certes le héros proustien connaît souvent également une présentation répétitive, mais d'autre part l'univers de Proust se caractérise justement par le dynamisme des situations, par les 'intermittences' et les surprenantes volte-face. Dans la partie en question on en trouve un exemple frappant quand il est question de la métamorphose de Cottard, farceur simpliste

---

4 Alors que Proust entame cette partie par les mots « ma mère » que Heuet reprend, mais dans les images la mère se détourne dès le début pour céder la place au père ($R^2$1, 423).

en compagnie mondaine et impeccable clinicien dans son métier. Le texte de Proust explique que Cottard afin de s'imposer vraiment en tant que médecin se rase barbe et moustache. Le résultat pictural se repère page 5 où la tête glabre au milieu des toubibs moustachus qui ricanent gaîment donne l'impression d'un hurluberlu égaré.

Heuet prend parfois certaines libertés avec le texte qui risquent d'échapper au lecteur qui ne consulte pas la *Recherche* à côté de la bd. L'exemple le plus frappant surgit au moment des réflexions sur la création de la Berma. Proust cite Racine notamment pour ce vers qui hante l'esprit de Marcel (obsédé par le délaissement) : « On dit qu'un prompt départ vous éloigne de nous ». Heuet, lui, ajoute toute une série de vers de Racine que Proust n'emploie nullement (pages 40 et 41), notamment sur la relation fils-mère. Il est douteux d'ailleurs que Marcel ait vraiment entendu ces vers, tout abasourdi qu'il est par l'apparition de l'actrice. Faut-il rehausser le niveau 'intellectuel' de la bd par ces citations prestigieuses ? N'est-ce pas une façon d'imiter les snobs que Proust ridiculise ?

Un exemple d'une stratégie opposée se découvre lors de la lutte érotique entre Gilberte (tout en rose ici) et Marcel. Proust écrit : « et, au milieu de la gymnastique que je faisais, sans qu'en fût à peine augmenté l'essoufflement que me donnaient l'exercice musculaire et l'ardeur du jeu, je répandis, comme quelques gouttes de sueur arrachées par l'effort, mon plaisir auquel je ne pus pas même m'attarder le temps d'en connaître le goût (...) » (R²1, 485). Or Heuet omet « comme quelques gouttes de sueur arrachées par l'effort » pour ajouter une image du front du garçon dont se détachent trois symétriques gouttes de sueur. Fort curieux cette euphémisation par concrétisation du 'comme' (il est vrai que l'image précédente s'accompagne d'un mystérieux point d'interrogation). Dans la suite Proust fait tout pour rendre claire la véritable situation[5].

Ces libertés n'empêchent pas que régulièrement les images suscitent des pensées qui peuvent promouvoir auprès du lecteur les transversales du texte, ce jeu d'analepses et de prolepses, d'intermittences et de reprises qui sont la richesse du réseau de la *Recherche*.

Pareillement la citation de maximes clé permet de concentrer les lois du texte dans une case significative : ainsi au sujet de la jalousie 'incrustée' de Swann (p. 46), sur les lubies des grands artistes (p. 4) ou encore sur les unions : « C'est parce qu'ils impliquent le sacrifice d'une situation plus ou moins flatteuse à une douceur purement intime, que généralement les mariages infamants sont

---

5 S'enchaînant d'ailleurs avec le souvenir de l'odeur des toilettes aux Champs Elysées, souvenir connecté à celui de la petite pièce de l'oncle Adolphe (la chaîne du désir liant de la sorte Gilberte, pipi, Miss Sacripant et l'oncle pervers – la madeleine en pâtit).

les plus estimables de tous. » (p. 24) Et les clins d'œil sont souvent bien amusants : ainsi quand dans le hall de la maison Swann on lit sur l'ascenseur telle pancarte : « Défense de se servir de l'ascenseur pour descendre » ; « sans équivalent chez nous » ajoute le narrateur. Mise en abyme des aspirations d'Odette, si l'on veut, mise en abyme des processus de descente dans la *Recherche* qui doivent être exécutés avec une lenteur douloureuse.

La bd formule Heuet n'aspire pas à des exploits novateurs dans le genre, mais tout en ouvrant de multiples niches plaisantes, elle réussit à stimuler une lecture intégrale de l'œuvre de Proust et elle offre une détente de qualité.

Sjef Houppermans

Bulletin Marcel Proust, N° 67, Publication de la Société des Amis de Marcel Proust et des Amis de Combray, sous la direction de Mireille Naturel, 2017, 238 p.

Avant de laisser la parole à Jean-Yves Tadié sur un exemplaire de *Du côté de chez Swann,* vendu chez Sotheby's le 29 novembre 2017, Anne de Lacretelle écrit une nécrologie à la mémoire de Claude Contamine, grand serviteur de l'État et grand ami personnel. Parallèlement à une éclatante carrière brassant tout à la fois la culture, les médias et le droit, il a consacré une grande partie de son temps 'libre' à la Société en tant que président.

En 1976, Jean-Pierre Léon donne à la Société des cahiers qui ont appartenu à Xavier Léon, relatifs au cours de philosophie suivi au Lycée Condorcet. Ces cahiers constituent un document très utile pour connaître le contenu des leçons données par le professeur Alphonse Darlu ; leçons dictées et sensiblement similaires, selon Luc Fraisse, au fil des années ce qui permet de reconstituer ce que Marcel a appris en classe de philosophie. Marco Piazza se propose de fournir cette information plus ample sur la formation philosophique de Marcel Proust lycéen.

La rubrique 'Dialogues' s'ouvre par un hommage à Philippe Chardin. Marie Miguet-Ollagnier rapporte une discussion entre les participants d'un séminaire en janvier 2017, dirigé par Chardin, sur la relation entre Marcel Proust et Miss Nathalie Clifford Barney, surnommé 'l'Amazone'. L'auteur reconstruit l'aventure romanesque après avoir examiné neuf mois d'échanges épistolaires (tomes XIX et XX de l'édition Philip Kolb). Elle constate que cette mésaventure amoureuse se rapproche de celles de la *Recherche,* se déroulant selon les trois phases suivantes : montée du désir, l'épreuve fatale de la rencontre et finalement la rupture inéluctable. Dans 'Autour d'une lettre de Marcel Proust à Mme Alphonse Daudet', Élyane Dezon-Jones présente par un nombre de documents inédits l'évolution des relations complexes et ambiguës entre Marcel et les Daudet, la mère (Julia) et ses deux fils Léon et Lucien. Nathalie Mauriac-Dyer part à la recherche de la relation entre Proust et Émile Philippi qui figure sur une photographie de classe du lycée Condorcet. Il épouse en 1904 l'actrice Mlle Jeanne de Fava dont Marcel se déclare 'un tout petit peu amoureux' après une rencontre à Cabourg dans une lettre à Robert Dreyfus. À son tour, Pyra Wise évoque deux photographies inédites d'Adrien Proust, conservées dans le Fonds Robert le Masle de la Bibliothèque nationale de France : la première photo montre le professeur encore jeune, l'autre avec Camille Barrère à Venise (NAF 28334, p. 524). En même temps elle fait un relevé de toutes les photographies répertoriées du père de Marcel Proust.

Dans la rubrique 'Affects', Anna Jarmuszkiewicz aborde un tout autre sujet, la réception de l'œuvre de Proust par Joseph Czapski, peintre, écrivain, essayiste et critique d'art polonais, qui a vécu en exil en France, suite à la Seconde Guerre mondiale. L'auteur de plusieurs ouvrages sur Proust, traduits en français : *Proust contre la déchéance* (conférence au camp de Griazowiec), *Tumultes et Spectres, Terre inhumaine*, rédigea en 1928 un essai *Marceli Proust*, au moment où l'auteur de la *Recherche* n'était connu que d'un cercle restreint d'intellectuels polonais. Dans cet essai, l'auteur polonais se focalise sur sa conception de l'art, inspirée par la lecture de Proust durant l'été alors qu'il souffrait du typhus. C'est notamment par le concept de la mémoire affective que Proust a été pour Czapski l'auteur qui l'a suivi toute sa vie. Amanda Vredenburgh propose une lecture des passages dans *La Prisonnière* qui décrivent la jalousie excessive du narrateur à la lumière des réflexions artistiques afin d'enrichir la compréhension du lecteur des contradictions inhérentes à l'amour. Il s'avère que l'histoire d'Albertine est une étape fondamentale de la métamorphose épistémologique du narrateur puisque la connaissance objective de l'autre est non seulement inaccessible, mais insupportable. Le narrateur se concentrera sur la vérité subjective, sur sa propre nature intérieure, ainsi l'échec de la tentative de connaître la véritable Albertine se transforme en réussite, car le narrateur sera capable de transmettre cette connaissance de soi grâce à l'écriture. Vera Klekovkina examine aussi quelques passages de *La Prisonnière*, en analysant comment le tourbillon sensoriel ressenti par le héros-narrateur, notamment dans ses accès de jalousie, satisfait ses pulsions sexuelles et apaise son conflit interne. L'auteur des « Mécanismes de défense », en étudiant ces processus psychologiques, montre que le narrateur réussit non seulement à se défendre, mais également à se forger une certaine 'résilience', à savoir la capacité de renaître de sa souffrance. Les mécanismes de défense et de 'coping' (stratégies d'adaptation ou processus de maîtrise) auxquels le narrateur a recours deviennent plus conscients au fil de son auto-narration, car c'est finalement l'écriture, c'est-à-dire la narration de sa vie, avec ses plaisirs et ses névroses, qui le sauve.

L'amour et la mort constituent le leitmotiv incontournable de la *Recherche*, selon Hélène Charcharé, dans « Mort et au-delà chez Proust », où elle amorce le rôle narratif de la descente aux enfers que le narrateur prétend effectuer, ainsi que le sillage qu'elle laisse dans le roman. Après avoir établi le vocabulaire et la géographie du monde souterrain, elle analyse la catabase proustienne avant et après la mort de la grand-mère en concluant que la mort devient, au même titre que l'amour, la cause qui facilite l'ascétisme du narrateur, qui s'accoutume à tel degré à la mort que pour lui elle s'empare d'une connotation entièrement philosophique.

George Sand est présente dans deux moments-clés de la *Recherche* : le drame du coucher lors duquel la mère lit *François le Champi* et les retrouvailles du même livre dans la bibliothèque de l'hôtel de Guermantes à la fin du *Temps retrouvé*. Mireille Naturel analyse l'influence d'un autre roman de Sand *Les Maîtres Sonneurs*, autrefois associé à *François le Champi* dans un passage et cité dans une note de l'édition de la Pléiade. (R^2 IV, 699, n. 1) Après avoir étudié les références à George Sand dans la correspondance de Proust et aux *Maîtres Sonneurs* dans le cahier 29, elle révèle le récit du roman. Il s'agit d'un musicien dont l'histoire se déroule entre deux terroirs, l'un berrichon, l'autre bourbonnais ; binarisme géographique qui a pu inspirer Proust. Elle conclut que *Les Maîtres Sonneurs* par le rôle de la musique ont été pour lui un modèle de roman de l'artiste, le roman d'une vocation, même si le dénouement, la musique se révélant 'une trop rude maîtresse', est l'inverse de celui de la *Recherche*. Dans les deux articles suivants, on reste dans le domaine de la musique. Young-Hae Kim étudie la relation entre Proust et le dernier opéra de Wagner. Outre la question de *Parsifal* comme modèle qui a inspiré l'auteur de la *Recherche*, le chercheur de l'Université Yonsei éclaire la signification de l'illumination chez Proust et son rapport avec la création artistique en établissant quelques parallèles avec la recherche des 'peintres-lettrés' dont l'art, à l'instar de peintres académiques, jouit d'un statut particulier en Asie au Moyen Âge. Chez ces artistes la 'peinture spirituelle' naît de la pratique de la méditation. Leur art consiste à passer du relatif à l'absolu dont le critère est l'extase, le sentiment de félicité qu'on retrouve chez Proust dans les expériences de la mémoire involontaire. Tandis que Young-Hae Kim a voulu montrer à quel point la *Recherche* est un roman wagnérien, Joo Won Kim s'attache à la définir comme postwagnérien en réexaminant cette question par une investigation génétique. Sans nier l'importance du musicien allemand, elle constate en guise de conclusion deux étapes de la dé-wagnérisation dans la genèse du roman : le rejet de la métaphysique schopenhauerienne qui s'achève en 1911, sujet déjà traité par Françoise Leriche dans sa thèse, ainsi que la grande métamorphose du roman après 1914, l'abandon de l'unité totalisante qui s'illustrerait par l'introduction de la musique de Vinteuil. Par ce dernier aspect, Proust se rapprocherait des musiciens néoclassiques préconisant la musique pure. Pour terminer, Francine Goujon, membre de l'équipe de l'ITEM, interroge les réécritures de la visite au théâtre avec Montargis, le futur Saint-Loup. Ce morceau célèbre et bien circonscrit au début du *Côté de Guermantes* apparaît pour la première fois dans le cahier 67 en juin 1910. Il mènerait trop loin de citer toutes les versions successives de cet épisode entre 1910 et 1912, orientées pour la plupart par le regard sur les Guermantes, mais l'étude de la façon dont ces ensembles textuels s'articulent donne un exemple de la composition de l'auteur qui va constamment du proche au lointain, de l'unité la plus réduite à l'ensemble la plus vaste.

Nell de Hullu-van Doeselaar

Bulletin Marcel Proust, N° 68, Publication de la Société des Amis de Marcel Proust et des Amis de Combray, sous la direction de Mireille Naturel, 2018, 235 p.

Après le mot du président et quelques articles concernant l'actualité proustienne, notamment sur le *scoop* de l'apparition de Marcel Proust dévalant un escalier en 1904, parmi le cortège nuptial après l'union d'Armand de Guiche et d'Élaine Greffulhe, Vicent Santamario de Mingo ouvre la rubrique 'Portraits de l'écrivain' par l'étude de la présence de Proust dans l'œuvre de Salvador Dali, article traduit du catalan. Celle-ci montre de quelle façon Dali trouve finalement son Proust dans sa période post surréaliste (à partir de 1940), libéré des préjugés discriminatoires d'Eugenio d'Ors concernant la structure de la *Recherche* ou plutôt le manque de structure du cycle romanesque. Dali aurait reconnu dans la dernière image des *Jeunes Filles*, 'le jour d'été embaumé dans sa robe d'or', la volonté de l'auteur de vouloir changer, comme les mystiques au Moyen Age, la vile matière en or, en chose précieuse. Dans la même rubrique, Marion Bally traite la présence de Proust que Colette a donnée dans les huit portraits concernant l'auteur, tandis que Pascal Ifri propose une analyse systématique et complète des rapports entre Marcel Proust et André Gide au-delà de ce qui est communément admis, notamment l'évolution des sentiments de Gide envers Proust, l'homme aussi bien que l'œuvre. Il constate que Gide, même en étant allergique d'une certaine façon à l'écriture de Proust dont la conception du style se situe à l'exact opposé de la sienne, doit reconnaître à la fin qu'il se trouve devant un chef d'œuvre.

Jean-Claude Dumoncel commence par présenter les deux Combray réels en Calvados pour proposer ensuite l'hypothèse suivante pour expliquer la présence de 'Combray' dans la toponymie proustienne : Combray serait comme la madeleine une sorte de mot-valise, un nom à savourer comme la réminiscence à Combourg dans les *Mémoires d'Outre-tombe* suscitée par le chant de la grive à Montboissier. Ensuite Yasué Kato, poursuivant ses études des églises et des cathédrales du nord de la France, s'intéresse au discours du curé de Combray dans lequel celui-ci se plaint du piètre état de sa basilique ; point de départ pour étudier la métamorphose de la géographie imaginaire de l'église de Combray. Dans sa conclusion, elle réfère à l'étude d'Annick Bouillaguet qui montre aussi la déstabilisation dans la genèse de Combray que Proust situera à un certain moment en Champagne aux alentours de Reims au lieu de Chartres. Dans 'La duchesse de Guermantes : une anti-Muse parfaite', Jackson Giuricich analyse le rôle de la duchesse à partir de la scène arcadienne dans le jardin combraysien, qui rentre dans une iconographie parnassienne que Proust n'ignorait pas, vu les nombreuses références à la poésie et la peinture symboliste. Mais si la dame noble comme Muse était une figure récurrente de la littérature médiévale, ce trope se tourne en satire au XIXe siècle, notamment dans les romans de Balzac. Au cours de l'acheminement vers la vocation, Oriane se révélera plutôt une fausse ou anti-Muse car, comme Lucien Rubempré, le Narrateur doit se défaire de ses idéaux inspirés par ses fréquentations mondaines au moment où, lors du Bal de têtes, il se réalise que la déesse du Faubourg Saint Germain n'incarne plus que l'idée de sa mort. Bianca Romaniuc-Boularand analyse un autre aspect des idéaux du Narrateur : le prestige associé à la femme nécessaire pour que naisse l'amour. Elle cite les 'médiateurs' suivants : l'apparition de la duchesse de Guermantes à l'église de Combray représentant la médiation du prestige aristocratique des personnages légendaires ; la croyance en Bergotte pour Gilberte ; la mer pour Albertine ; le paysage breton pour Mlle de Stermaria. Elle éclaire notamment le cas d'Odette qui remplacera sa fille au moment où l'objet du prestige véritable se dérobe. En prolongeant et développant la réflexion d'Anne Simon[1], Sarah Intili tente de relire, à partir de la figure de la guêpe fouisseuse, la construction de la présence animale autour d'espaces stratégiques clairement liés à la référence littéraire. Cette référence entomologique est présente dès le début du roman, mais revient à la fin de la vie de l'auteur en pleine agonie et amputée de sa santé. L'on est en octobre 1922 et l'imminence de la mort génère chez ce dernier l'urgence d'une transmission de sa création à la postérité. Intili considère l'interface intermédiaire et opaque entre l'auteur et son 'livre intérieur' comme la métaphorisation d'un appel à l'imaginaire, à l'exploration de trajets interprétatifs potentiels. Ainsi cet hyménoptère par sa capacité de métamorphose constituerait un support de variation qui démultiplie les potentialités identitaires du « je » de l'écriture comme du « je » de la lecture.

Illaria Vidotto propose d'esquisser les caractéristiques formelles et les enjeux esthétiques des comparaisons 'intradiégétiques' qui jouent un rôle dans l'édification de l'œuvre-cathédrale. Elle n'examine qu'un type d'anachronie intégré à la comparaison, les 'rappels itératifs', selon la terminologie de Genette. Proust fait télescoper des moments de la vie adulte du héros avec des souvenirs de l'enfance à Combray ; points de repère susceptibles d'éclaircir l'actualité. Bref, cet emploi singulier de la comparaison s'avère non seulement le lieu où l'œuvre exhibe son 'architexture', les lignes de sa construction, mais aussi le cœur du projet proustien : rendre visible, essentiellement par le style, le temps incolore et insaisissable. Gunn Inger Sture analyse un autre aspect du style de Proust, « Le cristal comme métaphore structurante d'un extrait de 'Combray' »

---

1 Anne Simon, *Au zoo avec Marcel Proust : création et point de vue zoologique*, Europe, août-septembre 2013, p. 95.

après avoir brièvement exposé la théorie cognitive de la métaphore, développée par Lakoff et Johnson[2]. Le cristal y paraît comme un véritable noyau structural qui condense le paragraphe des 'Beaux après-midi du dimanche sous le marronnier du jardin de Combray'. Le cristal métaphorique présuppose les métaphores conceptuelles conventionnelles mais à partir d'elles Proust crée un réseau métaphorique qui, avec les synesthésies et les références à la lecture et à la mémoire, montre un aspect de la complexité de son projet : le cristal est à la fois contenu et contenant, dur et liquide, eau solidifiée et eau vive, le temps qui coule et le temps figé, le transitoire et l'éternel ou le temps perdu et le temps retrouvé. Tandis que le cristal condense les heures sonores des beaux après-midi de Combray, Eugène Nicole analyse la poésie des bruits dans la *Recherche* qui se révèlent essentiellement urbains. L'évocation des sons entendus par le héros à Balbec, Doncières et à Paris, révèlent la fascination qu'exerce sur Proust la perception de ces sons dont on ne voit pas la cause ou l'origine et qu'on nommera plus tard 'sons acousmatiques'.

Nell de Hullu-van Doeselaar

---

[2] George Lakoff et Mark Johnson, *Metaphors We Live By*, Chicago, The University of Chicago Press, 2003, p. 5.

Bulletin d'Informations Proustiennes, no. 48, Paris, ITEM, Éd. rue d'Ulm/ Presses de l'Ecole normale supérieure, 2018

Le dossier thématique de ce numéro du *Bulletin d'Informations Proustiennes*, « Proust et la culture médiatique de son temps », présente les actes d'une journée d'études de février 2018 consacrée aux relations entre Proust et l'univers de la presse, relations marquées à la fois par son activité de journaliste, mais aussi de lecteur, de romancier, et d'interviewé. Si la lecture de la *Correspondance* avait déjà fait découvrir un Proust doué d'un « sens publicitaire aigu », organisant tactiquement la publicité autour de ses livres, surveillant de près le discours journalistique les concernant, les auteurs de ces actes montrent aussi combien la fréquentation des revues et quotidiens de l'époque a nourri son œuvre.

Après avoir rassemblé une documentation exhaustive sur la presse musicale de Paris pour son ouvrage *Proust écrivain de la musique : l'allégresse du compositeur* (2017), Cécile Leblanc présente dans son essai « Proust lecteur du *Courrier musical*. Éloge de la contradiction » une analyse détaillée de cette revue dont l'existence (1898-1914) recouvre la période de genèse de la *Recherche*. Le *Courrier musical* accueillait littérateurs et musicologues participant aux débats du domaine français et européen. Débats dont la lecture serait à l'origine de la façon dialogique dont Proust aborde la question musicale dans son roman. Ainsi, exprimant son dédain d'un Chopin « démodé », Charlus ferait écho à un article de Saint-Saëns dans *Le Courrier musical* du 15 mai 1910. La réaction de Morel s'indignant de ces propos de Charlus aurait été inspirée par les déclarations de Joseph-Édouard Risler, l'un des grands pianistes français de son temps et interprète fervent de Chopin. C'est encore sur Chopin que porte le différend entre Mme de Cambremer et sa belle-fille. La vieille dame n'ose pas avouer à haute voix son admiration en présence de sa belle-fille snob qui ne veut entendre parler que de Pelléas et Mélisande, jusqu'à ce que le héros lui apprenne que Chopin était justement l'un des compositeurs favoris de Debussy. Un autre rapprochement intéressant est celui de Hahn et Vinteuil. Dans une interview de novembre 1902, « Autour de la *Carmélite* », Hahn figure comme homme du monde, soucieux de son image et de son statut. Peut-être, suggère l'auteur, Proust a-t-il pris son ami comme contre-modèle de Vinteuil, artiste isolé, modeste, inconnu, peu soucieux de son image mais génial.

Enfin, Cécile Leblanc souligne combien Proust a évolué dans sa manière de concevoir la musique, en comparant ses idées avec celles du critique schopenhauerien Camille Mauclair. Si Mauclair et Proust partagent l'enthousiasme fin de siècle pour Wagner, leurs divergences ultérieures montrent combien Proust a suivi, en partie grâce à la presse, les évolutions esthétiques de son temps, à l'opposé du conservatisme de Mauclair dont il aurait prêté les idées à Swann. Pauvre Swann ! Si l'on pense à toutes les idées que les exégètes proustiens lui ont attribuées, on risque d'être pris de vertige. Quoiqu'il en soit, par son étude approfondie des échos du *Courrier musical* dans la *Recherche*, l'auteure rejoint les analyses de l'évolution de la poétique musicale de Proust par Luc Fraisse et Philippe Blay[1].

La numérisation des périodiques de l'époque sur Gallica a facilité l'identification des sources journalistiques exploitées par Proust dans son roman. Dans sa contribution, Luc Fraisse montre que non seulement tout un versant anecdotique de la *Recherche* s'est nourri de la presse, mais encore que beaucoup de passages à valeur théorique ou de portée esthétique s'appuient sur des articles journalistiques. Pour illustrer ce phénomène, Fraisse se base principalement sur l'épisode d'Albertine.

Proust dressait dans ses cahiers des listes d'expressions relevées dans les quotidiens pour ensuite les faire apparaître dans la conversation de ses personnages ou pour caractériser ceux-ci. Le baron de Charlus doit ses joues « poudrédérizées » à une nouvelle de Maupassant parue dans une revue en 1887. Dans *La Prisonnière*, il apparaît « traînant sans le vouloir à sa suite un 'apache' », terme désignant selon un article dans *Le Figaro* du 11 janvier 1910 « les pires malfaiteurs, les plus ignobles assassins ». Dans une réflexion esthétique redevable à une autre chronique littéraire dans le même journal, Proust oppose Choderlos de Laclos à Mme de Genlis à l'instar du chroniqueur en question, Jean Ballot. Proposant à Albertine d'aller au musée de Versailles pour y voir les portraits de ces deux auteurs, exposés l'un en face de l'autre, le héros entend lui montrer l'inverse de la thèse de Sainte-Beuve. Honnête homme, mari irréprochable, Laclos a écrit « le plus pervers des livres », tandis que Mme de Genlis, auteure de contes moraux, considérée longtemps comme un parangon de vertu, loin de se contenter d'une relation adultère avec Philippe d'Orléans, avait encore miné la relation de son épouse avec leurs enfants. Par ce détour le narrateur illustre ce phénomène de la double personnalité auprès d'une Albertine soupçonnée d'entretenir d'autres relations.

Pour le titre de son essai, « Les voix ensevelies », Luc Fraisse s'est inspiré d'un événement raconté dans *Le Figaro* du 25 décembre 1907. L'archiviste de l'Opéra de Paris procède devant témoins et en présence du président de la Compagnie française du gramophone à la mise sous scellé de disques, de sorte qu'au XXIe siècle on puisse entendre les voix des chanteurs. Parmi les voix enregistrées

---

1 Voir Luc Fraisse, *L'éclectisme philosophique de Marcel Proust*, Presses de L'Université Paris-Sorbonne, 2013, 819-845, et Jean-Philippe Blay dans l'ouvrage recensé ici même, *Marcel Proust et Reynaldo Hahn*, 2018, 125-146.

se trouve celle de Reynaldo Hahn. Le souvenir de cette cérémonie revit dans un passage de *La Fugitive* (non retenu jusqu'à présent dans les éditions) dans laquelle les voix d'artistes ensevelies sont devenues la seule voix d'une disparue, Albertine, « dont le disque ne sera jamais réentendu sinon dans la mémoire affective ». Élargissant « les voix ensevelies » aux nombreux journalistes auxquels la *Recherche* fait écho, sans les nommer, en métamorphosant leurs paroles, Fraisse les compare dans un rapprochement saisissant avec les artisans des cathédrales : « tout un peuple de journalistes méconnus a gagné dans son anonymat, de survivre dans les passages parfois les plus célèbres, d'une œuvre romanesque aujourd'hui mondialement connue ».

Françoise Leriche montre dans son « Proust, un sens publicitaire aigu », comment et combien, après l'échec commercial de ses premiers ouvrages, Proust a utilisé les journaux et les revues pour faire connaître son œuvre. Mettant à contribution ses amis et relations mondaines, il orchestre en effet de véritables campagnes publicitaires à partir d'annonces de publication, d'extraits de ses livres, d'articles et de comptes rendus. Leriche commente l'ambivalence de Proust qui doit à ses écrits dans *Le Figaro* avant 1913 sa réputation d'écrivain mondain mais destine son roman au public plus élitaire de la *Nouvelle Revue française*. Proust fait partie, comme il l'écrit à Gide, de ceux qui ne publient dans les journaux que parce que les revues où ils seraient mieux à leur place ne veulent point d'eux. Yurri Erqueira dos Anjos évoque les pratiques de lecture à une époque où les publics et l'offre de périodiques croissent exponentiellement. Max McGuinness examine le rapport entre la NRF et Proust dans le contexte politique de l'époque. Christophe Pradeau, quant à lui, analyse les réponses de Proust aux enquêtes sur le style et la littérature qui se multiplient à la suite de la publication des *Jeunes Filles en Fleurs*.

Nathalie Mauriac-Dyer conclut le dossier par un bilan concis de la carrière journalistique de Proust, menée essentiellement au *Figaro* entre 1900 et 1913. Elle montre qu'à partir de la publication de *Du côté de chez Swann* son activité se tarit à peu près complètement. Le journalisme n'aura été pour Proust qu'un travail servant à sa formation d'écrivain, à l'établissement de sa réputation, et finalement à l'élaboration de l'œuvre. « Contre Sainte-Beuve, souvenir d'une matinée » est d'abord le récit de la publication d'un article de « Marcel Proust » dans *Le Figaro*. Article qui en réalité avait été refusé. Les trois articles publiés en 1912 – « Au seuil du printemps. Épines blanches, épines roses », « Rayon de soleil sur le balcon », « L'église de village » – sont des extraits remaniés du début d'un tapuscrit qui comptera bientôt plus de 700 pages, celles du *Temps perdu*. Aussi Nathalie Mauriac qualifie-t-elle ces articles de 1912 de « petits loups cachés dans la bergerie de la presse ». C'est avec eux que commence ce qu'elle appelle l'adieu au journalisme : après 1914 « l'écrivain supplante le journaliste ».

Le dossier thématique fait écho à la correspondance inédite ouvrant ce numéro. Il s'agit de quatre lettres de Proust à deux amis journalistes, Albert Flament et Léon Bailby, et de trois lettres adressées à Proust, écrites par Robert Proust, Georges de Lauris et Jacques Copeau. Dans une lettre de décembre 1914 à Bailby, directeur du quotidien *L'Intransigeant*, Proust se renseigne sur la possibilité d'être réformé sans être obligé de sortir de chez lui. Surprise plaisante de voir apparaître dans les coulisses de ces préoccupations militaires le célèbre « man in the red coat », héros du livre éponyme de Julian Barnes (2019). Samuel Pozzi, médecin principal affecté à la direction du gouvernement militaire de Paris, refuse en novembre 1914 de délivrer un certificat d'incapacité au frère de son collègue et ami Robert Proust, avant d'accepter en décembre.

Suite aux articles consacrés dans le no. 47 du BIP au parrain et à la marraine de Marcel Proust, Pyra Wise se penche, dans la section « Biographie, formation philosophique, réception », sur les relations d'Adrien Proust avec une famille de la noblesse polonaise, les Puslowski. Le père de Proust avait invité Sigismond Puslowski et sa belle-sœur, Léontine Puslowska, à être parrain et marraine de Robert, son second fils. L'auteure a inclus une lettre inédite d'Adrien Proust. La correspondance avec les membres de cette famille aristocratique sera publiée ultérieurement.

Dans l'essai suivant, Marco Piazza, à la recherche des sources philosophiques de la réflexion proustienne sur l'habitude, s'inspire des travaux pionniers de Luc Fraisse (2013) sur la formation du jeune Proust à Condorcet et à la Sorbonne. À l'instar de Fraisse, il montre comment cette réflexion est née d'un dialogue étroit avec les concepts que le jeune Proust avait découverts dès le lycée dans les cours de son professeur Alphonse Darlu (reconstitués à partir d'un cahier de notes de l'un de ses élèves, Xavier Léon), et lors de sa préparation à la licence, dans le manuel universitaire de Pierre Janet et Gabriel Séailles. Piazza souligne à juste titre que l'un des aspects les plus originaux de la doctrine proustienne de l'habitude est sans doute le double lien établi entre l'habitude et le besoin : pour survivre nous devons former des habitudes, mais ces habitudes engendrent un besoin si fort que si l'une d'elles cesse, son interruption brusque devient une cause de souffrance. L'habitude est imaginée comme « une divinité redoutable », « aussi cruelle que la mort ».

Dans son étude d'un texte inédit de Pierre Klossowski, écrit pour un film documentaire sur Proust de Michel Butor, *Proust et les sens*, diffusé en 1972, Guillaume Perrier nous ramène à la réception et l'exégèse proustienne des années 70. Le manuscrit de Klossowski comporte l'analyse de plusieurs passages de la *Recherche*, notamment de « la rêverie contrariante » au Bois de Boulogne à la fin de *Du côté de chez Swann*. L'auteur y souligne l'importance des lieux qu'il justifie par « la hantise du révolu ». Une hantise qui, selon Perrier, revêt chez Klossowski une dimension autobiographique : né à Paris en 1905 de parents d'origine polonaise mais de nationalité allemande, il a dû quitter la France en 1914 et n'y est revenu qu'en 1923. Des comparaisons inattendues entre la philosophie bouddhiste et celle de Proust nous permettent de mesurer quel a été le chemin parcouru ces cinquante dernières années par l'exégèse de la *Recherche*, notamment grâce aux travaux très concrets de la génétique littéraire.

Ce très stimulant *Bulletin* 2018 se termine sur des Notes de lecture et l'inventaire des Activités proustiennes en 2017-2018 – manifestations, travaux en cours et publications. A cause du grand nombre de ventes, la présentation de la collection Marie-Claude Mante (Sotheby's, 24 mai 1918) a été reportée au BIP no. 49.

Manet van Montfrans
Université d'Amsterdam